Emil Kort

einfach losfahr'n

Herausgegeben von
Torsten Hochmuth

© 2004 Verlag Steffen

Meinen Nachkommen gewidmet.

Nur wer erwachsen wird und ein Kind bleibt,
ist ein Mensch!

Erich Kästner

Vorspruch

»Wenn einer eine Reise tut, dann kann er was erzählen«, sagt ein altes Sprichwort.

Ich bin kein Schriftsteller, nur ein »Aufschreiber«, der seine Erlebnisse und Empfindungen, auch seine Gedanken, die ihn auf seinem Kutschersitz immer wieder überfallen haben, unbekümmert zu Papier bringt. Ich bitte also um Nachsicht, denn das Schreiben ist für mich ungleich schwerer, als die kleinen Pannen und Unbequemlichkeiten zu bewältigen, die mir während meiner abenteuerlichen Fahrt widerfuhren. Ich will es versuchen, will auf meine Art versuchen, meinen Mitmenschen von der Reise zu erzählen, so wie ich es für richtig halte.

Allerdings habe ich nur die Höhepunkte meiner Reise beschrieben, viele Tage, Umwege und Wegstrecken dieser zehn Wochen nicht. Sie waren mir nicht bemerkenswert oder glichen sich mit schon Berichtetem.

Dieses Buch kann und soll keinen literarischen Anspruch erheben. Ich hatte selbst während der Fahrt noch nicht die Absicht, ein Buch darüber zu schreiben. Ich kann nicht einmal Maschine schreiben.

Deshalb habe ich mir auch keine Notizen gemacht. Nur die Ortschaften, durch die wir gezogen sind, habe ich in einem unterwegs gekauften Schulheft aufgeschrieben und die Übernachtungsorte, um zu Hause meiner Frau meine Wanderroute darzulegen, falls sie Interesse daran hat und wie die Stimmung dann nach meiner Rückkehr ist. Weiß man's?

Jetzt, wo bereits die dritte Auflage bevorsteht, staune ich, was mir so gelungen ist. Man muß sich nur etwas fest vornehmen und mit ganzer Kraft und Beharrlichkeit durchsetzen. In jedem schlummern versteckte Fähigkeiten, die zu entdecken sind. Ein bißchen Glück gehört allerdings auch dazu.

Stefan Heym, den ich Anfang der achtziger Jahre in Ahrenshoop kennenlernte, hatte mich zum Schreiben überredet. Nur geholfen hat er mir nicht. Aber angesehen muß er es mir wohl haben, daß ich dazu in der Lage wäre. »Wenn ich nicht wüßte, daß Sie das können, füttern Sie lieber Ihre Schweine«, waren seine Worte. Das gab mir natürlich Antrieb.

Ich klapperte in unserer Kreisstadt die Büros ab auf der Suche nach Sekretärinnen und Frauen, die eine Schreibmaschine besaßen und gewillt waren, mir nach Feierabend ein paar Seiten von meinem linierten Block abzutippen. Sie hatten ihre liebe Mühe und Not, konnten meine Handschrift kaum entziffern, mußten sich zwischen Durchgestrichenem, Darüber- und Daruntergeschriebenem zurechtfinden.

Eine Menge Zeit ging fürs Schreiben drauf. Ich mußte sie mir stehlen. Aber ich hatte es mir in den Kopf gesetzt, so wie ich mir auch die Reise in den Kopf gesetzt hatte. Ich dachte: Die Erinnerungen, Erlebnisse dürfen nicht verloren gehen, denn wahr sind – frei nach dem Film »Die Feuerzangenbowle«, den ich immer wieder mit Vergnügen sehe – nur die Erinnerungen, die Träume und die Sehnsüchte, die uns treiben. Sie stecken tief im Inneren, im Verborgenen von uns Menschen. Außerdem: Sollen meine Erlebnisse ruhig andere Altgewordene ermuntern, auch noch etwas zu unternehmen und sie vielleicht daran erinnern, daß sie etwas nachholen können, was sie bisher versäumt haben.

Natürlich hat nicht jeder ein Pferd und kann einfach losfahren, so wie ich es getan habe. Bestimmt wären viele gern mit mir gezogen, wenn sie sich dazu nur hätten überwinden können. Stattdessen lagen sie lieber auf der Couch, warteten darauf, bis ihre Träume ausgeträumt waren. Andere wieder redeten und redeten und fanden alles toll. Aber es blieb beim Reden, und schließlich war alles zerredet.

Wieder andere wollten unbedingt mitfahren, mimten den starken Mann, machten Versprechungen. Wahre Romane konnten sie erzählen, was sie nicht alles erlebt hatten und wo sie nicht überall waren. Sie erzählten mir mit Begeisterung ihre Kriegserlebnisse und kannten ganz Europa, vom Nordpol bis Afrika. Früher, ja früher!

Aber zu Hause bestimmte in Wirklichkeit die Frau, was der Mann zu tun und zu lassen hat. Oft merkten es diese Ehetrottel nicht einmal. Ihre Eigeninitiative hatten sie längst verloren und sich dafür in eine lähmende Gewöhnung verstrickt. Am Ende fuhren sie doch nicht mit.

Alle haben wir Wünsche und Träume, aber irgend etwas hält uns zurück, gibt uns nicht frei, hindert uns daran, über den eigenen Schatten zu springen. Vielleicht die Familie, der ewige Trott, an den man sich angepaßt hat, vielleicht Haus und Garten, Tiere, die man nicht unbeaufsichtigt lassen kann?

Ich hatte mich durchgerungen, alle Bedenken beiseite geschoben und wollte endlich einmal etwas tun und aus diesem Kreislauf ausbrechen.

Meine Arbeitszeit betrug achtdreiviertel Stunden am Tag, dann hatte ich die Viehwirtschaft, war der Acker zu bestellen. So vergingen die Jahre. In meinem Hausflur, gleich neben der Haustür, habe ich einen Spruch an die Wand gehängt, so daß er mir immer ins Auge fällt: »Mit Arbeit ist es so auf Erden, sie kann sehr leicht zum Laster werden. Du kennst die Blumen nicht, die duften, du kennst nur Arbeiten und Schuften. So gehn sie hin, die schönen Jahre, bis endlich liegst du auf der Bahre, und hinter dir, da grinst der Tod: Kaputt geackert, du Idiot!« So fragte man sich: Soll das schon alles gewesen sein im einmaligen Leben? Da muß doch noch was kommen! Aber es kommt nichts von allein.

Alle Bedenken schob ich beiseite. Ich wollte einmal etwas tun und nicht mein Leben auf der Jagd nach Geld und Besitz vertun. Ich wollte endlich aus diesem Kreislauf ausbrechen, eine Weiche stellen, um aus den eingefahrenen Gleisen herauszukommen, am besten durch intensives Erleben von Abenteuern. Und wenn dieser Traum, der Traum eines erwachsenen Menschen, mit einer Enttäuschung enden sollte, dann würde eben das Schönste an dieser Reise die Rückkehr zu den Wurzeln des Lebens, den Quellen des Daseins und vielleicht das Wiedersehen mit meiner Frau Lisa sein, die meinen Plänen skeptisch und ablehnend gegenüberstand.

Ehe man sich versieht, ist der Tag gelaufen, und ein Jahr nach dem anderen geht wie im Flug vorüber. Schon wieder ein Jahr älter! Daran kann man nichts ändern. Aber die Dinge des Lebens sollen einem immer neu bleiben, und man sollte sich an nichts gewöhnen.

Es war höchste Zeit, und bald war es zu spät. Einige Freunde und Bekannte waren erst vor kurzem gestorben. Sie waren jünger als ich. Das gab mir zu denken. Wann bist du dran, wann schlägt dir die Stunde? Du bist nicht mehr der Jüngste. Das Leben ist zu kurz. Man müßte es zweimal leben können. Unser Pastor zitierte mal einen denkwürdigen Ausspruch einer Nonne aus Amerika: »Heute ist der erste Tag für den Rest meines Lebens.« Das sollte einem wirklich zu denken geben: nämlich ab heute bewußter leben, Dinge mit Gelassenheit hinnehmen, die man nicht mehr ändern kann, Ängste aus seinen Gedanken verbannen, sich keine Sorgen um das Morgen machen. Vieles regelt sich von ganz allein. Angst und Sorgen machen krank.

Ich bin schon krank, schwer zuckerkrank. Seit zwanzig Jahren muß ich täglich viermal Insulin spritzen und die dazugehörigen Medikamente einnehmen. Trotzdem oder gerade darum wollte ich losfahren, die Krankheit verdrängen, an der ich nichts ändern kann. Auch der beste Arzt kann mir nicht helfen.

Ich wollte mich auf die Probe stellen, ausloten, wie weit mein Wille und meine Energie noch reichten. Den Willen hatte ich ja. Aber Willen und Energie müssen eins sein. Ohne Energie kein Wille und ohne Wille keine Energie. Zu Hause große Pläne schmieden und dann unterwegs schlapp machen, das fehlte noch!

Jetzt, im Alter, lasse ich die Dinge auch schon mehr an mich herankommen. Bei ruhiger Überlegung müßte ich doch nur lächeln können über sinnlos verbrauchte Energie und Kraft,

über Unduldsamkeit und Unüberlegtheit, über meinen Jähzorn, der mich oft hingerissen hat. Aber trotz aller guten Vorsätze falle ich hin und wieder in meine alten Fehler zurück. So ist nun mal das Leben. Darum war es für mich ganz gut, von der Frau und der Familie einmal Abstand zu gewinnen.
Jeden Abend war ich zu Hause und glotzte in die Röhre. Meine Frau sah auch fern, machte Handarbeiten, bis sie dann schließlich im Sessel einschlief. Ich ging allein ins Bett, ließ sie ruhig weiterschlafen. Und das Abend für Abend.
Vielen älteren Ehepaaren geht es nicht anders. Ich brauche mich darüber nicht auszubreiten. Ich habe im Fernsehen den französischen Film »Die Katze« gesehen – dasselbe Problem. In der Liebe war man sich gleich, damals in der Jugendzeit. Da hat man sich verstanden, obwohl verschieden in Wesen und Charakter. Wie lange ist das schon her? Jetzt kennt man sich in- und auswendig, tauscht sich kaum noch aus und ist im Alltag gefangen. So wird es wahrscheinlich wohl auch bleiben. Ich will dagegen etwas unternehmen. Einen Versuch starten. Einen Ausbruch.
Eine zeitweilige Trennung könnte vielleicht die gegenwärtige Lage verbessern, diese Anöderei und Streiterei um Nichtigkeiten, die zum größten Teil von mir ausgingen. Ich wollte meine Fehler unterwegs überdenken und erst mal mit mir selbst klarkommen. Darauf setzte ich meine Hoffnung.
Meine Frau war gegen meine Reisepläne. Wahrscheinlich mißtraute sie mir. Konnte ich es ihr verdenken? Welche Frau läßt schon gern ihren Mann einfach losziehen in die Fremde, dann noch monatelang ohne festes Ziel und Unterkunft, wo immer

ihn der Zufall gerade hintreibt? Der Mann gerät da außer Kontrolle, ist praktisch unkontrollierbar. Was kann da nicht alles passieren! Er kann verunglücken, noch schlimmer, er kann womöglich eine »andere« kennenlernen, kann sich verlieben, sich von seiner Angetrauten trennen. Gar nicht auszudenken, was da unterwegs noch so alles geschehen könnte!
Recht hatte sie. Alter schützt vor Torheit nicht. Sie wollte auch nicht begreifen, daß ich nun endlich meine Jugendträume verwirklichen wollte, um dann vielleicht als geläuterter Mann zurückzukehren.
Jetzt bin ich noch in den besten Jahren, allerdings schon Spätlese. Aber es ist noch nicht zu spät. Ich habe noch ein paar Jahre Zeit bis zum Rentenalter. Wenn es dann soweit ist, werde ich mich wohl in die Rentnergilde einreihen unter dem Motto: »Fräten un supen, langsam goan un pupen.« Falls ich im Alter vielleicht ans Bett gefesselt bin, dann ist es wirklich zu spät. Dann möchte ich nicht sagen müssen: Wärst du mal oder hättest du mal! So redete ich mir zu.
Meine Hoffnung war es, auf dieser Fahrt ein kleines Stückchen Freiheit zu erleben. Ich wollte das Vagabundieren einfach nur um des Vagabundierens willen genießen. Hauptsache, ich hatte etwas zu essen und eine Unterkunft.
Den Vagabunden habe ich sicherlich von meinem Großvater und seiner Familie geerbt. Großvater väterlicherseits war Wanderarbeiter, ist von Rittergut zu Rittergut gezogen, bis er schließlich in Kampehl hängenblieb, seßhaft wurde und eine Stellung als Brennmeister in der Kartoffelspritbrennerei des Gutes bekam. Großmutter dagegen war Köchin und Mamsell

bei den Herrschaften. Bei Feierlichkeiten im Schloß von Herrn Krell, dem ehemaligen Landstallmeister des Gestüts Neustadt und Vorbesitzer des Ritterguts der Fürstin Blücher von Wahlstatt, geborener Radziwill, aus polnischem Großadel, half Großvater oft als Bediensteter aus, wenn es an geeignetem Personal mangelte. Acht Kinder hatten sie, und es fehlte ihnen an allen Ecken und Enden.

Vater hatte schon die Schiffskarte für Amerika in der Tasche, doch beim Abschied weinte die Mutter sehr um ihren Jüngsten. Vater wurde weich und blieb. Onkel Albert, sein Bruder, hatte sich als »blinder Passagier« in Hamburg auf einem Frachter nach Amerika eingeschifft. Aber er kam nicht weit. Noch im Hafen, kurz vor Ablegen des Schiffes, wurde er entdeckt und auf Anordnung des Kapitäns mit einem Tauende von Bord geprügelt.

Trotzdem ist aus Onkel Albert »etwas Ordentliches« geworden. Er wurde Barbier. In Meyenburg, einer Kleinstadt in der Prignitz, gründete er ein Friseurgeschäft. In seiner Eigenschaft als Barbier zog er den Leuten damals noch die Zähne. Er war ein Original in Meyenburg. Lang ist es schon her, aber einige alte Meyenburger können sich noch an Onkel Albert erinnern. Ich habe ein altes Foto von ihm, wie er auf den Treppenstufen zu seinem Friseurladen steht.

Bin ich vielleicht doch vorbelastet? Wahrscheinlich, denn Abenteuerbücher und -filme hatten es mir schon immer angetan. Auf dem Gymnasium in Wittenberge habe ich damals Groschenabenteuerhefte in den Pausen, auch manchmal während des Unterrichts, geradezu verschlungen. Einige meiner

Hefte müßten noch heute bei den Effekten dieser hohen Schule liegen. Mein Lateinlehrer hat nicht wenige kassiert.

Den Inhalt meines zuletzt gekauften oder getauschten Heftes, »Rolf Torrings Abenteuer«, kannte ich fast auswendig. An Wandertagen war ich der große Erzähler. Studienrat Tümmel, mein Klassenlehrer und Wanderleiter, ließ sich an solchen Tagen stets vom letzten Torringabenteuer berichten. Pongo, ein »Schwarzer«, spielte in diesen Schmökern die Hauptrolle. Bald hatte ich meinen Spitznamen, »Pongo«, weg.

Ja, unbeschwert, ohne Anhang und Komfort, wollte ich losziehen und mein Vagabundenleben führen. Warum in die Ferne schweifen und mit dem Touristenstrom nach Bulgarien oder in die Sowjetunion reisen? Kannte ich denn überhaupt mein eigenes Land? Nun stand mein Entschluß fest. Den Rest dazu gab mir der Entzug meiner Fahrerlaubnis im April 1984. Eine kleine Karambolage beim Linksabbiegen. Dafür den Genossen von der Volkspolizei in der DDR nachträglich ein großes Dankschön! Dank, Euch, Genossen! Sonst wäre es wahrscheinlich mit dem Losfahren nichts geworden.

Also losfahren, einfach losfahren, für ein Pferdegespann brauche ich keine Fahrerlaubnis, und im Herbst, wenn ich zurück bin, bekomme ich sie ja wieder!

Vorbereitungen

Ich lege die Abfahrt auf Mitte Juni fest, aber sie verzögert sich von Tag zu Tag. Ich warte auf gutes Wetter. Jeden Abend höre ich im Anschluß an die Nachrichtensendung den Wetterbericht: »Ein breites Wolkenband erstreckt sich vom Atlantik nach Nord-Osten. Regnerisch und trüb. Starke Winde aus Nord-West«. Langsam beginnen mein Urlaub und die freie Zeit, die ich im Winter in meinem Heizhaus rausgearbeitet habe, dahinzuschmelzen.

Mein kleiner Kutschwagen steht startklar in der Remise. Ich brauche nur noch den Rucksack draufzuwerfen und mein Pferd anzuspannen. Das frißt sich derweil auf der Koppel Speck an.

Benno habe ich zwei neue Eisen aufschlagen lassen, den Wagen abgeschmiert. Ich habe nur das Nötigste eingepackt: einen Wassereimer, Putzzeug, Stricke, Beil und etwas Werkzeug und für Benno eine Kette von zehn Metern Länge und einen Eisenpflock. Er kann sich in einem Umkreis von zwanzig Metern bewegen und findet dann genug Futter. In diesem verregneten Sommer 1984 gibt es ausreichend Gras. Sein Sielengeschirr ist gut gefettet. Hafer nehme ich nicht mit, um Gewicht einzusparen. Dafür wird er jeden Tag altes Brot vom Bäcker bekommen oder aus dem Konsum.

Auch für mich habe ich nur das Nötigste eingepackt: Schlafsack, Kochtopf, Kocher, Tasse, Karten, Dolch mit Kompaß, Schüssel und Waschzeug, Kleidung zum Wechseln, meinen Personalausweis, dreihundert Mark, ein leeres Scheckformular für alle Fälle, versteckt in der Wäsche, und meinen Wanderstock.

Endlich wird ein Hoch angesagt, aber ich bin mißtrauisch, ich traue dem Wetterpropheten nicht so ganz. Einen Tag warte ich noch das Wetter ab, am nächsten in aller Frühe soll es dann losgehen.

Aufbruch

Fast schweigsam frühstücken wir gemeinsam, meine liebe Frau und ich. Alles, was wir uns zu sagen haben, ist gesagt worden. Meine Frau hat eingesehen, daß sie ihren Mann nicht mehr halten kann. Es gibt einen frostigen Abschied. Ich umarme sie kurz, drücke ihr einen Kuß auf die Wange. Wir könnten uns doch im Harz oder in Thüringen treffen? Ich rufe dich von unterwegs an, und du kommst mit dem Auto dorthin. »Vielleicht, mal sehen«, ist alles, was sie sagt.

Mit gemischten Gefühlen besteige ich meine Kutsche. Mir ist doch recht seltsam zumute. Der schlimmste Augenblick der bevorstehenden Reise ist gekommen: Abschied. Losfahren von Haus und Hof, woran ich so hänge... So einfach ist das für mich nicht, in die Ferne, ins Unbekannte hinein. Zwei Seelen streiten sich in meiner Brust: die Bodenständigkeit und die Abenteuerlust.

Wie wird es aussehen zu Hause, wenn ich zurückkomme? Es ist ein warmer, sonniger Tag, und alles in Hof und Garten steht in sattem Grün. Wenn ich zurückkomme, denke ich, wird es wohl schon Herbst sein.

Jetzt gibt es für mich kein Zurück. Benno zieht mich vom Hof. Ich muß mich entscheiden – links oder rechts herum? Links heißt Thüringen, rechts Mecklenburg. Ich fahre nach links. Dabei wäre ich auch gern nach rechts gefahren, nach Mecklenburg in die herrlichen Wälder, zu den vielen Seen. Aber die mir noch fremde Gegend Thüringen lockt mehr.

Vorbei geht es an unserer alten Wehrkirche mit der Kahlbutzgruft.

Der Ritter Kahlbutz lebte bis zum Jahr 1702 in Kampehl. Seine nicht verwesende Leiche ist in der Gruft zu besichtigen. Die Legende um seine Mumifizierung besagt, er habe zu seinen Lebzeiten einen Totschlag begangen und diesen geleugnet, aber er legte einen »Reinigungseid« ab, in dem es geheißen haben soll: Hätte er diese abscheuliche Tat vollbracht, würde sein Leichnam nie verwesen. Die Legende ist das eine, das andere ist, daß jährlich Zehntausende Neugierige mein Heimatdorf Kampehl besuchen wegen des Ritters, dessen mumifizierter Leichnam die Wissenschaftler aus aller Welt zu zahlreichen Untersuchungen und Spekulationen veranlaßt.

Vorbei geht es an meiner Arbeitsstelle, dem Schloß der Fürstin von Blücher und Wahlstatt, jetzt ein Spezialkinderheim, in dem ich als Heizer arbeite. Der Kohlenhaufen liegt immer noch vor den Kellerfenstern und wartet auf mein Zurückkommen.

Bekannte auf der Dorfstraße grüßen und rufen nach dem Wohin. Was soll ich antworten? Soll ich etwa sagen: Bin auf dem Weg nach Thüringen? Bis jetzt hat mich keiner ernstgenommen, wenn ich von meinem Reiseplan sprach. Und mir oder dem Gespann kann ja auch immer noch etwas passieren, nicht gerade das Schlimmste, aber Reifen könnten platzen, Benno könnte das Geschirr zerreißen, der Wagen könnte zerbrechen, ein Auto oder ein Traktor könnten uns rammen. Und dann müßten wir wieder zurück. Dann wären mir der Spott und die Witzeleien sicher im ganzen Dorf und der Umgebung. Also gebe ich ausweichende Antwort, murmele etwas von Neustadt und Pferd beschlagen lassen.

Nur schnell weg! Mir ist sowieso nicht wohl, mir ist verdammt flau im Magen, und ich habe plötzlich Angst vor meiner eigenen Courage. Bloß nicht umsehen! Umsehen bringt nichts Gutes. Abergläubisch bin ich auch noch. Also blicke ich stur geradeaus und bin froh, als ich am Dorfende beim letzten Haus endlich abbiegen kann in unseren ehemaligen idyllischen Waldweg nach Neustadt, aus dem vor einiger Zeit eine Autostraße entstanden ist, eine Abkürzung in die Stadt und Umgehungsstraße des Bahnhofs und Eisenbahnknotenpunkts Neustadt-Dosse.

Es ist Vormittag, und mir kommen die Autokolonnen entgegen, die Bahnschranken müssen gerade geöffnet worden sein. Am Bahnübergang aber stehe ich wie schon oft vor der geschlossenen Schranke, in eine Blechkarawane eingekeilt. Benno bleibt ganz ruhig, er kennt das, spitzt die Ohren, obwohl vom Zug noch nichts zu sehen ist. Er muß ihn schon von weitem gehört haben. Der Interzonenzug Berlin-Hamburg nähert sich, und der Boden bebt, als er an uns vorbeirast.

Hinter den Abteilfenstern sehe ich schemenhaft menschliche Gestalten mit ihren Gesichtern. Sie werden die zweihundert Kilometer bis Hamburg in zwei Stunden zurücklegen. Wir, Benno und ich, würden dazu sechs Tage brauchen.

Was mögen einige der Vorbeirasenden wohl von mir denken, nachdem sie uns erkannt und erfaßt haben? Der hats gut, hat wenigstens noch Zeit, lebt wie ein Mensch! Wir haben Termine, stehen im Streß. Vielleicht würden sie gern die Notbremse ziehen und mit mir fahren? Wenn sie sich nur vom Profitdenken befreien könnten! Wahrscheinlich sind sie Gefangene ihrer selbst. Ich weiß es nicht, könnte mir ihren Gedankengang aber gut vorstellen.

Die Schranken öffnen sich. Die ersten Autos fahren los, wir im Schritt hinterher. Jetzt sind wir schon ein Verkehrshindernis. Die Karawane hinter uns kann wegen des starken Gegenverkehrs nicht überholen. Das Gehupe geht los. Einer tippt sich an die Stirn: Was hat dieser Bauer hier zu suchen? Der muß von gestern sein. Tempo ist die Devise, und Zeit ist Geld! Beim Vorbeifahren dreht ein Beifahrer die Scheibe herunter und brüllt mir zu: »Gib Gas!« Kleingeister, denke ich.

Es geht einige hundert Meter durch Neustadt, dann kann ich endlich in eine ruhige Ausfallstraße abbiegen, Richtung ehemaliges Friedrich-Wilhelm-Gestüt. Auf dieser stillen Straße wird mir langsam wohler. Die Anspannung weicht. Der erste Schritt ist getan. Ich habe mich losgerissen. Mit jeder Räderdrehung meines Wagens, mit jedem Schritt meines Pferdes habe ich mich von Kampehl entfernt. Mein Heimatdorf liegt hinter mir, das Neue und Unbekannte vor mir.

Es überkommt mich ein Gefühl der Freiheit. Ich muß mich abreagieren, ich brülle und schreie. Es bricht aus mir geradezu heraus. Alle Bedrängnis und Beklemmung, alles, was mich in letzter Zeit bedrückt hat, schreie ich in den großen, blauen Himmel hinein. Auf einmal bin ich mächtig stolz auf mich. Seit langem mein erstes großes Erfolgserlebnis, der Sieg über mich selbst, über kleinmütiges Denken!

Fährst du oder fährst du nicht?

Die letzten Tage sind anstrengend gewesen. Viele Leute in Kampehl schüttelten die Köpfe und belächelten mich. Keiner nahm mein Vorhaben ernst. Meine Familie war geteilter Meinung. Ich selbst machte mir auch Gedanken: Lohnt sich die ganze Geschichte überhaupt? Ist so etwas der Mühe wert, und was treibt mich dazu, verdammt noch mal? Ich bin schließlich Bauer, meine Vorfahren waren Bauern, waren bodenständig und arbeitsam, waren viel zu diszipliniert, sich »so etwas zu leisten«. Und ausgerechnet ich will meinen Jugendtraum vom Abenteuer verwirklichen, aber auch einer Lebenskrise, der Angst vor dem Altwerden, entgehen. Vielleicht hatten viele Menschen solche Träume, konnten aber nicht davonlaufen, so wie ich es vorhabe, blieben zu Hause, meisterten ihre Krisen, steckten ihre Träume zurück und überwanden sich.

Bei diesen Gedanken bin ich nahe daran, mein Vorhaben abzublasen und mich zu bescheiden. Aber ein paar Tage später, bei neuerlichem Durchdenken, sehe ich die Angelegenheit wieder von einer ganz anderen Seite: Jetzt hat doch auch ein Bauer in diesem Land die Möglichkeit, in den Urlaub zu fahren, die sozialistische Umgestaltung der Landwirtschaft hat es ermöglicht. Ist doch gar keine so schlechte Sache, wenn man sie jetzt hinterher betrachtet!

Mit meiner Frau zusammen war ich insgesamt dreimal verreist. Aber auch erst, als wir schon lange in der LPG waren. Einmal haben wir eine Flugreise nach Bulgarien gemacht, einmal sind wir für zehn Tage nach Danzig gefahren und an die polnische Ostseeküste. Das letzte Mal, in den siebziger Jahren, waren wir in Ungarn, und das war schon alles und war eigentlich nur durch Zureden unserer Freunde und Bekannten zustandegekommen. Ich habe also noch einiges nachzuholen.

Andere Leute, auch Bauern, fahren jedes Jahr in den Urlaub. Warum ich nicht? Schließlich lebe ich im Sozialismus und habe meinen Beitrag dazu geleistet, meine Landwirtschaft und mein Vieh in die LPG eingebracht, über zwanzig Jahre als Viehpfleger gearbeitet. Dann, als der Stall wegen Unrentabilität dichtgemacht wurde, wurde ich von der LPG als Heizer in das ansässige Spezialkinderheim delegiert.

Nach solchen Überlegungen bin ich wieder obenauf: Ich fahre doch! Ich habe Hinz und Kunz von meinem Plan erzählt, nur um mich festzulegen. Und nun liegt Kampehl hinter mir.

Benno will nicht so recht voranmarschieren. Er ahnt wohl den weiten Weg. Ihn zieht es zum Stall und zur Pferdekoppel. Seine Gefährtin hat er zurücklassen müssen, die gerade mit ihrem Fohlen auf der Weide grast.

Vor uns liegt eine Holzbohlenbrücke, es poltert dumpf, als wir darüberfahren. Wir haben unseren ersten Fluß überquert, die Dosse.

Unmittelbar hinter der Brücke erstreckt sich ein Gestüt, gegründet vom Preußenkönig Friedrich Wilhelm, ich glaube, es war der Zweite, der Nachfolger Friedrichs des Großen. Früher, auf dem Gymnasium, mußten wir die ganzen Preußenkönige, angefangen vom Großen Kurfürsten bis zur Reichsgründung 1871, im Kopf haben. Das war ein Steckenpferd unseres Geschichtslehrers.

Benno reckt den Kopf und spitzt die Ohren. Ein schöner Anblick: Auf den weiten Pferdekoppeln tummeln sich die Stuten mit ihren Fohlen. Ein Gewieher geht los. Die ganze Herde begleitet uns bis zur nächsten Zaunabsperrung. Hier kann sie nicht weiter, und Benno macht seinen ersten Versuch anzuhalten. Ich muß energisch werden und ihn mit der Rute antreiben, denn er will bei seiner Gattung Pferd bleiben. Eigentlich tut er mir jetzt leid.

Ein klappriger Moskwitsch kommt mir entgegen. Ich muß rechts ran. Unser alter Tierarzt. Ich drehe mich zur Seite. Fehlte bloß noch, daß er mich erkennt, anhält und Fragen stellt. Aber er ist kurzsichtig und achtet nur auf seinen Weg. Hoffentlich der letzte Bekannte, der mir begegnet! Obwohl wir uns seit langen Jahren kennen und duzen und er schon das Vieh meines Vaters betreut hat, ist es mir lieber so. Seit kurzem bekommt er Rente, ist Veterinärrat geworden, betreut aber immer noch das Rinderkombinat in Sieversdorf. Wahrscheinlich weiß er als Rentner nichts weiter mit sich anzufangen. Seine um Jahre jüngere Frau ist voll berufstätig und arbeitet als Lehrerin in Neustadt an der Oberschule. Da ist es ihm allein zu Hause wohl zu langweilig. Er sitzt noch immer in einer Staatlichen Tierarztpraxis, die sich in seinem Wohnhaus befindet. Er ist gleichzeitig Leiter der Einrichtung und bekommt ein bestimmtes Gehalt. Alle Nebenkosten: Miete, Auto, Telefondienst – meistens macht das die Ehefrau – trägt der Staat. Auch der Veterinärhelfer, den er hin und wieder benötigt, wird vom Staat bezahlt. Daß Rentner im real existierenden Sozialismus weiterarbeiten, ist erwünscht und keine Seltenheit. Über Arbeitsmangel braucht er sich nicht zu beklagen bei dem hohen Viehbestand in LPG, VEG und individueller Wirtschaft. Ganz früher hatte er mal ein Reitpferd auf dem Gestüt stehen. Aber die Zeiten haben sich geändert, damals hatte er sogar eine eigene Praxis und wohl auch den entsprechenden Verdienst.

Am Rande des Dosseluchs liegt Sieversdorf mit seiner schon in der Ferne erkennbaren und für diese Gegend vollkommen untypischen Zwiebelkirchturmspitze. Die Kirche selbst, ein barocker Putzbau mit quadratischem Turm, begleitet uns als Silhouette bis zum nördlichen Dorfeingang. Einige noch gut erhaltene, unter Denkmalschutz gestellte, fränkische Bauernhäuser, sogenannte »Ernhäuser«, stehen dort. Einige dieser Häuser tragen noch ein Strohdach, andere sind mit Wellasbestdächern verschandelt worden. Schade! Sieversdorf ist das letzte alte deutsche Bauerndorf, gegründet 1337. Gleich hinter Sieversdorf beginnt das Luch mit den Kolonistendörfern.

Kolonisierung

Groß ist die Zahl der Kolonistendörfer aus der Zeit des achtzehnten Jahrhunderts, die gegen Ende der Regierungszeit des Alten Fritz an Dosse, Rhin und Jäglitz gegründet wurden. Zu ihnen zählen Sophiendorf, Siegrothsbruch, Giesenhorst, Michaelisbruch, Schönfeld, Bartschendorf, Großderschau, Kleinderschau, Zietensaue, Klausiushof, Friedrichsdorf und Neuwerder. Zu finden sind die genannten Dörfer, heute vielfach nur noch Ortsteile, in den Kreisen Kyritz und Rathenow. Fast alle leiten übrigens ihren Namen von hohen Beamten des Preußenkönigs her.

Zum Beispiel Michaelisbruch: Sein Geheimer Rat Michaelis begleitete den König auf allen seinen Inspektionen. Wurden unterwegs von seinen Landeskindern und Untertanen Bitten und Bittschriften an ihn herangetragen, wimmelte er die Leute ab mit den Worten: »Sag Er es meinem Geheimen Rat!« Beanstandungen, Mängel, Verbesserungsvorschläge mußte Michaelis aufnehmen. Die vom König eingesetzten Beamten aus den Ortschaften und Bezirken, durch die Friedrich fuhr, mußten neben seiner Kutsche herreiten und erhielten während der Fahrt von ihm entweder Lob oder Tadel. Es herrschte ein strenges Regiment. Friedrich wollte alles wissen, kümmerte sich um alles. Er hatte ein gutes Personengedächtnis und traf unterwegs alte Offiziere und Beamte im Ruhestand auf ihren Gütern wieder an. »Mein Gott, wie ist Er dick geworden!« soll er einmal zu einem seiner hohen Beamten gesagt haben.

Der Landbesitz der Kolonisten betrug im Durchschnitt für die Holländer, die Milchbauern waren, fünfzig Morgen, für die Hopfengärtner fünfzehn und für die Büdner, die kleinsten Grundstücksbesitzer, fünf Morgen. Die Häuser wurden zur Zeit der Gründung als niedersächsische Bauernhäuser errichtet. Alles befand sich unter einem Dach, stets mit Rohr oder Stroh gedeckt. Dies ist eine der bemerkenswertesten Bauschöpfungen überhaupt. Ein solches Gebäude erspart dem Bauern viele unnötige Wege zum Füttern und der Pflege des Viehs. Bei getrennter Lage der bäuerlichen Wohnung und der Stallungen für Kühe und Schweine ließe sich nur halb so viel für die Tierpflege tun.

Ich denke da an die Abkalbungen der Kühe und Färsen und an das Abferkeln der Zuchtsäue. Vor allem des Nachts brauchte man nicht aus dem Haus hinaus zu den Ställen über den Hof, um als Geburtshelfer tätig zu sein. Das große Dach, das an den Seiten tief hinab reicht, hat den bisher mit keinem Bauernhaus erzielten Vorteil, daß der Sturm nicht viel Unheil anrichten kann. Außerdem speichert es im Sommer die Kühle, im Winter der Wärme. Es könnte in jeder Landschaft Deutschlands stehen.

Zu finden waren in den unterschiedlich großen Häusern Stuben, Kammern, teilweise auch eine Futterkammer, Flur, Küche, Pferdestall, Kuhstall, Schweinestall, in den Holländergehöften sogar eine Dreschtenne. Der Bodenraum diente als Scheune. Heute finden wir die niedersächsische Bauweise noch in der Lenzener Wische, im äußersten Westen der Prignitz, und in der Lüneburger Heide, also in Niedersachsen.

Bei der Anlage der einzelnen Gehöfte wurden die Länge und Tiefe der Gebäude genau vorgeschrieben. Ursprünglich stand auf jedem Gehöft nur ein großes Gebäude. Alle Nebengebäude entstammen einer späteren Zeit, als man auf eigene Kosten anbaute und den Komfort erhöhte. Jedes Wirtschaftsgebäude wurde in Fachwerkbauweise, in Holz und Lehm, errichtet. Alle Brunnen waren in der ersten Zeit offen, also sogenannte Ziehbrunnen oder Pütten. Bei etwa der Hälfte der Gehöfte befand sich ein Bienenschauer.

Im agrarhistorischen Kabinett in Kyritz befindet sich noch heute ein überaus kunstvoll aus Stroh geflochtener Bienenkorb aus der Luchgegend, ein Lüneburger Stülper. Er wird auf gut hundert Jahre geschätzt und erregt unter den Besuchern immer wieder Bewunderung und Aufsehen.

Übrigens waren die ersten Siedler nach der Inbesitznahme ihrer neuen Heimat wenigstens drei Jahre von allen Abgaben befreit. In rastloser Tätigkeit ist hier in der zweiten Hälfte des achtzehnten Jahrhunderts eine neue Provinz erobert worden. Und das alles mitten im Frieden!

Chronisten haben aufgeschrieben, was der alternde König im Jahre 1779 geäußert hat, als er am 23. Juli von den Stöllner Bergen aus dieses Land überblickte: »Das ist wahr, das ist wider meine Erwartung! Das ist schön! Ich muß euch das sagen, allen, die ihr daran gearbeitet habt.«

Wer heute durch die genannten Dörfer fährt, sollte einmal darauf achten, wieviel noch in unseren Tagen an die Kolonisten aus der Gründerzeit erinnert. Manches kann man sich auch von heimatverbundenen Einwohnern erzählen lassen.

Die großen Feldmarken ringsumher konnten kaum bewirtschaftet werden. Sie waren sumpfig, mit Erlen, Birken und Weiden bestanden. Das Vieh blieb im Luch im Morast stecken. Nur die höher gelegenen Flächen konnten beackert werden. Große Überschwemmungen suchten Jahr für Jahr die Gegend heim.
Da holte Friedrich Holländer, die schon eine reiche Erfahrung bei der Entwässerung ihres Landes hatten, sowie Hugenotten und Süddeutsche ins Land. Diese Menschen haben dann die Sümpfe und Brüche trockengelegt. Sie hatten große Vergünstigungen für die damalige Zeit, und Friedrich hat praktisch durch die Melioration, die es schon damals gab, eine Provinz im Frieden erobert. Noch jetzt künden Namen und Ansiedlungen davon.

Kollektivierung

Auch heute hat die Melioration hier mit Motorkettensäge, Bagger und Raupe gewirkt. Eine riesige Kultursteppe ist entstanden. Weizen- und Maisfelder wechseln sich mit Weideland ab. Be- und Entwässerungsgräben durchschneiden das Land. Der Staat hat sich die gesetzliche Möglichkeit dazu verschafft, ohne die erfahrenen Bauern zu befragen.
Nach der Kollektivierung der Landwirtschaft ist man nun dabei, die Landschaft umzugestalten. Aber schon jetzt kommen Zweifel auf, ob das alles richtig ist. Viel Natur ist vernichtet worden, und die Erosion schreitet weiter. Hecken, Büsche und Bäume sind verschwunden; Wassertümpel, kleine Gräben

und Rinnsale wurden eingeebnet, zugeschüttet und die Kleinlebewesen dadurch gefährdet, zum großen Teil schon ausgerottet. Natürliche Quellen sind versiegt. Die Landschaft hat sehr gelitten, und die Idylle vom »Brunnen vor dem Tore« ist wohl für immer passé.

Bebauen und Bewahren steht sinngemäß in der Bibel. Ich glaube daran, zur Natur gehört auch der Mensch. Aber wer gibt uns Menschen eigentlich das Recht, in den Kreislauf der Natur einzubrechen, ganze Tier- und Pflanzenarten auszurotten? Auch Tiere und Pflanzen sind Bewohner unseres Planeten. Wir Menschen sind doch nur Gäste auf dieser schönen Welt. Uns ist das alles anvertraut. Wie soll es weitergehen, wenn wir so weitermachen? Schlechte Mieter sind wir, Plünderer und Räuber, die auf Kosten der Umwelt sich einen immer höheren Lebensstandard schaffen wollen.

Benno

Es geht auf Mittag zu. Die Bachstelze steht am Himmel, und zwei Bussarde segeln über mir. Ich halte zum ersten Mal an, gehe um Pferd und Wagen herum und mache die erste Inspektion. Das Gepäck liegt noch fest, keine Schnalle ist vom Sielengeschirr abgerissen, die Reifen sind noch voller Luft, und vor allem mein Pferd, mein Garant für diese Reise, ist gesund und munter.

Benno war noch nie krank, seitdem ich ihn besitze. Er ist ein Mischling von Brandenburger Stute und Norweger Hengst, ist mittelgroß, genügsam, nicht bösartig und kurzfesselig, er kann sich also nicht so schnell das Bein verstauchen. Das sind alles positive Eigenschaften. Vor allem ist er kneipensicher, das heißt, er steht vor der Kneipe ruhig und wartet geduldig auf mich, bis ich wieder herauskomme. So muß es sein. Allerdings binde ich ihn immer fest. Zur Sicherheit!

Benno ist genau das richtige Pferd für so eine Reise. Wir verstehen uns trotz einiger negativer Eigenschaften, die er an sich hat. Ich kenne meinen Kumpel aus Erfahrung. Also, bis jetzt ist alles in bester Ordnung.

GEDENKMINUTE

Die KAP-Straße, eigentlich nur ein mit Zementplatten ausgelegter Feld- und Wiesenweg, führt in Richtung Westen, der Havel entgegen. Sie durchschneidet das Land schnurgerade in zwei Teile. Weit kann ich hier blicken. In der Ferne, im Flimmer des warmen Sommertages, erheben sich die Rhinower Berge aus dem platten Dosseluch. In diesen Bergen hat Otto Lilienthal seine Flugversuche unternommen. Er ist in der Nähe von Stölln am Gollenberg tödlich verunglückt. Eine Erinnerungstafel kündet davon.

Durch Zufall bin ich 1945, während der Flucht aus der Gefangenschaft, darauf gestoßen, als ich, von zwei Rotarmisten verfolgt, um mein Leben rannte.

Dieser Mut zur Flucht hat mich vor jahrelanger Gefangenschaft in der Sowjetunion gerettet. Aus englischer Kriegsgefan-

genschaft entlassen, hatte ich südlich von Wittenberge die Elbe überquert in der Hoffnung, mein Entlassungsschein würde von der Sowjetarmee anerkannt werden. Leider war dem aber nicht so. Ich kam in neuerliche Gefangenschaft. Das gefiel mir ganz und gar nicht. Mein Ziel war Kampehl und nicht Sibirien!
Immer, wenn ich die Landstraße Kyritz-Rathenow befahre, halte ich an einer gewissen Straßenkreuzung eine Gedenkminute lang an. Auf dieser Straße sind wir Kriegsgefangenen entlanggetrieben worden auf dem Weg nach Osten. An dieser Kreuzung stand ein Schild: »Neustadt 10 km.« Es steht heute noch dort. Dieses »Neustadt 10 km« gab mir damals den Antrieb zur Flucht. Bis hierher und nicht weiter! Am nächsten Morgen um vier Uhr gelang sie mir dann auch.

SCHWARZWASSER

Weit rechts von den Bergen leuchten in der Ferne rote Ziegeldächer, das muß Schwarzwasser sein oder Babe. Auch diese Orte sind Ansiedlungen aus der Zeit Friedrichs des Zweiten und seines Vorgängers.
Zwei Überlieferungen haben sich bezüglich des Entstehens des ungewöhnlichen Namens Schwarzwasser erhalten: Im hohen Alter besuchte Friedrich seine im Frieden eroberte Provinz, das neugewonnene Land an Havel, Rhin und Dosse. Bei seinen Fahrten mußte er mit seiner Begleitung auch die Jäglitz durchqueren auf einer der Furten, die anstelle einer Brücke zirka sechzig bis achtzig Zentimeter unter dem Wasserspiegel im

Fluß angelegt wurden, so daß die Pferde bis zum Bauch im Wasser waten mußten, aber immer noch Halt hatten, um die Wagen hindurchziehen zu können. Als sie nun auf der anderen Seite der Jäglitz ankamen, hatten sich Bauch und Beine schwarz gefärbt vom morastigen, schwarzen Moorwasser. Die andere Deutung soll von den ersten Ansiedlern selbst stammen, denen der Fluß schwarz, dunkel und unheimlich erschienen war.

Hier, in dieser abgeschiedenen Gegend, in Schwarzwasser, lebt der »Storchenvater« Adolf Wels mit seiner Frau auf seiner ehemaligen Bauernwirtschaft. Ihre Kinder haben das Dorf verlassen, das nur aus vier Gehöften besteht, aber bis vor Jahren noch eine eigenständige Gemeinde war mit einem Bürgermeister. Die Storchenchronik, die Adolf Wels führt, reicht bis in die Anfänge unseres Jahrhunderts.

Die Störche haben in dieser Wiesen- und Wasserlandschaft eine gute Nahrungsgrundlage und kehren daher Jahr für Jahr hierher zurück. So lange, wie er denken kann, brüten auf seinem Gehöft die Störche. So kann er sie gut beobachten und hat seine Erfahrung mit ihnen: Wann sie im Frühling wieder in Schwarzwasser ankommen, beim Nestbau, beim Brüten, bei der Aufzucht der Jungen und deren ersten Flugversuchen und dann zuletzt bei ihrer Abreise gen Süden Ende August. Darüber führt er genau Buch und daher der Beiname »Storchenvater«.

Wenn es für die Einwohner von Schwarzwasser auch recht einsam sein mag, vor allem im Winter, so werden sie wenigstens durch die Ruhe und die Ursprünglichkeit der Natur, die bis heute noch weitgehend erhalten geblieben ist, entschädigt. Dort nun will ich die erste Rast einlegen. Ich laufe neben dem

Wagen, steif geworden vom Sitzen, nehme meinen Wanderstock, stimme mein erstes Lied an: »Auf Wiedersehn, auf Wiedersehn, bleib nicht so lange fort«. Mit meinem ererbten Wanderstock von Oberlokomotivführer Onkel Arthur aus Neustadt schlage ich mir den Takt dazu auf die Zementplatten: »Mein Vater war ein Wandersmann, und das liegt mir im Blut.« Bei »Holleri, hollera« überschlägt sich meine Stimme. Ich bin guten Mutes, singe ihn mir immer wieder neu zu. An zu Hause und an Kampehl kein Gedanke mehr!

Wieder geht es über eine gewölbte Bohlenbrücke, wieder das Poltern von Bennos Eisen, dann sind wir über die Jäglitz.

Jäglitz und Dosse werden in diesem Niederungsgebiet von zahlreichen Entwässerungsgräben und Kanälen zusätzlich gespeist. Im Norden der Prignitz, an der mecklenburgischen Grenze, im waldreichen Hochland entsprungen, haben sie hier unten kurz vor ihren Mündungen deutlich an Volumen und Breite zugenommen, die Dosse, die vor ihrer Mündung in die Havel südlich von Havelberg, bei Vehlgast, noch die Jäglitz aufnimmt, besonders.

Unmittelbar an der Jäglitz Neu-Roddahn, eine kleine, entlegene Ortschaft von sechs bis acht Gehöften. Von den ehemaligen Bewohnern lebt niemand mehr hier. Neu-Roddahn ist fest in Berliner Hand – für Urlaub und Wochenenden und als zeitweiliger Wohnsitz freischaffender Künstler.

Von Neu-Roddahn über Schwarzwasser bis Babe sind es noch zwei Kilometer auf der Straße Kyritz-Rathenow, mitten durchs Rhin- und Dosseluch. Wegen des hohen, aufgeschütteten Damms und der Baumallee ist sie für mich schon von weitem gut erkennbar in dieser platten, waldarmen Gegend, und wir kommen auf ihr durch den schattigen Blättertunnel auch richtig in Babe an.

Erste Rast

Hier hat mein Freund Zabka aus Berlin seine Sommerbehausung. Das Fachwerkhaus mit seinen Backsteinziegeln liegt in einem verwilderten Garten abseits der Straße, und die Lattentür seines windschiefen Staketenzaunes steht halb offen. Ich fahre Benno in den Schatten einer mächtigen Eiche, schnappe mir den Eimer, um Wasser von der Handpumpe hinterm Haus für ihn zu holen. Hier ist auch der kleine Garten, den Zabka erst in diesem Dschungel urbar gemacht hat, nun mit viel Gemüse, Obst und Kräutern darin. Zabka ist Vegetarier.
Er muß mich wohl gleich erkannt haben, denn schon kommt er aus dem Haus, wie immer mit einem Grinsen im Gesicht, und begrüßt uns in seiner ruhigen Art. Zapka sieht mit seinen langen Haaren und seiner abgewetzten Kleidung aus wie ein Asozialer. Hier in seinem Reich kann er auftreten, wie er will. Keiner von den wenigen Menschen, die hier leben, nimmt Anstoß daran. Die laufen genauso herum, Leute vom Prenzlauer Berg in Berlin.
Gutbürgerlich sieht es im Haus auch nicht aus. Die Wände weiß gekalkt, in der Küche Mauersteinfußboden, ein Rauchfang über dem gemauerten Herd. Seine Möbel hat er sich selber gebaut, und an den Wänden hängen alte Bibelsprüche

und einige Bilder aus Urgroßmutters Zeiten, die er beim Aufräumen hier gefunden hat. Auch die Haustür ist mit allerlei Motiven bemalt.

Im Vorgarten hat er lebensgroße Plastiken aufgestellt. Mit Müh und Not erkenne ich, daß sie Frauen darstellen sollen. An der Hauswand sind Gebilde, auf die ich mir überhaupt keinen Reim machen kann. Im stillen denke ich mir, daß darin immerhin Vögel nisten könnten. Vielleicht sollen sie es auch.

Ein großer Raum im Haus dient Zabka als Werkstatt, denn Zabka ist Graphiker, in meinen Augen ein Künstler, auch wenn ich von seinen Arbeiten so gut wie nichts verstehe. Von Berlin aus fährt er mit dem Zug bis Neustadt und dann mit dem Fahrrad in sein geliebtes Babe in die Einsamkeit, wo sich Fuchs und Hase gute Nacht sagen.

Es ist Mittag. Ich bin gerade zur rechten Zeit angekommen. Zabka hat Salate mit Buttermilch auf dem Tisch. Zum Nachtisch serviert er Holundersaft. Alles eigene Erzeugnisse aus seinem Garten. Nur die Buttermilch ist aus dem Konsum. Er lebt hier billig und vor allem nach seinem Geschmack und seinen Interessen und Neigungen.

Ich bin Zabkas Gast und fühle mich sauwohl. Ich stecke mir die Mittagszigarre an und mache mich auf seinem selbstgezimmerten Lager lang. Sonnenlicht fällt durch die Ritzen der geschlossenen Fensterläden, und mich überkommt angenehme Schläfrigkeit in diesem halbdunklen, kühlen Raum. Zabka wäscht derweil das Geschirr ab.

Beim Abwaschen muß Zabka wohl die Wanderlust ergriffen haben, denn am Nachmittag sagt er, daß er für einige Tage mit mir kommen wolle. Er kann es sich ja erlauben. Er ist freischaffender Künstler. Mir soll es recht sein. Wir haben uns lange nicht gesehen, und er könnte mir aus seinem Leben und von seiner Arbeit erzählen.

Während Zabka seinen Rucksack packt, unterhalte ich mich mit seiner Nachbarin, einer älteren Bauersfrau, die schon bei den von Kröchers auf dem Gut gearbeitet hat, alter preußischer Adel, der dem Staat viele Offiziere stellte, aber meist über seine Verhältnisse lebte. Sie meint, schlecht gelebt hätten sie und ihr Mann nicht. Geld wurde immer pünktlich und bis zum letzten Tag gezahlt, auch als die Herrschaften pleite waren. Das Gut wurde dann an eine Hamburger Teeimportgesellschaft verkauft, und auch in Babe wurde Tee angebaut. An den Wochenenden kamen die neuen Herrschaften mit ihren Damen in dicken Autos angereist, um sich im Schloß zu entspannen.

Vom Schloß ist nun nicht mehr viel übrig. Dem ehemaligen Herrenhaus droht der Verfall. Jeglicher Glanz ist dahin. Von der schmutzig-grauen Fassade bröckelt der Putz. Die Dachrinne ist undicht, und bei Regen läuft das Wasser an den Außenwänden herunter. Der Frost tut dann das seine dazu. Die Freitreppe ist schadhaft und bedarf einer Erneuerung. Das Innere des Schlosses ist verkommen und verwohnt. Jetzt befindet sich darin eine Konsumverkaufsstelle, die an zwei Tagen in der Woche geöffnet ist. Ebenfalls an zwei Tagen in der Woche kommt der Fleischerwagen aus Kyritz.

Es gab eine Zeit, da war Babe drauf und dran auszusterben, ebenso Neu-Roddahn. Aber dann kamen die hellen Berliner und kauften sich die verlassenen Häuser und Stallungen, um hier an Wochenenden und im Urlaub Ruhe zu finden. Ihre Stadtwohnungen behielten sie, denn auf Dauer und besonders im Winter war es wohl doch zu einsam.

Diese Ansiedlung geschah zum großen Erstaunen der Einheimischen, von denen die meisten schon in die großen Dörfer und Städte gezogen waren. Da hatten sie ihre Arbeitsstelle in der Nähe, Kindergarten, Schule und Gaststätte. Und dort war auch »mehr los«. Aber in letzter Zeit hatten sich immer mehr junge Familien besonnen und waren zurückgekommen. Es wurde umgebaut, ausgebaut und neugebaut.

Auch eines ihrer Kinder samt Familie wohne nun wieder hier, erzählt mir Zabkas Nachbarin. Sie freue sich sehr darüber, denn nun würde sie im Alter doch nicht so allein sein.

WEITER ZU ZWEIT

Benno hat sich ausgeruht und drei Eimer Wasser gesoffen. Zabka verstaut seinen Rucksack im Wagen, und mit »Viel Glück!« und viel Winken fahren wir schließlich los in Richtung Havel.

Vor uns liegen riesige Weideflächen. Wir sind mitten im Dosseluch und wollen bei Strodehne die Havel erreichen, in die die Dosse mündet. Den Damm des Flusses sehe ich schon von weitem. Er hebt sich scharf von der flachen Landschaft ab, und bei der nächsten Auffahrt führe ich Benno am Zügel hinauf. Jetzt haben wir vom Kutschersitz aus einen herrlichen Rundblick.

Der Reiz dieser Landschaft ist für mich auf einen Blick erkennbar, durch die Windschutzscheibe eines Autos aber bestimmt nicht. Statt Benno hätte ich dafür das Fahrrad nehmen müssen.

In der Ferne vereinzelte Gehöfte, keine Menschenseele zu sehen, dafür große Rinderherden in dem weiten, flachen Land. Viele Vogelarten – Fischreiher, Enten, Störche, Kiebitze – haben hier ihr Brutgebiet.

Dieses weite Land, hier im Norden der DDR, ist mein Heimatland: die Mark Brandenburg. Ich bin stolz darauf, und es erfüllt mich mit sanfter Freude.

Zabka und ich ziehen uns aus, laufen durch hohes Gras, Schilf und Binsen und stürzen uns ins kalte Wasser. Ich lege mich lang, lasse das Wasser am Körper vorbei und darüber hinweg laufen, und ich bin glücklich, restlos glücklich. Ich möchte mit niemandem tauschen. Sonne und Wasser tun mir wohl an Geist und Körper. Nach dem Baden lassen wir uns von der Sonne trocknen.

Bevor wir die Dosse über ein Wehr verlassen, blicken wir noch einmal zurück. Ganz weit am Horizont, wo Himmel und Erde verstrickt sind, kaum noch zu erkennen, liegt Babe. Zabka reckt seine Arme in den Himmel. »Mein Babe!« ruft er mit verklärtem Gesicht und einer sonderbaren Stimme. Tief in meinem Innern rührt sich etwas: Heimat. Auch Zabka hat seine Heimat gefunden.

Ein Wiesenweg nimmt uns auf, führt uns immer weiter von der Dosse weg, und in der Ferne, im Westen, erkennen wir die ersten Ausbauten von Strodehne.

Es ist später Nachmittag, als wir an der Dorfgaststätte am Ende des Ortes, unmittelbar am Havelufer, ankommen. Ein Wunder, daß geöffnet ist. Und angenehm kühl ist es innen. Alles, was im Dorf Beine hat, ist wohl in der Heuernte oder auf dem Feld bei der Rübenpflege. Abends wird dann Hochbetrieb sein, um den Durst von der schweren Arbeit und von der Hitze zu stillen.

Nur ein einziger Gast, ein dicker, bulliger Mensch, sitzt einsam an einem Tisch, ein leeres Schnapsglas und ein halbvolles Bier vor sich. Die Schiffermütze halb im Genick, glotzt er uns mit glasigen, trüben Augen an. Wir setzen uns an den Nebentisch und trinken unser Bier. Ich erwarte die ersten neugierigen Fragen, denn Benno steht angebunden gerade vor dem Fenster und erregt Neugier. Es kommt, wie es kommen muß. Ich muß Rede und Antwort stehen, so wie es mir dann immer wieder ergangen ist. Der Dicke entpuppt sich als Fährmann, der am heutigen Tag dienstfrei hat. Er reißt blöde Witze, sagt, daß er gern bis ans Ende der Welt mitkommen würde unter der Bedingung, daß wir ein Faß Bier aufladen. Aber wir laden kein Faß Bier auf und lassen den Dicken sitzen.

Wir müssen weiter, wenn wir die Fähre nicht verpassen wollen. Ich muß Benno beruhigen, ihn am Zügel auf die Fähre bringen. Jetzt verlasse ich meine engere Heimat, und vor mir liegt Neuland. Schon sehr oft bin ich mit dem Auto durchs Land gefahren und kenne alle Hauptverkehrsstraßen. Aber Land und Leute so richtig kennenlernen, das will ich auf dieser Reise mit Pferd und Wagen.

Feierabend

Im Dorfe Warnau ist Feierabend. Die Leute sitzen auf den Bänken vor ihren Häusern, genießen die einsetzende Kühle nach dem warmen Tag, den Feierabend und den Sonnenuntergang.

Daß es so etwas noch gibt, denke ich, abends auf der Bank vor dem Haus sitzen. Wie lange ist das schon her, daß du abends in deinem Dorf auf der Bank gesessen hast? Bald gar nicht mehr wahr. Das muß gewesen sein, als es noch keinen Fernsehapparat gab – oder schon vorher?

Die Bank erinnert mich an meine Jugendzeit. Da saßen wir an warmen Sommerabenden immer zusammen, Mädchen und Jungen, die ganze Dorfjugend, sangen Sehnsuchtslieder von Liebe und Treue. Otto aus Berlin begleitete uns dazu auf seiner Mandoline: »Wer das Scheiden hat erfunden, hat an Liebe nie gedacht«, diese Melodie hat er oft gespielt, und wir haben den Text dazu gesungen. Auch von dem Bub, der seiner Liebsten in den Bergen ein Edelweiß pflücken wollte und nie zurückkehrte, sangen wir mit viel Pathos in die warme Sommernacht hinein.

Wir waren erst mal froh, wieder zu Hause zu sein, Krieg und Gefangenschaft überstanden zu haben. Die Mädchen und Jungen, die als Flüchtlinge in unser Dorf kamen, fühlten sich bald bei uns heimisch. Sie suchten Anschluß, und manche Liebe entwickelte sich. Wir vermischten uns untereinander.

Ich kann da aus Erfahrung sprechen. Auch meine Frau mit ihren Eltern kamen mit einem Handwagen von jenseits der

Oder in unser Dorf gezogen. Es kam frisches Blut ins Land. Ich habe das Bild heute noch vor Augen, wie sie, vom Bürgermeister eingewiesen, auf unseren Hof rollten. Die beiden Alten vorne an der Handwagendeichsel als Zugpferde und meine jetzige Frau, Lisa Kort, geborene Altmann, mit krummem Rücken, großes Kopftuch umgebunden, den Wagen mit ihren geretteten Habseligkeiten nachschiebend, als Schlußlicht. So wurde mir meine spätere Ehefrau vom Schicksal »frei Hof zugesandt«. Bequemer gings nun wirklich nicht: Arbeitskraft, Geliebte, Ehefrau, Mutter unserer zwei Kinder, Reinhard und Sylvia, jetzt Großmutter und schon über vierzig Jahre verheiratet mit mir. Trotz allem, immer noch meine liebe Frau.

Keiner besaß ein Moped, Motorrad oder Auto. Unsere Kleidung bestand zum großen Teil aus umgeänderten ehemaligen Wehrmachtsuniformen. Neid und Mißgunst waren uns fremd. Einer war für den anderen da. Es wurde diskutiert, gelacht, geliebt und manchmal aus Liebeskummer auch geweint. Otto Piotrowski spielte Mandoline und half, wenn Not am Mann war, bei der Dorfmusik zum Tanz aus.

Otto war ein waschechter Berliner, wir nannten in »Pio«. Er war bei meinem Vater als Landarbeiter angestellt. Seinen Lohn erhielt er in der damaligen schweren Zeit zum Teil in Naturalien, um sie seinen Angehörigen in Berlin zukommen zu lassen. Der Wochenlohn beim Bauern betrug zwanzig Mark inklusive Kost und Logis. Auch ich bekam vom Vater zwanzig Mark. Damit kamen wir aus, heute kaum vorstellbar. Doch Otto hatte Pech – oder Glück, wie man es nimmt. Als er nach Berlin zurückging, hinterließ er ein uneheliches Kind.

Viel später wollte ich ihn einmal in Berlin besuchen. Otto war schon lange tot. Mich hat das sehr traurig gestimmt.

Zum Tanz nach Neustadt oder Wusterhausen, Kampehl liegt genau zwischen diesen beiden Kleinstädten, marschierten wir immer gemeinsam und meistens mit Gesang. Wir tranken »Alkolat«, ein widerliches Gesöff, am anderen Tag hatte man wahnsinnige Kopfschmerzen davon, und rauchten Zigaretten Marke »Popoff«, hergestellt in Grieben, einem Dorf zwischen Neuruppin und Oranienburg. Wir sagten auch »Handgranate« dazu: Anzünden und wegwerfen! War doch eine schöne Zeit, die Jugendzeit, trotz allem. Wie lange ist das bloß schon her?

Heutzutage sitzen nur noch selten Leute auf der Bank vor ihrem Haus und wenn, dann sind es ein paar Alte, und man kann sich fragen, ob da wirklich nur der Fernsehapparat und die Motorisierung schuld daran haben. Hat das »die Zeit« mit sich gebracht, daß es keine Muße, Ruhe, Besinnung gibt? Die Bank vorm Haus hat schon etwas für sich. Wenn es sie nicht mehr gibt, wäre das ein echter Verlust.

»Was sagt denn deine Frau dazu, daß du so einfach auf Wanderschaft gehst?« werde ich von den alten Leuten gefragt, als ich mich nach dem kürzesten Weg zur Elbe erkundige. Sie sind neugierig, wollen Abwechslung haben, das sehe ich ihnen an den Gesichtern an. Endlich mal was Neues! Es kommt ja auch nicht jeden Abend vor, daß zwei Wandervögel mit Pferd und Wagen durch Warnau ziehen. »Ach, mit der habe ich mich verzankt«, sage ich. Ich kann unmöglich ihre Neugier befriedigen, womöglich noch mein ganzes Familienleben vor ihnen ausbreiten.

Für Zabka und mich ist es Zeit, nach einem Nachtquartier Ausschau zu halten. Im nächsten Dorf wollen wir nachfragen.

UMWEG

Das Ländchen Schollene liegt zwischen Havel und Elbe, südlich von Havelberg, und ist ein großes Waldgebiet. Ein roter Feuerball steht über einem Waldstück. Wir fahren der untergehenden Sonne entgegen, haben also die richtige Richtung und die Gewißheit, daß morgen wieder ein schöner Tag wird. »Abendrot – gut Wetter Bot« – eine alte Bauernregel.
Nur haben wir nicht den richtigen Weg, wie ich bald feststelle. Na, das kann ja heiter werden! Hätte und wäre ich doch bloß! Doch die Weggabelung liegt schon einige Kilometer hinter uns. Ich hätte mich rechts halten müssen, auf dem breiten, ausgefahrenen Sandweg bleiben sollen. Stattdessen bin ich geradeaus gefahren, und nun wird der Weg immer schmaler. Er hat nur noch eine Fahrspur und ist teilweise schon zugewachsen. Es ist ein grüner Weg, kein grauer Sandweg mehr. Was jetzt?
Zabka hat überhaupt noch nichts bemerkt. Aber ich weiß, fühle und rieche es, daß wir uns verfahren haben, hundertprozentig verfahren. Und kein Mensch ist zu sehen, den man befragen könnte. Trotzdem habe ich die Hoffnung, eine Straße oder ein Gehöft oder vielleicht das nächste Dorf – dann eben auf Umwegen – zu erreichen. Alle Wege führen doch nach Rom! Statt also sofort zu wenden, will ich meinen Kopf durchsetzen.

Irgendwo müssen wir doch ankommen, bevor es dunkel wird. Benno legt sogar noch zu, setzt sich von allein in Trab, muß etwas wittern. Und er hat recht, eben auf seine Weise. Benno wittert Tiere, Weidegras und Wasser. Er hofft, ausgespannt zu werden.

Wir stehen jedenfalls plötzlich nach einer Wegkrümmung vor einem großen Weidegebiet in einem weitgeschwungenen Tal, umrahmt von dunklen Wäldern. Jetzt begreift auch Zabka, daß wir festsitzen, denn der Weg endet hier abrupt.

Was nun? Zurück und dort um Unterkunft bitten? Aber ein Zurück gibt es für mich nicht. Nur ein Vorwärts zum nächsten Dorf. Die alten Leute in Warnau hätten ansonsten für die nächsten Abende auf ihren Bänken genügend Gesprächsstoff auf unsere Kosten.

Elektrodrahtzäune, hinter denen Jungviehherden weiden, und ein Wassergraben versperren uns die Weiterfahrt. Zabka legt einige Pfähle mit Drähten zu Boden, ich führe Benno darüber, danach richte ich sie wieder auf. Zabka immer vorweg. Ich kann ihn kaum erkennen in der Dämmerung.

Schließlich gibt er mir das Zeichen. Er hat eine Überfahrt über den leidigen Graben entdeckt. Wir müssen nur noch durch ein Kornfeld hindurch, denn wo ein Kornfeld ist, da muß auch ein Weg vorbeiführen. Ein Feld ohne Weg in der Nähe gibt es nicht. Es dunkelt schon, als wir einen festen Weg erwischen, an dem auch eine Stromleitung entlang läuft. Sofort geht meine Phantasie mit mir durch: Ich liege auf einem Bauernhof in der Scheune im Stroh, Benno bei mir, vor sich einen großen Heuhaufen.

Das wünsche ich mir jetzt, zu dieser späten Stunde. Immerhin haben wir beide schon am ersten Tag vierzig Kilometer hinter uns.
Aber Phantasie ist keine Realität, und so erinnere ich mich zunächst an meinen Dolch mit Kompaß. Zum ersten Mal gebrauche ich meinen Kompaß. Dieses billige Ding auf dem Messergriff wird uns weiterhelfen.
Die Richtung stimmt. Wir sind auf dem richtigen Weg, zur Elbe immer nach Westen. Und plötzlich, nach einer Wegbiegung, öffnet sich der Wald, und ich sehe Lichter, erkenne die ersten Häuser. Ein Ortsschild am Wegrand: »Mahlitz, Kreis Havelberg«. Na endlich!

Die erste Nacht

Wir sind erleichtert. Doch wir getrauen uns nicht, um diese Zeit irgendwo anzuklopfen. Ich habe weder Erfahrung damit noch Übung darin, fremde Menschen um Nachtquartier zu bitten und sie, wenn nötig, dazu zu überreden, uns aufzunehmen. »Arbeitsscheues Gesindel, macht, daß Ihr weiterkommt!« so oder ähnlich höre ich es schon.
Also fahre ich an der ersten Häuserzeile vorbei, blicke in die Fenster und kann dabei Ausschnitte vom Fernsehprogramm erhaschen. In einer Nebenstraße sehen wir Licht, das aus einer offenen Tür und aus einem Fenster fällt, eine Gastwirtschaft. Ein niedriger, rauchgeschwärzter Raum mit drei Tischen. An einem sitzen vier Männer und eine Frau. Als wir eintreten,

bricht das Gespräch ab. Man mustert uns mit neugierigen Blicken. Um diese Zeit noch Gäste, in diesem abgelegenen Ort? Mir ist nicht ganz wohl. Jetzt muß ich mich bewähren. Ich muß nun das erste Mal um Unterkunft bitten, den Leuten womöglich etwas vorlügen.

Wir sind unsicher und setzen uns gleich links neben die Tür, so wie es früher die armen Leute gemacht haben, die sich nicht getrauten, in der Mitte des Raumes oder an der Theke Platz zu nehmen, sondern vorsichtshalber in der Nähe des Ausgangs blieben. Außer an Geld fehlte es ihnen auch an Selbstvertrauen. Hast du was, dann bist du was, hieß es damals. Bettler und Landstreicher hielten sich sowieso in Türnähe auf. Wenn es ans Bezahlen ging und das Geld nicht ausreichte, war der Weg beim Rausschmiß nicht so weit.

Ich bestelle Bier und »Schluck«. »Schluck« zu bestellen ist in unserer Lage gut, das Wort flößt vielleicht Vertrauen ein. »Schluck« nennt man hier edlen Getreidekorn, den Klaren, der mit geschlossenen Augen und zurückgelegtem Kopf auf einen Schluck heruntergekippt wird. Ich habe mir das von den alten Bauern abgesehen, und ich hoffe, daß mich die Wirtin nun für einen alten, seriösen, ehrlichen Bauern hält, der vom Handel kommt und auf dem Weg nach Hause ist.

Die Wirtin bringt uns das Bestellte, und zögernd beginne ich: »Wir haben uns verfahren und irren seit zwei Stunden schon im Wald umher. Wir können doch nicht in der Dunkelheit durch den großen Wald weiterfahren. Wir brauchen für uns und das Pferd dringend ein Nachtquartier.«

Daraufhin müssen wir natürlich Rede und Antwort stehen, und langsam faßt die Wirtin Vertrauen zu uns. Aber ich muß mit der Wahrheit herausrücken. Ungläubiges Kopfschütteln. Alle haben mitgehört, und keine Minute später sitzen wir in der Runde mit an ihrem Tisch.

Einer aber, mit rotem Kopf und glasigen Augen, schlägt mit der Faust auf den Tisch, so daß die leeren Schnapsgläser hüpfen und sein Bier aus dem Glas spritzt. Er erklärt laut, daß ich der erste »wirkliche Mann« sei, der ihm bis jetzt begegnet wäre. Noch heute abend wolle er seiner »Alten« von mir erzählen und ihr klarmachen, was sie doch eigentlich für einen guten, gehorsamen Mann hätte, der nur hin und wieder einen trinken müsse, aber immer schön zu Hause bliebe und noch nicht weiter als bis Havelberg gekommen sei.

Das Bier fließt in Strömen, und nach einer Weile erkläre ich der Wirtin, daß mich hier keine zehn Pferde mehr herauskriegen würden. Auch meine Zechkumpane sind dafür, daß wir bleiben. »Anna, der Mann bleibt hier!« Annas Mann wird erst gar nicht gefragt. Der ist sowieso im Stall und hat in der Kneipe nichts zu melden.

Gleich darauf kann ich Benno mit dem Wagen auf den Hof bringen. An einem Heufuder binde ich ihn an, und er kann sich die Nacht hindurch sattfressen.

Gegen Mitternacht gebietet die Wirtin Feierabend. Schwankend verlassen wir durch den Hinterausgang die Gaststätte.

Ich krieche in den Schlafsack und lege mich dicht bei meinem Pferd unter den Heuwagen. Zabka klettert die Leiter hinauf und wühlt sich auf der Fuhre ins Heu.

Früh am Morgen werde ich durch Eimerklappern geweckt. Der Mann der Wirtin versorgt seine Wirtschaft und ist schon beim Melken. Jeder von uns bekommt gleich einen halben Liter Milch, frisch von der Kuh. »Ihr wollt doch wohl noch nicht losfahren«, hören wir aus der Küche, »der Tisch ist schon gedeckt.« Und tatsächlich, in der Küche erwartet uns ein reichgedeckter Frühstückstisch. Wir langen zu. Von Bezahlung kann keine Rede sein. Ich bin von der Gastfreundlichkeit und Hilfsbereitschaft überwältigt. So kann es weitergehen!

Das erste Nachtquartier habe ich hinter mir. Ohne weiches Bett und Badezimmer. Die Menschen sind also doch nicht alle schlecht und egoistisch. Ein Gefühl von Selbstsicherheit ergreift mich jetzt. Ich werde meinen Weg schon finden. Und Benno, das »arme Tier«, wird mir dabei behilflich sein mit seinen großen, treuherzigen, mitleiderregenden Augen.

Ein bißchen Schlitzohrigkeit gehört allerdings dazu: Freundlich und bescheiden meinen Mitmenschen gegenüber sein, die ich um ein Nachtasyl für uns beide anspreche – das kommt bei den Leuten an. Ich werde es noch lernen und zu meiner Maxime machen.

Richtung Elbe

Unser nächstes Ziel ist Klietz am anderen Ende des Waldes. Wir fahren den beschriebenen Weg, sind aber gewarnt worden. Hier beginnt das Manövergebiet der NVA. Vorsicht ist geboten, nicht vom Weg abweichen!

Es wird wieder ein heißer Tag werden, denke ich, als wir hinter Mahlitz in den Waldweg einbiegen. Wir springen vom Wagen ab und laufen nebenher, um den Kater vom vielen Biertrinken zu vertreiben.

Das Ungeziefer piesackt meinen Benno. Was mag er bloß fühlen? Es geht ja immer weiter weg von zu Hause. Vielleicht hat er gehofft, daß es nun heimwärts gehe? Aber er hat seine Erfahrung mit mir. Wir sind nicht das erste Mal unterwegs.

Einmal hat er mich reingelegt und ist ausgerissen, hat den Strick durchgebissen, mit dem ich ihn festgemacht hatte. In der Nacht, während ich in meiner Laube am Teetzensee in der Ruppiner Schweiz noch schlief, ist er auf demselben Weg, den wir tags zuvor gekommen waren, nach Hause zurückgelaufen. Ich hatte mir in der Hoffnung, Benno unterwegs abzufangen, vom Förster ein altes Damenfahrrad geliehen. Was habe ich mich mit dem Fahrrad auf den Wald- und Feldwegen gequält! Fünfundvierzig Kilometer fast nur Sandwege, ohne festen Fuß- und Fahrradweg, um darauf schnell fahren zu können. Benno gewann daher immer mehr Vorsprung. Ich mußte mein Fahrrad oft schieben, vor allem durch die vielen »Zuckersandstellen«.

Aber einen Vorteil hatten die Wege: Ich konnte Bennos Spuren folgen. Seine Hufabdrücke waren immer gut auszumachen. Ich kam mir wie ein Trapper vor, der der Fährte eines Wildtieres folgt oder wie ein Cowboy, der ausgebrochene Rinder in der Prärie zusammensucht. Benno habe ich dann zu Hause wiedergesehen. Er war acht Stunden vor mir da. Am Nachmittag erst kam ich schweißgebadet an.

Das konnte ich dem Benno natürlich nicht durchgehen lassen. Mit einem Viehtransporter waren wir in einer guten Stunde wieder bei meiner Laube, wo meine Mitfahrer, Bekannte aus Berlin, auf mich warteten. Benno wurde vor den Wagen gespannt und mußte noch am gleichen Tag vierzig Kilometer laufen, und zwar Stendenitz-Rheinsberg-Neuglobsow. Somit hatte Benno im Zeitraum von sechzehn Stunden einhundertdreißig Kilometer zurückgelegt. Ein zäher Bursche!

Meine Freunde und ich hatten damals eine feste Route abgesteckt, und sie standen unter Zeitdruck. Vier Tage hatten sie sich freigenommen, um einmal so eine Wanderung mit Pferd und Wagen zu erleben. Seit diesem Erlebnis wurde Benno für die Nacht mit einer Kette festgemacht.

Auf dem Damm

Gegen Mittag kommen wir aus dem Wald heraus und sind im Elbvorland. Klietz liegt vor uns, an der Hauptstraße Rostock-Magdeburg, mit betonierten Nebenstraßen, an denen einförmige, triste Einfamilienhäuser stehen. Ein Feldweg führt von Klietz direkt zur Elbe, zum Elbdamm, den ich mir als neuen Fahrweg ausgesucht habe. Auf dem Damm ist kein Verkehr, da ist es ruhig, da kann man sich nicht verfahren. Er führt uns immer in Richtung Süden, bis zur Saalemündung.
Tagelang könnte ich so auf dem Damm dahinrollen, brauche keine Karte, keinen Kompaß. Auch für Bennos Beine ist es das Richtige, kein Pflaster, kein Beton. Außerdem noch Gras in Hülle und Fülle an der Böschung und im Vorland.
Hinter einer Wegbiegung plötzlich Halt. Menschen in graugrüner Kleidung lagern am Wegrand im Schatten. Als wir näherkommen, erkennen wir einen Zug Mot-Schützen der NVA. Ein junger Leutnant steht mitten auf dem Weg und gibt den Männern Instruktionen.
Dieses Bild ist mir vertraut. So etwas kannte ich von früher, von Hitlerjugend, Reichsarbeitsdienst und Wehrmacht. Die ganzen Instruktionen waren für die Katz. Ich war damals siebzehn Jahre alt, als wir in Pommern verheizt wurden. Ich war bei einer berittenen Aufklärungsabteilung, Standort Stolp in Pommern, und dann, nachdem unsere Pferde in diesem mechanisierten und motorisierten Krieg von Tiefliegern zusammengeschossen wurden, landete ich bei der 281. Infanteriedivision, Panzerjagdkommando. »Für drei Panzer abschießen

das Ritterkreuz!«, so wurde uns versprochen. Der Tagesbefehl lautete: »Die Oder ist die HKL. Wer fünf Kilometer dahinter ohne gültigen Marschbefehl angetroffen wird, wird standrechtlich erschossen!« HKL hieß Hauptkampflinie. Die Feldgerichte wüteten. Vor der SS hatten wir genausoviel Schiß wie vor den Russen, die auch keine Gnade kannten. Ein Wahnsinn! Wir hatten doch keine schweren Waffen mehr, um die Sowjets aufzuhalten, außer der Panzerfaust. Der Krieg war längst verloren. Die Naziführung und die Generalität in ihrem Kadavergehorsam haben das eigene Volk abschlachten lassen bis zum bitteren Ende, und wir, halbe Kinder noch, haben uns auf die Schlachtbank führen lassen in der Vorstellung, wir könnten den Russen an der Oder aufhalten. Die wahren Helden des ganzen Krieges waren die Menschen, die diesem Wahnsinn ein Ende machen wollten und dafür mit ihrem Leben bezahlen mußten. Haben wir immer noch nichts dazugelernt?

Zabka und ich sind hier jedenfalls eine willkommene Abwechslung, als wir anhalten. Das ist ein Kontrast! Pferd und Wagen mit zwei Wandervögeln auf der einen Seite, frei und frank; auf der anderen Seite eine Gruppe Menschen unter Befehl und Zwang in Kampfanzügen, Stahlhelme auf den Köpfen und Waffen vor der Brust. Alles junge Gesichter.

Was mögen die Jungs jetzt wohl denken? Sie könnten doch meine Kinder sein. Die meisten würden bestimmt lieber mit uns kommen oder mit dem nächsten Zug nach Hause fahren, als da Krieg zu spielen. Auch dem Leutnant scheint nicht wohl in seiner Haut zu sein bei dieser Hitze. Er hat Verständnis für seine Jungs, unterbricht seine Instruktionen. Wir machen unsere Späße.

»Na, dann beschützt uns man schön!« rufe ich ihnen zu, als wir weiterziehen. Aber gleich darauf überkommt mich die blanke Wut: Die zertrampeln hier die Natur, wühlen die Erde auf, buddeln Schützenlöcher, MG- und Geschützstellungen! Um wieviel reicher könnten wir sein, wenn der Militarismus nicht so viele natürliche Ressourcen verschlingen würde. Wie viele Bodenschätze werden da verpulvert, wieviel Kohle, Erdöl, um Fahrzeuge, Panzer, Flugzeuge und Schiffe anzutreiben, Eisenerze, um Waffen herzustellen? Und diese Waffen müssen stets auf dem neuesten Stand sein. Durch einen Krieg verlorengegangene müssen wieder ersetzt werden, und dafür braucht man eben Rohstoffe – bisher ein Kreislauf ohne Ende auf dieser schönen Welt. Die Natur zahlt für unsere Torheiten. Sie kann doch nur für uns von Nutzen sein, wenn wir sie schonen und guten Gebrauch davon machen, um unsere wirklichen Bedürfnisse zu befriedigen.

Man verschleudert astronomische Summen, um das Weltall zu erobern, aber jede Minute verhungert ein Mensch auf der Erde. Mir stehen die Fernsehberichte vor Augen. Es gibt so viele Probleme, die man ohne Geld, nur mit dem Verstand, lösen könnte. Warum denn nach den Sternen greifen, wenn der eigene Planet nicht in Ordnung ist?

Das Rote Kreuz, Caritas, Brot für die Welt, Hilfe für unterentwickelte Länder, Sammelaktionen – alles ist eine riesige Bettelei bei den einzelnen Bürgern. Sie sollen in Ordnung bringen, was die Regierungen anrichten, indem sie Steuermittel für Rüstung und Weltraum verschwenden, Kriege führen, um ihre Macht zu stärken, Grenzen verändern, um immer neue Rohstoffquellen und Absatzmärkte zu erschließen – vor dem letzten Weltkrieg unter der Devise »Volk ohne Raum«, nach dem Krieg oftmals auch unter dem Deckmantel von »Freiheit, Demokratie und Recht«.

Über schwere Lößboden, an Mais-, Rüben- und Weizenfeldern geht es vorbei zur nächsten Dammauffahrt und steil hinauf. Unwillkürlich bleibe ich stehen. Auch Benno bleibt stehen, spitzt die Ohren. Ein ungewöhnliches Bild vor uns: Zur Rechten fließt die Elbe, gerade gegenüber liegt die Stadt Arneburg auf dem Steilufer. Der Kirchturm grüßt herüber, Lastkähne und Schleppzüge ziehen an uns vorbei. Im Deichvorland grasen Rinder. Ein friedliches Bild. Weit schweift mein Blick. Tief atme ich durch. Ein schönes Gefühl, hier zu stehen. Ich habe die Elbe erreicht, das erste markante Ziel. Das ist doch schon was!

Eine Idylle

Es ist Mittagszeit, wir wollen Rast machen. An der nächsten Abfahrt fahren wir zu den Elbwiesen hinunter, zwischen Damm und Strom. Unter einer Baumgruppe an einem Wasserloch, das als Viehtränke dient, wird Benno ausgespannt und am Pfahl angepflockt. Er läßt sich sofort auf die Knie nieder und wälzt sich. Ihm juckt das Fell von Schweiß und Ungeziefer.

Zabka bringt den Kocher in Gang. Wir machen uns Linsen mit Fleischeinlage aus dem Klietzer Konsum warm, essen Brot dazu und trinken Wasser, das ich noch in Mahlitz kurz vor der Abfahrt im Kanister aufgefüllt habe. Benno haut sich mit dem frischen Gras die Kaldaune voll. Nach dem Essen stecke ich mir meine Zigarre an. Wir wollen die Mittagshitze abwarten, legen uns in den Schatten, blinzeln in den Himmel und lassen den lieben Gott einen guten Mann sein.

Plötzlich reißt mich eine Stimme aus dem Halbschlaf: »Was macht ihr denn hier?« Ein verschwitzter Mann in Gummistiefeln und offenem Hemd steht mit hochrotem Kopf und geschwollenen Schläfenadern vor uns, an sein Fahrrad gelehnt. Er ist auf der Suche nach seiner ausgebrochenen Jungviehherde. Daß wir vor einer Stunde erst angekommen sind, will er uns nicht abnehmen. Er gibt uns sogar die Schuld für die zerstörten Weidezaundrähte, die über den Damm gespannt waren. Ständig hat er Ärger mit den Anglern, die den Damm befahren und die Drähte mit den isolierten Handgriffen nicht wieder an den Stromkreislauf anschließen.

Ich kann den guten Mann verstehen. Ich möchte jetzt auch nicht in der Hitze umherlaufen, um Tiere zusammenzutreiben. Aber als er uns verbieten will, weiter auf dem Damm zu fahren, reagieren wir gereizt. Ein Wort gibt das andere, und es entspinnt sich ein heftiger Dialog. Wir bleiben hart, wir lassen uns nichts verbieten. Langsam beruhigt er sich schließlich. Er sieht wohl ein, daß er gegen uns beide nichts ausrichten kann, und zieht, sein Fahrrad vor sich herschiebend, fluchend davon. Aber die Idylle ist hin. Wir packen zusammen.

ABSCHIED

Auf dem Damm fahren wir elbaufwärts, Tangermünde entgegen. Unsere Devise ist: einen Kilometer fahren, einen Kilometer laufen. Elbkähne kommen uns entgegen oder überholen uns langsam. Auf einigen Kähnen flattert Wäsche an aufgespannten Leinen. Ein buntes Bild. Fast auf jedem Kahn ein Hund, der uns anbellt. Schiffer winken uns zu.

In der Ferne sind manchmal schon die Türme von Tangermünde zu sehen, dann wieder aus unserer Geradeaus-Sichtweite verschwunden, dann tauchen sie plötzlich links oder auch rechts von uns auf – einfach verwirrend für mich. Der Damm macht oft weitschweifige Bögen. Einmal verläuft er fast am Fluß, dann wieder Hunderte Meter weg vom Strom. Dadurch legen wir vielleicht die dreifache Entfernung zurück, verglichen mit einer geradeaus führenden Landstraße.

Schließlich unterqueren wir die Eisenbahnbrücke Rathenow-Stendal und halten an einem der vielen kleinen Seen und Tümpel unmittelbar am Damm. Kinder umringen Benno. Mütter halten ihre Kleinkinder hoch, denn alle wollen mein Pferd streicheln, und sie wollen natürlich alle mitfahren. Benno ist hier der Mittelpunkt. Die Kinder bringen Kekse, Bonbons, Brot, ausgerupfte Grasbündel, Laubzweige herbei und halten alles Benno vors Maul.

Zabka und ich steigen derweil ins kühle Wasser und erfrischen uns. Eine Wohltat für Körper und Seele, besonders für mein ausgetrocknetes Hirn nach der langen Fahrt in sengender Hitze auf dem schattenlosen, endlosen Elbdamm.

Als anderer Mensch, wie neugeboren, steige ich aus dem Wasser.

Ein Zug donnert über die Brücke Richtung Rathenow. In Rathenow umsteigen in den Bummelzug nach Neustadt-Dosse über Rhinow, Groß-Derschau, Sieversdorf, von Groß Derschau bis Babe sind es dann gerade noch fünf bis sechs Kilometer Fußmarsch, da muß es wohl bei Zabka gefunkt haben. Er will auf einmal nach Babe zurück.

Zabka: »Also dann geh ich jetzt.« Er packt seinen Rucksack, murmelt, er habe noch Arbeit abzuliefern, viel Arbeit warte auf ihn, die er bis zum Wochenende in Berlin abliefern müsse. Aber ich glaube, er hat ganz einfach Sehnsucht nach seinem Babe. Ich sage nichts dazu. Wir wünschen uns gegenseitig gute Reise, Zabka erklimmt den Bahndamm und marschiert die Schienen entlang, den Rucksack auf dem Rücken, zum nächsten Bahnhof.

Ich aber fahre Tangermünde entgegen und verliere Zabka nach der nächsten Dammbiegung aus den Augen. Schön war es ja, Gesellschaft zu haben, aber nun bin ich auch froh, wieder allein zu sein, und atme tief durch. Außerdem bin ich die Verantwortung los für die richtige Wegstrecke. Ich könnte mich ja später verfahren, und dann käme es womöglich zwischen uns beiden noch zu heftigen Diskussionen: Hättest du mal, wärst du mal, habe ich doch gleich gesagt! Verfahre ich mich allein, dann ist es meine Sache, und keiner kann mir Vorhaltungen machen.

Auch Zabka wird froh sein, wieder mit sich allein zu sein, sagt mir mein Gefühl. Wir passen nicht zusammen auf so einer langen Reise: er ein Individualist mit eigenen Ansichten und Wertvorstellungen, Nichtraucher, schweigsam und zurückhaltend – ich ein Typ, laut und hartnäckig, mit dem Kopf durch die Wand, kontaktfreudig, Zigarrenraucher. Im stillen Einvernehmen trennten wir uns also.

Allein weiter

Tangermünde liegt jenseits der Elbe. Wir überqueren die F 188, die über die Elbbrücke in die Stadt führt. Mit dem Auto bin ich diese Straße schon einige Male entlanggefahren, einmal bis nach Stendal zum Auslieferungslager, um meinen langersehnten Pkw abzuholen. Zwölf Jahre hatte ich darauf gewartet, vom Tag der Bestellung in Kyritz.
Die mittelalterliche Stadt, im Volksmund auch als »Rothenburg des Nordens« bezeichnet, hat es mir angetan. Die rote Stadtmauer mit ihren Stützpfeilern, die Türme und Tore, der hohe Kirchturm von St. Stephan, die verwinkelten Ziegeldächer der alten Häuser, der kleine Elbhafen mit dem Gaststättenschiff »Störtebecker« zaubern auf dem hohen jenseitigen Tangerufer ein farbenprächtiges Panorama.
Dieses Stadtbild gehört zu den besterhaltenen ganz Norddeutschlands, denn die Furien des letzten Krieges haben die Stadt verschont. Noch heute kann man Spuren der Vergangenheit erkennen und besichtigen. Das Denkmal Kaisers Karl des Vierten, der 1373 die Mark Brandenburg erwarb und Tangermünde als zeitweilige Residenz erkoren hatte, steht im Burghof.

Ein Geschenk des deutschen Kaisers, Wilhelms des Zweiten, an die Stadt Tangermünde im Jahr 1900. Porträts, Wappenembleme, kunstvolle Portale und der »Rote Adler«, das Wappentier der Mark, erinnern an den einstigen Rang der Stadt und zieren sie noch heute. Tangermünde, damals ein wichtiger Knotenpunkt der Handelswege Prag – Hamburg, Brügge – Nowgorod, ist heutzutage ein beliebtes Ziel von Touristen. Der strenge Kaiser hatte triftige Gründe, aus seiner Hauptstadt Prag an die Elbe zu ziehen. Hier konnte er auf der Wasserstraße die reichen Hansekaufleute kontrollieren, um seine Kasse aufzubessern.

Auch Theodor Fontane machte die Stadt im deutschsprachigen Raum bekannt durch seinen Roman »Grete Minde«. Sie soll die Stadt angezündet haben aus Rache dafür, weil der Rat ihr das Erbe ihres Vaters vorenthielt. Unter Folter und Qual gestand sie ihre Tat und endete 1619 auf dem Scheiterhaufen. Einwandfrei bewiesen ist nichts.

Wer Tangermünde einmal besucht hat, wird diese Stadt so schnell nicht vergessen können. Ich wäre auch gerne wieder einmal durch die Stadt gegangen – aber mit dem Pferd?

Es ist später Nachmittag, ich will noch Jerichow erreichen und hoffe dort auf ein Quartier. Der Damm springt hier sehr zurück, und ich habe einen weiten Blick vom hohen Damm und Kutschersitz auf das Deichvorland, in der Ferne große Rinderherden des schwarzweißen Norddeutschen Niederungsviehs.

Ein Tierzuchtgebiet zwischen Havel und Elbe mit fruchtbaren Elbwiesen und Weideland durchfahren wir jetzt, bekannt unter

Bauern und Viehzüchtern weit und breit. Das Dorf Fischbeck ist der Mittelpunkt dieser reichen ländlichen Gegend in der Altmark. Nördlich davon liegt Schönhausen, der Geburtsort des ehemaligen Reichskanzlers Fürst Bismarck. Leider steht sein Geburtshaus nicht mehr. Ein Stück Geschichte ist einfach dem Erdboden gleich gemacht worden während der Ulbricht-Ära. Im Jahr 1958, am 2. August, wurde es von der NVA aus Klietz gesprengt.

Ein neuartiger Sprengstoff, der Gebäude in sich zusammenfallen läßt, wurde auch an Bismarcks Schloß getestet. Es war zwar durch Kriegseinwirkungen leicht beschädigt, diente aber noch als Behelfskrankenhaus, Schule und Unterkunft für Flüchtlinge aus dem Osten. Sogar Werterhaltungsmaßnahmen wurden noch nach Kriegsende durchgeführt. Dennoch sollte es verschwinden wie das Stadtschloß der Hohenzollern in Berlin und die Garnisonskirche in Potsdam. Stalins Statthalter hat da wieder einmal ganze Arbeit geleistet.

Einzug in Jerichow

Einige Einzelgehöfte liegen in der mit Weiden bestandenen Elblandschaft, durch feste Wege untereinander und mit dem nächsten Ort verbunden. Rechts von mir, weit hinter der Elbe, steht die Sonne schon tief. Ringsum Ruhe und Abendfrieden. Nur das Quietschen der Wagenfedern und Bennos leiser Hufschlag unterbrechen die Stille und sind meine Begleitmusik, als ich bei Jerichow den Damm verlasse. Von der Elbe ist nichts mehr zu sehen. Nur hin und wieder das Tuten eines Schleppkahns. Ein Wiesenweg führt uns in die Stadt hinein.

Mich zieht es gleich zur Klosterkirche, deren frühgotische Türme schon von weitem sichtbar sind, ein monumentales Backsteinbauwerk. Ich komme mir dagegen mit meinem Benno ganz klein und verloren vor diesem altehrwürdigen Riesenbau, der mir Ehrfurcht einflößt, vor. Vielleicht bald tausend Jahre alt und während der Christianisierung Ostelbiens entstanden, denke ich bei mir, während ich die Kirche auf der Suche nach den Pfarrersleuten umrunde. Ich hoffe, vielleicht bei ihnen Unterkunft zu finden.

Ich suche Menschen, mit denen ich sprechen kann und die mir Mut machen. Auf einmal bin ich jetzt allein, ich fühle mich einsam, habe keinen Halt. Zabka hat mich verlassen. Mir ist es ungewohnt, allein zu sein. Ich habe auf einmal den Mut verloren. Ich muß mich erst zurechtfinden, die richtige Einstellung gewinnen, allein zu sein. Mein Selbstvertrauen ist verloren gegangen. Ich muß diesen momentanen Tiefpunkt überwinden, muß hart zu mir selbst sein, meinen nun einmal mit viel Überwindung eingeschlagenen Weg zu Ende führen. Das braucht seelische und geistige Stärke. Ein Pfarrer, ein Seelsorger, wäre in meiner Situation jetzt wohl der richtige Mann.

Aber so sehr ich auch an die vielen Türen klopfe, niemand öffnet mir. »Klopfet an, so wird euch aufgetan«, steht in der Bibel. »Wir haben hier im Moment gar keinen Pastor«, erklärt mir beim Wasserholen aus seiner Waschküche gegenüber dem Dom ein junges Ehepaar. »Fahren Sie mal nach Redekin, dort gibt es eine Pastorin, die hier die Gottesdienste abhält und unsere Gemeinde mitbetreut.«

Heimweh

Redekin paßt einigermaßen in meine Route, aber ich muß nun die Hauptstraße Rostock-Magdeburg benutzen. Am Ortsausgang steht: »Redekin 8 km«, und gleich dahinter beginnt das lange Asphaltband. Zum Glück gibt es um diese Zeit keinen starken Verkehr.

Ich stehe auf dem Wagen und kann kein Ende sehen. Zum Sitzen habe ich keine Ruhe, treibe teils widerwillig, teils zornig mein Pferd an. Aber Benno will sich nicht antreiben lassen. Immer wieder fällt er von Zuckeltrab in Schrittempo. Er ist müde. Ihm geht es wohl wie mir: Heimweh nach zu Hause. Benno denkt bestimmt an das saftige Gras seiner Weide und an die Stute mit dem Fohlen. Auch ich muß an mein Zuhause denken, hier auf dieser langen Straße. Um diese Zeit könnte ich schön gemütlich – Beine hoch – im Fernsehsessel sitzen und mir einen Krimi ansehen.

Jeder Schlag, den ich Benno versetze, tut mir jetzt weh. Mir tut mein Pferd leid, und mir selbst tue ich auch leid. Die Pferdeseele und die Menschenseele tragen das gleiche Leid. Wir sind einander verbunden. Wir gehören zusammen. So ein Pferd ist auch bloß ein Mensch.

Ich bekomme meinen »Moralischen«. Tief im Innern bohrt es. Mir ist zum Heulen zumute. Es müßte einen Knall geben, und ich läge in meinem weichen, großen Bett, einem von den Schlafzimmerbetten, das meine Mutter als Aussteuer mit in die Ehe gebracht hat. Stattdessen zuckele ich mit Pferd und Wagen diese elende Straße entlang. Jetzt habe ich also, wonach ich mich immer so sehnte, aber nun werde ich nicht damit fertig. Soll das das Ende sein? Kommt jetzt etwa schon das Aus? Ich bin tatsächlich drauf und dran, bei der nächsten Straßenkreuzung links abzubiegen, Richtung Heimat. Was soll bloß dieser ganze Blödsinn: Einfach so losfahren, fremde Leute um Unterschlupf bitten? Bin ich ein Bettler? Ich stiere vor mich hin: Und wo bleibst du heute nacht mit dem Tier?

Ganz ganz langsam, nachdem ich eine Weile in mich hineingeforscht habe, spüre ich, daß ich ruhig werde. Die Beklemmungen und Selbstvorwürfe weichen, normales Denken stellt sich wieder ein. Eigentlich müßte ich mich kennen. Gelegentlich habe ich zu Hause ähnliche Anfälle, aber ich befreie mich immer schnell wieder davon. Da lenke ich mich dann ab, durch Arbeit. Die trüben Gedanken schwinden. Oft stellt sich dabei Fröhlichkeit ein. Wie und was der Mensch denkt, so ist er auch in Umgang, Wesen, Charakter und im Handeln – im Guten und im Bösen.

Auf jeden Fall, denke ich, rufst du noch heute abend deine Frau an. Ach nee! Ein Zusammengehörigkeitsgefühl überkommt dich jetzt auch noch? So bin ich also: zielbewußt, aber auch wankelmütig.

Endlich, es ist schon fast dunkel, kommen wir in Redekin an. Ich habe nur den Kirchturm im Auge. Auf dem Kirchhof, der auch Friedhof ist, finde ich die Pastorin, eine energische Person:

»Ja, junger Mann, im Hause ist nichts mehr frei. Ich habe Besuch. Aber heißes Wasser können Sie bekommen, da können Sie sich erst mal waschen. Und ihr Lager können Sie im Garten aufschlagen.«

Das tue ich dann also. Mit dem Rest des warmen Wassers bereite ich mir eine Instant-Rindsbrühe, und dazu esse ich Margarinestullen mit Knoblauch, den mir Zabka überlassen hat. Dann mache ich mich auf den Weg zur Poststelle.

Anruf

Nach langem Klopfen erscheint eine Frau im Türspalt. Sie ist in Braß, ich habe sie beim abendlichen Fernsehen gestört. Nach gutem Zureden und vielen Erklärungen stellt sie mir die Verbindung her.

Lisa ist sofort am Apparat, ich höre ihre vertraute Stimme, und mir wird ganz leicht. Nun ist die Schwermut von vorhin restlos weggeblasen. Ich habe ja wirklich das Gefühl gehabt, ich wäre schon Wochen unterwegs gewesen.

Ich soll eine Mark fünfzig bezahlen, drücke der Frau aber zehn Mark in die Hand.

Die Pastorin steht mitsamt ihrem Besuch bei Benno und klopft ihm den Hals. Man bietet mir Zigaretten an. Mir scheint, sie würden mich jetzt doch ganz gerne im Haus aufnehmen, aber die Unterhaltung mit meiner Frau hat mich gestärkt, und ich bin nun zu stolz, noch einmal danach zu fragen. Es ist eine warme Sommernacht mit klarem Sternenhimmel.

Ich krieche in den Schlafsack und lege mich neben den Wagen. Ich kann lange nicht einschlafen. Bennos Mahlen und Schroten ist meine Nachtmusik. Seine unmittelbare Nähe beruhigt mich ebenfalls, gibt mir Mut, Kraft und Geborgenheit. Sie hilft, meine trüben Gedanken zu verscheuchen, und eine gewisse Gelassenheit überkommt mich.

Ich suche den engen Kontakt zu meinem Pferd, unterhalte mich im Flüsterton mit ihm. Ein Tier hört geduldig zu. Wir liebkosen uns. Ich halte mein Gesicht an sein Maul und seine Nüstern: Mein lieber Benno, mein lieber Freund! Ja, ja, ja! Ja, ja, ja! Ich reibe dabei mit meiner Backe an Maul und Nüstern entlang; und Benno will auf seine Art meine Zärtlichkeit erwidern. Er gibt mir einen dicken Schmatz auf die Backe und kneift dabei hinein.

Einmal hat er mir sogar ins Ohrläppchen gebissen, und es blutete. Mit seinen Lippen zerzaust er mir die Haare, so daß es ordentlich ziept. Meine Mütze hatte er mir schon vorher vom Kopf gestoßen.

Ich darf ihm aber nicht immer, bloß weil ich es gerade möchte, so dicht auf die Pelle rücken. Das will er nicht. Dann reißt er seinen Kopf hoch, und ich muß aufpassen, daß er mich dabei nicht stößt: mit seinem Kopf an meinen Kopf. Das kann ganz schön weh tun. Ich unterhalte mich ja auch lieber im gewissen Abstand mit jemandem. Manche Pferde wollen das Schmusen überhaupt nicht. Sie sind verschieden im Charakter und Wesen – genauso wie der Mensch.

Und es sind Herdentiere, die zusammenhalten. Das ist ihnen angeboren. Daran hat die Züchtung nichts geändert. Ergreift eines die Flucht, ergreifen alle die Flucht, geht eines zum Wassersaufen, gehen alle, wälzt sich eines meiner beiden Pferde, wälzt sich das andere auch. Haben sie sich auf der Weide sattgefressen, stehen sie dann alle zusammen. Ein Grund dafür ist: Eines kann dem anderen mit dem Schweif das Ungeziefer abjagen von Kopf und Hals

Also, Benno ist bei mir, ein lebendes Wesen von zu Hause, das mich begleitet. Ich bin nicht allein. Was will ich eigentlich mehr? Nur die Verantwortung für ihn muß ich tragen. Und das tue ich gern für meinen Freund. Man soll den engen Kontakt zu Tieren suchen, um sich Angst und Sorgen zu vertreiben.

Der Aufenthalt in Jerichow und die Straße bis Redekin passieren noch einmal Revue. Ich war mir verloren und ausgestoßen vorgekommen. Ich hatte einfach das Verlangen gehabt, bei verständigen Menschen für eine Nacht unterzukriechen und mich auszusprechen. Daß es in Jerichow keinen Pastor gab, hatte mich umgehauen. Die Stadt war mir auf einmal feindlich vorgekommen, und ich hatte keinen Mut, weiter nach Unterkunft zu fragen.

Bei der Fahrt durch die lange Hauptstraße haben mich die Häuser unfreundlich angesehen. Menschen hatten bei der Abendschwüle ihre Fenster offen und schauten satt und zufrieden auf uns. Sie verfolgten uns mit ihren Blicken.

Kleinbürger, denke ich. Dann die endlos erscheinende Straße bis Redekin. Ich jedenfalls habe mich aus Jerichow wie ein geprügelter Hund geschlichen.

Habe ich das eigentlich nötig, habe ich nicht ein schönes Haus in Kampehl, ein Auto in der Garage, ein gutes Auskommen mit der individuellen Viehwirtschaft und außerdem noch eine Laube am See? Was treibt mich bloß hierher? Wenn schon, warum dann nicht mit dem Auto losfahren, wie andere, »vernünftige«, Menschen es tun? Ich denke darüber nach, will aber trotzdem nicht tauschen, will mit Benno, meinem Wanderkameraden, weiterziehen. Vielleicht sieht morgen die Welt ganz anders aus. Vielleicht lacht mir morgen das Glück, und das Heute liegt dann weit zurück. Trotz aller Widrigkeiten, auch wenn manchmal alles verloren scheint, bleibt dem Menschen im Leben als Letztes die Hoffnung. Daran klammert er sich dann. Die Hoffnung ist eine große Stärke des Menschen, denke ich noch beim Einschlafen.

Ich bin schon früh wach. Benno liegt noch und ruht. Aber als ich meinen Schlafsack aufschüttele, springt auch er auf und reckt sich. Er bekommt sein Frühstück, Wasser und Brot. Die Pastorin, offensichtlich eine Frühaufsteherin, bringt mir heißes Wasser für meinen Schnell-Kaffee: Spitzenqualität, gefriergetrocknet, extra fein – auch aus dem Deli-Laden in Kyritz wie die Rinderbrühe.

Ich verabschiede mich von der Pastorin, und gegen sechs Uhr fahren Benno und ich in den taufrischen Morgen hinein. Die Sonne geht links von uns auf. Ich habe wieder Sehnsucht nach der Elbe, dem Schicksalsstrom der Deutschen, damals wie heute.

Erinnerung

Im Sommer 1945 habe ich am Ufer gegenüber Wittenberge gestanden und sehnsüchtig nach Osten geblickt, gerade aus englischer Kriegsgefangenschaft entlassen und gerade achtzehn Jahre alt. Auf abenteuerlichem Wege hatte ich Wittenberge erreicht und dann schließlich Kampehl. Mit mir standen mehrere entlassene Kriegsgefangene am westlichen Elbufer, am diesseitigen östlichen Ufer ihre Angehörigen. Es entwickelte sich ein Hinüber- und Herüberrufen. Alle waren froh, daß der Krieg vorbei war und man Lebenszeichen von sich geben konnte. Namen und Adressen wurden vom Westufer herübergerufen, damit die Angehörigen der Entlassenen benachrichtigt werden konnten. Schon kurze Zeit später unterhielten sich die Mutter mit ihrem Sohn, die Frau mit ihrem Mann und die Kinder mit ihrem Vater über die Elbe hinweg, alles unter Schwierigkeiten, aber es ging, und alle freuten sich. Hier an der Elbe waren amerikanische und sowjetische Truppen aufeinandergetroffen, und die Elbe war praktisch die Demarkationslinie, später dann die Staatsgrenze. Aus der Brücke war ein großer Bogen von der Wehrmacht herausgesprengt worden, und der Notsteg war den Alliierten vorbehalten. Der Weg nach Hause führte über viele Umwege. Meiner auch. Die Amerikaner hatten Wittenberge schon erreicht, als ich mich als Soldat noch im Raum Stettin befand. Nur, sie überquerten die Elbe nicht im Vormarsch auf Berlin, wie ich gehofft hatte. Sie hielten still und überließen das Gebiet den Sowjets. Damit kam Kampehl unter deren Herrschaft. Fünfundsechzig Kilometer nordwestlich von Berlin-Spandau gelegen. Was wußte ich damals von ihren vertraglichen Regelungen über die Besatzungszonen?

SINGEN

Benno und ich durchqueren jetzt ein Waldgebiet. Ich laufe neben dem Gespann her und singe aus voller Brust. Die Melancholie von gestern ist vergessen. So soll es sein. Heute bin ich mal wieder der glücklichste Mensch unter der Sonne. Die Freiheit liegt vor mir, ringsum. Meine eingebildete grenzenlose Freiheit! Gott erhalte mir meinen kindlichen Glauben. Was schert mich jetzt noch Kampehl?

Mein Standardlied: «Wir beide, du und ich, wir müssen wandern. Wir haben keine Ruhe auf der Welt. Hin und her, kreuz und quer, und das Heimweh läuft uns immer hinterher», dann der Refrain: »Die Welt ist groß und rund, ich bin ein Vagabund«, mein Stock schlägt den Takt dazu, ist ein Lied aus den fünfziger Jahren, von dem mir der Text nur noch teilweise in Erinnerung geblieben ist. Aber es paßt gut zu mir auf meiner Wanderung.

Ein altes Landserlied krame ich aus meinem Gedächtnis hervor, oft gesungen unter Alkoholeinfluß während meiner Soldatenzeit 1944-45 bei den Kämpfen in Pommern. Ich gröle es geradezu aus mir heraus, so wie damals, als wir unsere Angst betäubten: »Das Leben ist ein Würfelspiel, wir würfeln alle Tage. Dem einen bringt das Schicksal viel, dem anderen Müh

und Plage. Drum frisch auf, Kameraden, den Becher zur Hand, drei Sechsen auf den Tisch, die eine für mein Vaterland, die andern sind für mich!« Die Russen uns gegenüber werden ähnliches draufgehabt haben. Auch diese Jungs hatten Angst und betäubten sich vor dem Angriff mit Alkohol.
Diese Lieder machen mir Mut und geben mir Kraft für den weiteren Weg. So etwas brauche ich einfach für meine Selbstbestätigung. Da schwillt mir die Brust. Aber auch sentimentale Lieder habe ich drauf, Lieder von gestern; ich singe sie mit Andacht und Gefühl. Zum Beispiel ein Lied von Bruce Low: »Irgendwo auf fremden Straßen, ohne Ziel und ohne Glück, zogen sie in graue Ferne, aber einer blieb zurück. Ich bleib hier bei meinem Mädchen, sagte er, ich folge nicht, fremdes Leid in fremder Erde seh ich nicht als meine Pflicht.« Und dann das Lied vom »Pferdehalfter an der Wand«.
Alles Erinnerungen, als ich noch im besten Mannesalter war, den Knast hinter mir hatte. Auch schon lange her. Einige meiner Leser werden sich bestimmt erinnern an die sechziger Jahre. Waren das noch Zeiten? Vor fünfundzwanzig Jahren, da konnte man noch Bäume ausreißen. Aber die Zeit ist dahingegangen, leuchtende Tage; nicht weinen, daß sie vergangen, sondern lächeln, daß sie gewesen!
Hinter Parey, mit der langen, stark befahrenen Dorfstraße, ändert sich die Landschaft, sie wird eintönig und gries: die Havelsche Mark.

Fahrgäste

In Zerben rufen mir Kinder zu: »Onkel, kannst du uns mitnehmen? Wohin fährst du? Bist du auf der Wanderschaft?« Ich lade alle vier in meinen kleinen Wagen. Der Rucksack, der immer zwischen Kutschersitz und Spritzbrett zu meinen Füßen liegt, wird umgelagert. Ich habe Spaß an den Jungen, kann ihre Bitten unmöglich abschlagen. Sie haben Ferien und wollen in den ausgebaggerten Kiesgruben baden. Also kann ich sie ein gutes Stück mitnehmen.

Während der Fahrt erzählen sie mir ihre Geschichten, von Lehrern, die sie nicht leiden können, davon, daß die Eltern zwei Ponys haben, der Opa sogar eine Kuh, Schweine und Schafe, und daß sie jetzt in den Ferien das Vieh füttern dürfen. Ihr Übermut und ihre Unbekümmertheit sind ansteckend.

An einem Trampelpfad, der zu den Baggerlöchern führt, müssen wir uns verabschieden. Ich würde gern mitkommen, aber ein Drahtzaun versperrt meinem Gespann den Weg.

Auf dem Elbdamm ist Betrieb. Am Ufer haben zwei Kähne festgemacht und lassen sich über eine große Förderbrücke Kies in ihre Bäuche schütten, der über lange Förderbänder aus den Gruben anrollt. Wieder etwas Neues und Interessantes für mich.

Die Fahrt auf dem Elbdamm wird immer schwieriger. Immer öfter versperren uns massive eiserne Sperrplanken den Weg. Einige Male müssen wir ganz vom Damm herunter und hinter den Absperrungen wieder hinauf.

Mit der einen Hand halte ich meinen folgsamen, schlauen Benno mittels der Leine zurück. Er darf nur ganz langsam und vorsichtig schräg zum steilen, grasbewachsenen Damm hinuntergehen. Mit der anderen Hand und meiner Körper- und Armkraft halte ich den Wagen im Gleichgewicht. Der Wagen ist nahe am Kippen. Bloß das nicht, der Wagen könnte dabei zerbrechen! Deshalb fahre ich nun lieber neben dem Damm entlang, auf einem Feldweg, an Rüben-, Gerste- und Weizenfeldern vorbei.

Es ist ein schlechter Weg, fetter Lehmboden mit Löchern und Wasserpfützen, dazu harte Lehmbrocken. Der Wagen schaukelt hin und her, und ich muß aufpassen, daß uns nichts verlorengeht. Kein Baum, kein Strauch und kein Schatten in der flimmernden Hitze. Das Hemd steckt schon lange im Rucksack, und die Jeans habe ich hochgekrempelt.

Ein Tip

Zum Glück gibt es in Parchau einen See mit kühlem, erfrischendem Wasser. Nach dem Baden zieht es mich in die nächste Gaststätte. Aber die Mittagszeit ist vorüber, der Wirt will gerade schließen. Erst ab sechzehn Uhr ist wieder geöffnet. Er läßt mich auf ein Bier in die Gaststube und sagt: »Fahr mal nach Niegripp, dort wohnt ein Fuhrunternehmer, der hat auch ein Pferd.«

Der Hof des Fuhrunternehmers liegt mitten im Dorf, gerade gegenüber einer Kneipe. Aber keine Menschenseele auf dem Hof. Bestimmt sind alle im Heu. Also gehe ich nach gegenüber. Die »Tränke« ist gerammelt voll.

Als auf der anderen Seite endlich die erwartete Heufuhre eintrifft, gehe ich gleich hinterher. Verdutzt gucken mich die verschwitzten, abgearbeiteten, müden Leute an. Sie wissen vor Arbeit nicht ein noch aus, und da kommt einer daher, fragt nach Unterkunft und will womöglich noch bedient werden! Ich kann ihre Gedanken erraten, mindestens ahne ich, was sie von mir denken. Schnell fasse ich mit zu, helfe, die Pferde auszuspannen, trage Wasser heran und mache mich im Stall nützlich.

Nachdem ich mich als tüchtiger Mann erwiesen habe, darf ich natürlich für eine Nacht bleiben und werde auch in der Familie aufgenommen.

Nach dem Abendbrot in der Veranda, im Familien- und Heuerntehelferkreis, muß ich berichten. Ich bin es ihnen schuldig. Die Leute sind neugierig und haben ein Anrecht darauf, zufriedengestellt zu werden. Woher? Wohin? Warum? Wer bin ich? Neustadt-Dosse mit dem Gestüt und Kampehl mit dem Ritter von Kahlbutz sind ihnen bekannt. Also alles in Ordnung! Ehrlicher Mann! Meinen Personalausweis brauche ich nicht mehr vorzuzeigen.

Jetzt dreht sich das Gespräch hauptsächlich um Landwirtschaft und um Pferde, und, wie kann es anders sein, um den Havelberger Pferde- und Heiratsmarkt, den ich auch gern besuche. Bis zum vergangenen Jahr ist Frau Fuhrmann mit ihrem Mann jedes Jahr in Havelberg auf dem Markt gewesen. Sie sind immer mit ihrem Wohnwagen angereist und haben dort gleich ihren einzigen Urlaub, acht Tage lang, verbracht. Aber nun ist der Mann gestorben, und der Sohn ist an seine

Stelle getreten, betreibt das Geschäft und die dazugehörige Landwirtschaft weiter.

»Nein sowas, daß er Sie nicht mehr kennengelernt hat, er wäre sofort mit Ihnen gezogen«, sagt Frau Fuhrmann an diesem Abend mehrmals.

Havelberger Pferdemarkt

Der Havelberger Pferde- und Heiratsmarkt wird seit einigen Jahren außerhalb der Stadt abgehalten, im Gegensatz zu früher. Aber immer noch kommen die Leute zu Zehntausenden. Schon weit vor der Stadt stehen die Polizisten und dirigieren den Verkehr. Mein Auto lasse ich stets schon am Stadtrand stehen und gehe lieber zu Fuß. Eine wahre Völkerwanderung ist zum Wiesengelände im Gange. Ich mittendrin, Bauch an Rücken, mit schmerzenden Füßen und trockener Kehle.

Vorbei an einem Leierkastenmann, der an diesem Tag das Geschäft des Jahres macht. Vorbei an abgestellten zehn bis zwanzig Jahre alten Autos, ein Pappschild hinter der Windschutzscheibe: »Zu verkaufen!«, das Seitenfenster einen Spalt geöffnet für die schriftlichen Angebote. In den winkligen Straßen unübersehbare Autokolonnen, die sich im Schrittempo vorwärts mühen, auf die Parkplätze in der Nähe des Marktes zu. Zu Tausenden stehen dort auf dem riesigen Wiesengelände die Autos, Motorräder und Mopeds.

Von weitem schon hört man die Musik vom Rummel mit den Karussells, dem Riesenrad, den Losbuden, Autoscootern,

Schießständen und allerlei Verkaufszelten. Links der Straße der Rummelplatz und rechts der Pferdemarkt, zu dem sich in den letzten Jahren ein riesiger Trödelmarkt gesellt hat.

Da wird fast alles angeboten: Pferdegeschirre, neu und alt oder auf neu gemacht, Reitsättel, Peitschen, Wagen und Kutschen. Dann »Kunstgegenstände«, viel Kitsch, Gemälde in Öl, Bilderrahmen, Zwiebelzöpfe, Keramik, Setzkästen, Pflanzen, jede Menge Textilien, selbstgebaute Traktoren, Autos, Autoanhänger, Ersatzteile und so weiter. Es wird gehandelt und gefeilscht wie im Orient.

An den Freß- und Getränkebuden von HO und Konsum herrscht ungeheurer Andrang. Den machen sich natürlich geschäftstüchtige Leute aus allen Gegenden der DDR zunutze, bieten Getränke, Eintopfessen aus dampfenden Kesseln, Bouletten, Schmalzstullen, gekochte Eier oder gebratene Broiler zu deftigen Preisen an. Sogar selbstgezimmerte Toilettenhäuschen haben die cleveren Jungs aufgestellt: Benutzung eine Mark. Wer dringend muß, zahlt das Doppelte.

An diesen Tagen herrscht die »Freie Marktwirtschaft«. Angebot und Nachfrage bestimmen hier auf dem Platz den Preis. Und über allem liegt der Duft von gerösteten Mandeln, Bockwurst, Bratwurst, Broiler, Kaffee und Kuchen und Eintopf aus kohlegefeuerten Kesseln. Die Gerüche aus den Toilettenhäuschen vermischen sich da mit allen anderen Düften. Also ein buntes Bild.

Und die Menschen erst! Gut gekleidete Bürger, Männer und Frauen, die wohl nur zum Trödelmarkt angereist sind, um für ihre Wohnungen Nostalgisches zu erwerben. Manche kommen in zünftigen Ausstaffierungen, zum Beispiel in grauen Breeches mit ledernem Reitbesatz und Langschäftern, Bauern mit vollen, roten Gesichtern und Speckgenick tragen Hut und grünen Joppenanzug, junge Leute mit langem Haar haben Campingsack und Schlafrolle, Forstleute ihre grüne Uniform mit Jägerhut. Und auffallend viele Frauen, in den letzten Jahren immer mehr.

Alles drängt und schiebt sich an den provisorischen Ständen vorbei, wo lauthals die Waren angepriesen, Witze gerissen werden, gelacht, geflucht und geschimpft wird. Alle Dialekte sind zu hören – Sachsen, Thüringer, Mecklenburger, Berliner treffen hier zusammen.

Auf dem Pferdemarkt gleich nebenan ein anderes Bild: In langen Reihen sind ungefähr zweihundert Pferde an ein Rohrgeländer gebunden, Heu und Gras zum Fressen davor. Pferdegeruch durchzieht die Luft. Wieder Menschen in Massen, von denen die wenigsten Kaufinteressenten sind. Jeder muß doch einmal hier gewesen sein.

Ponys gibt es en gros, aber das Geschäft geht schlecht. Die Ponymode ist vorbei. Früher wollte jeder Neureiche für seine Kinder ein Pony im Garten haben. Jetzt sind Haflinger gefragt, aber das Angebot ist gering, und dementsprechend hoch sind die Preise. Dann edle Warmblutpferde, viele Stuten, die zu klein sind, also das Stockmaß von einem Meter zweiundsechzig nicht erreichen. Sie eignen sich gut für Touristik und als Arbeitspferde, sind aber zur Weiterzucht untauglich. Einige schwere Kaltblüter, die von der Forstwirtschaft gern gekauft werden. Viele Doppelponys und Mischlinge.

Das Geschäft geht nur schleppend. Die Kauflustigen halten sich zurück, um die Preise zu drücken. Doch hin und wieder eine Menschentraube, da ist der Handel im Gange. Schaulustige und Neugierige stehen im Kreis. Derbe Scherzworte fliegen hin und her. »Wat, zwölf Jahre alt soll der sein? Mit dem is ja der olle Fritz schon zur Parade geritten!«

Am Ende der langen Pferdereihe stehen die Wagen, mit denen die Pferde hierher gekommen sind. Gummibereifte Plattwagen mit und ohne Verdeck, Kutschen, Kaleschen, zwei- und vierrädrig. Die Geschirre und Kummete hängen auf den Deichseln oder liegen unterm Wagen. Weiterhin Lkw mit Aufbau, Traktoren mit Viehanhängern, Pkw mit Hängern.

Auch hier ein geschäftiges Treiben: Frauen kochen Essen oder brühen Kaffee, Bekannte und Freunde treffen sich wieder. Früher brachten sie noch ihre unverheirateten Töchter oder Söhne mit, damit die da ihre Zukünftigen kennenlernen und eventuell verkuppelt werden konnten. Ein Bauer aus Kampehl hat dort auch seine Frau kennengelernt durch Vermittlung; und das waren nicht immer die schlechtesten Frauen.

Es ging doch darum, eine gute, tüchtige, arbeitsame Bauersfrau zu bekommen. Die Liebe kam erst hinterher. Geld ging vor Liebe. Manch ein Bauer war auf die Mitgift seiner künftigen Frau geradezu angewiesen, wenn er seine Geschwister auszahlen mußte, die den Hof verließen und anderweitig einheiraten wollten oder einfach mußten, sofern es die Eltern bestimmten. Auch sie mußten ja eine Mitgift mitbringen. So schloß sich der Kreislauf. Geld spielte im bäuerlichen Leben immer eine große Rolle. Ein altes Sprichwort sagt: »Was der Mann mit dem Wagen einfährt, kann die Frau mit der Schürze wieder austragen.«

Wer also ein Pferd kaufte, sollte manchmal gleich die Tochter mitnehmen, die keinen Mann abbekam. Bei uns im Plattdeutschen wurden sie »Överstänner« genannt, so wie der Förster und Jäger ein Stück Wild nennt, das eigentlich schon lange abgeschossen werden sollte. Verhöhnt wurden diese Frauen und Mädchen auch noch in der Männerwelt. Darum hieß es: Frauen, haltet euch ran!

Zwischen Pferdemarkt und Rummelplatz ist Kleinviehmarkt: Hunde, Tauben, Ziegen, Hühner, Schafe, Esel und Ponys unter einen Meter groß. Eine Jagdhornbläsergruppe hat sich neben dem Turnierplatz aufgestellt, auf dem gerade eine Vorführung von Hunden stattfindet. Anschließend soll noch ein Reitturnier sein. Aber das kenne ich vom Hengstdepot in Neustadt, drei Sonntage im September, die bekannten Neustädter Pferdetage.

Vom Rummelplatz, vor dem die Havelberger Feuerwehr Posten bezogen hat, schallt mir ohrenbetäubender Lärm entgegen. Schlager und heiße Rockmusik aus den Lautsprechern, Marktschreier, Ausrufer, die in ihre Shows einladen, in die Geisterbahn, aufs Taifunrad. Ratternde Achterbahnen, romantische Karussells mit handgeschnitzten Pferden, lachende Menschen, glückliche Kinder mit bunten Luftballons – Volksfeststimmung!

Zigtausende Menschen stürzen sich auch dieses Jahr wieder hier in Havelberg ins Vergnügen. Aus dem alten, ursprüng-

lichen Havelberger Pferdemarkt hat sich ein Volksfest entwickelt, das sich nun schon über mehrere Tage hinzieht. Der eigentliche Pferdemarkt findet nur noch am Rande statt.
Nachdem ich meine Runde gemacht habe, drängele ich mich in ein Kaffeezelt, es ist überfüllt. Dann zurück zu den Pferden. Ich bin gespannt, wie der Handel geht. Ein Fuchswallach muß gerade den Besitzer gewechselt haben, denn er steht angebunden an der Wagendeichsel eines Planwagens. Auf dem Kutschbock wird Geld gezählt.

MARKTHELFER

Keine fünfzig Meter weiter bin ich Zeuge eines alten Pferdehändlertricks. Der Preis ist schon ausgehandelt und der Handschlag gleich fällig, da tritt ein Mann mit Lederolhütchen, greller Krawatte und kariertem Sakko auf den Plan und bietet dreihundert Mark mehr für das Tier. Ich muß innerlich lachen. Ein Strohmann, der mit dem Verkäufer unter einer Decke steckt und den Preis in die Höhe treiben soll. Es ist später Nachmittag, der Handel geht gut. Die Verkäufer wollen bis zum Abend die Pferde an den Mann bringen, die Käufer wollen mit den Pferden noch vor Anbruch der Dunkelheit zu Hause sein. Das Pferdeverladen beginnt.
Ein Brandenburger, edles Warmblut, aus der Zucht des Gestütes Neustadt/Dosse, soll verladen werden. Der Strohmann steht als Verladehelfer in voller Aktion auf der Verladeklappe und zieht am Trensenstrick. Zwei Männer ziehen, jeder von

einer Seite, an einem langen Seil, das sie dem Tier ums Hinterteil gelegt haben. Ihre Frauen schieben von hinten nach.
Nebenan wird ein Kaltblüter verladen. Einer zieht an der Trense, und hier schieben vier Mann von hinten nach. Aber sobald das Pferd mit den Vorderbeinen auf die Ladeklappe tritt und es dumpf poltert, weicht es zurück. Aus der Menschenmenge ringsum kommen Ratschläge wie: »Augen verbinden, Schwanzrute umdrehen!« »Ein Pferd ist doch keine Kuh!« höre ich. Die Verlader sind schon leicht alkoholisiert. Jeder will nun seinen eigenen »Verladetrick« anwenden. Ein Heidenspaß, für die Leute jedenfalls; aber das Tier tut mir leid. Nur der Strohmann nicht, das kleine vertrocknete Männchen. Er bietet sich an, dieses Pferd ganz allein zu verladen: »Kein Problem!« Die vielen Herumstehenden sind gespannt. Ich auch. Er betritt die Arena wie beim Stierkampf in Barcelona. Zirka hundert Zuschauer stehen im Halbkreis herum. Kulisse ist der Viehtransportanhänger, Hauptdarsteller der Markthelfer und der Kaltblüter. Die Vorstellung, das Schauspiel, beginnt.
Eine Mohrrübe mit der einen Hand dem Pferd vors Maul haltend, in der anderen Hand den Trensenstrick, so lockt er den Kaltblüter einige Schritte vorwärts zur Holzbohlenverladeklappe hin und schlingt gleich das Ende des Strickes um das obere Planengestänge des Anhängers – eine Art Flaschenzug, den er mit der rechten Hand betätigen will, in der Linken immer noch die Rübe. Zentimeter um Zentimeter will er nun auf seine Art das schwere Tier auf den Hänger hieven und zieht mit der ganzen Kraft seiner dürren Arme an seinem »Flaschenzug«. Das Pferd reckt wohl den Hals nach der

Mohrrübe und will sie mit der Oberlippe erfassen, doch sowie es mit den Vorderbeinen auf die Klappe tritt, schreckt es mit erhobenem Kopf, ausgestrecktem Hals, dabei leicht ansteigend und das Männlein mit sich ziehend, zurück. Jetzt, sich mit beiden Händen krampfhaft am Strick festhaltend, hebt der kleine Mann von der Verladeklappe ab. Das große, schwere Tier schleudert den Markthelfer einen Meter über dem Erdboden herum, bis er schließlich durch die Fliehkraft mit angewinkelten Beinen vom Rest seines »Flaschenzuges« abfällt und auf seinem Hinterteil landet. Fluchtartig zwängt er sich durch die johlende Menge ins Marktgetümmel hinein auf der Suche nach einem neuen Betätigungsfeld, auf dem er sich doch noch eine müde Mark verdienen kann.

Diese Art Markthelfer, die sich gern hervortun, gibt es überall, vor allem in Havelberg im September. Da wechselt mit ihrer Hilfe so manches Pferd gleich zweimal den Besitzer. Also: Es lebe der Markthelfer!

Den vierten Akt habe ich leider verpaßt, da ging ich zu einer Freßbude hinüber. Jedenfalls stand der Kaltblüter schweißgebadet und zitternd auf dem Viehanhänger. Einem Zigeunermann war es schließlich gelungen, den natürlichen Fluchttiercharakter des Pferdes auszunutzen. Leute wie er haben von Kindesbeinen an ein besonderes Verhältnis zu Pferden, sind mit ihnen groß geworden. Es gibt Menschen, vor denen auch der bissigste Hund den Schwanz einzieht. Genau kann ich mir das nicht erklären.

Zigeunerfamilien mit ihren Planwagen zieht es regelmäßig nach Havelberg. Dort, etwas abseits vom Marktgetümmel, ist der jährliche Treffpunkt der Großfamilien. Am nächtlichen Lagerfeuer wird das Wiedersehen gefeiert bei Gitarren-, Geigenklang und Tanz. Ich habe mich auch schon einmal daruntergemischt und lernte dabei einen Zigeunermann kennen. Er war ein Bauernsohn, der sich vor Jahren hier auf dem Pferdemarkt mit einem der hübschen, glutäugigen Mädchen anfreundete und sich verliebte. Er wurde von der Marktfamilie aufgenommen und kehrte nicht mehr zu seinen Eltern zurück. So etwas gibt es heute noch.

Graf Luckner, ein weltbekannter Mann, ist mit elf Jahren von zu Hause ausgerissen aus Furcht vor Strafe, weil er mal wieder in der Schule sitzengeblieben war. Das war vor dem Ersten Weltkrieg. Ich habe als Junge sein Buch »Seeteufel« geradezu verschlungen bei Kerzenschein abends im Bett. Zwanzig Jahre war er verschollen. Er hatte sich vom Schiffsjungen zum kaiserlichen Marineoffizier hochgearbeitet, bis er sich bei seinen Eltern zurückmeldete.

Es wird Abend, und ich kämpfe gegen den Menschenstrom an, der mir aus der Stadt entgegenkommt. Das sind zum großen Teil Jugendliche, die es zum Rummelplatz zieht. Ich war mal wieder auf dem Havelberger Markt und bin zufrieden. Schön, daß es so etwas noch gibt, vom Staat ohne Einschränkung geduldet und, wie es mir vorkommt, in den letzten Jahren sogar unterstützt. Leider sind viele alte Bräuche und Überlieferungen verschüttet gegangen und werden bald vergessen sein, zum Beispiel das Bassewitzfest in Kyritz, das jährlich stattfand.

Im Mittelalter hatte der Raubritter Bassewitz Kyritz belagert und sich unter der Stadtmauer einen unterirdischen Gang gegraben. Aber die Bürger kriegten Wind von der List und nahmen ihn gefangen, als er auf dem Markplatz auftauchte. Er wurde auf selbigem hingerichtet, mit seinem eigenen Schwert, das noch heute zu besichtigen ist im Rathaus. Ein Kyritzer Chronist schrieb darüber ein Schauspiel, das von Kyritzer Bürgern in jedem Jahr aufgeführt wurde.

Heute nichts mehr dergleichen. Keine Initiative, keine Ideen. Unsere Herren Volksvertreter kleben auf ihren Sesseln und warten auf ihre Rente. Als Resultat dann vielerorts verkommene und verschlampte Dörfer, wo sich doch mit geringen Mitteln wenigstens einiges verändern ließe, da ja für größere Vorhaben angeblich kein Geld, Material, keine Bau- und Arbeitskapazität da sein sollen.

Nachts wache ich im Bett in Fuhrmanns Dachkammer auf. Ein schweres Gewitter tobt sich aus. Ich höre den Regen auf die Dachsteine trommeln. Es kracht und blitzt. Mein erster Gedanke: Was macht Benno? Aber dann fällt mir ein, daß er ja im Stall und damit im Trockenen steht. Da lege ich mich beruhigt auf die andere Seite, ziehe mir die Bettdecke über den Kopf und freue mich, daß wir beide es so gut angetroffen haben. Noch lange lausche ich dem Dröhnen des Gewitterregens auf den Dachziegeln. Ein wohliges Gefühl, im warmen, trockenen Bett zu liegen. Hast mal wieder »Dusel« gehabt, denke ich noch.

Bei Fuhrmanns beginnt der Arbeitstag um sechs Uhr früh. Da ist das Vieh schon versorgt, und gemeinsam frühstücken wir. Ein Berg Stullen liegt für mich bereit. Benno ist angespannt und wartet auf die Abfahrt. Wo werde ich ihn wohl heute abend ausspannen? Was wird mir der Tag bringen? So eine Unterkunft im weichen Bett, Essen und Trinken noch dazu, gibt es nicht alle Tage.

Für uns sehr früh geht es vom Hof in den jungen Tag hinein, Richtung Süden. Die Morgensonne steht links des Weges. Vor mir der Elbe-Havel-Kanal, dahinter die Autobahn Berlin-Helmstedt.

Schleusenhalt

An der Schleuse muß ich einfach anhalten, denn das Bild, das ich vor Augen habe, fesselt mich ungemein: Ein tiefliegender Frachter verläßt gerade die Schleuse, die Dieselmotoren springen an, und wie ein Nilpferd schiebt er sich langsam in den Kanal hinein. Vor dem anderen, noch geschlossenen Schleusentor liegt schon eine kleine Flottille von Lastkähnen, die darauf warten, ebenfalls durchgeschleust zu werden. An den Kähnen stehen in großen, fetten, metallenen Buchstaben Namen und Heimatorte der Schiffe. Bunte Wimpel und Staatsflaggen schmücken sie, dazwischen flattert Wäsche in allen Farben an Leinen im Wind. Fast auf jedem Kahn ein Hund – ein Rattenfänger.

Ein kleiner Spitz hat meinen Benno entdeckt und bellt aus Leibeskräften. Eine Schiffersfrau schleppt zwei Eimer Trinkwasser von einer Wasserleitung im Schleusenbereich zum Kahn. Ihr Mann steht im Ruderhaus, Tabakspfeife zwischen den Zähnen, Schiffermütze auf dem Kopf, in Wartestellung.

Sowie die grüne Ampel aufleuchtet, muß er in die Schleusenkammer einfahren. Dann ist das Ausfahrttor wieder geschlossen, und Wasser wird durch die Schieber eingelassen bis zu gleicher Höhe des Wasserstandes seines Frachters. Bis es soweit ist und bis das Einfahrtstor geöffnet wird, muß er warten.

Dem Kapitän ist es wohl langweilig geworden in seinem Steuerhaus, ihn interessiert mein Pferdegespann, er kommt aus seinem Deckshaus heraus. Mich hingegen interessiert sein Lastkahn. Ich stelle Fragen.

»Ja, mein Lieber, immer nur Wasser, vor dir, hinter dir. Kein Kontakt zu den Menschen. Manchmal ein Angler am Ufer oder ein Kollege, der dir entgegenschippert. Früher, ja früher bin ich noch auf einem echten Dampfer gefahren. Habe als Heizer angefangen. Da waren wir mehrere Mann an Bord. War allerdings Schinderei. Achtzig Grad Hitze am Kessel und wehe, wenn nicht genügend Dampf drauf war! Da war der Kapitän nicht fein. Heizer war das Letzte. Der Maschinenraum mußte vor Sauberkeit blitzen. Messinggestänge und Rohre putzen, da kann sich heute keiner ein Bild von machen. So habe ich mich hochgearbeitet. Heute fahre ich mit meiner Frau allein. Sie ist Bootsmann, Koch, Mädchen für alles und einziger Gesprächspartner. Aber wir haben noch die Flimmerkiste. Das ist die eine Seite, die andere ist das ungebundene Leben, das ich führe und das ich liebe.«

»Na, darin sind wir ja Kollegen«, sage ich. Und er nickt mir zu, lacht dabei übers ganze Gesicht. Gleich muß mir Frau Anni eine Halbliter-Flasche Pils über Bord an Land werfen.

»Also dann Prost auf die Fahrensleute und immer gut Fahrt! Und keinen Nebel und kein Niedrigwasser, sonst sitzen wir auf Sandbänken fest. Nebel ist das Schlimmste. Ja, so ist man alt geworden. Ist wohl bald unsere letzte Fahrt«, sagt er wehmütig.

Schon sein Vater war Schiffer, und der Sohn ist an Bord geboren; Vater und Mutter waren gerade mit einer Ladung Braunkohle auf der Fahrt nach Hamburg. Nun sind seine eigenen Kinder schon groß. »Die«, sagt er, »haben aber einen ordentlichen Beruf.« Im Urlaub macht hin und wieder einer von beiden schon mal eine Reise mit.

Die Ampel schaltet auf Grün, ich wünsche »Gute Fahrt!« »Dir dasselbe!« Gemessenen Schrittes geht er auf sein Ruderhaus zu. Wieder springen die Diesel an, Anni macht die Haltetaue von den Pollern los, und zentimetergenau bugsiert er seinen Pott in die Kammer hinein.

Nur wenige Kilometer weiter brandet unter der Brücke über die Autobahn der Kraftverkehr ununterbrochen hin und her. Ein eigenartiges Gefühl. Könntest du nicht auch hier entlangbrausen, statt mit ein PS dazustehen oder mit sechs Kilometern pro Stunde weiterzuzuckeln?

Ich sehe den Autos nach, einige sind mit bunten Reklamebildern und -schriften bemalt, viele ausländische Lkw, dann Fahrzeuge mit B-Nummern aus Westberlin, Westdeutschland, Transitreisende, Trabis, Wartburgs, Ladas. Ununterbrochen rollt das unter mir. Wo wollen sie hin, wo kommen sie her? Um diese Jahreszeit fahren bestimmt viele in den Urlaub oder kommen aus dem Urlaub.

Alle haben es eilig. Nur ich nicht. Ich sinne vor mich hin, bis Benno mich durch Scharren und Kratzen seiner Hufe aus meinen Gedanken reißt. Er will weiter, er hat kein Interesse an dem motorisierten Verkehr. Artgenossen sind ihm lieber. Aber ich nehme mir vor, meine Wanderstrecke im nächsten Jahr mit dem Auto abzufahren und auf dieser Brücke wiederum stehenzubleiben.

Strecke machen

Heute aber will ich ein bißchen Strecke machen und vielleicht die Saalemündung bei Barby noch erreichen. Ein anspruchsvolles Ziel.
In Gerwisch, Biederitz und Heyrothsberge gibt es kein Mittagessen. Die Gaststätten haben alle Schließtag. Na, dann nicht, pfeif drauf, wird mir auf Dauer sowieso zu teuer!
Statt Mittagessen in einer von Bierdunst und Rauch geschwängerten Kneipe machen wir Rast in der Elbaue. Die Lust am Weiterfahren ist mir vergangen. Benno binde ich am Wagen an, ziehe Hemd und Schuhe aus, verkrieche mich unterm Wagen im Schatten und kühle mir im frischen Gras den erhitzten Körper. Meine Glieder sind schwer, die Kühle tut mir wohl. Und gleich bin ich glücklich und zufrieden. Die Stullen von Frau Fuhrmann schmecken besser als die ewige Bockwurst, die mir schon zum Halse raushängt, und statt Bier gibt es Wasser aus dem Plastekanister. Wie gut, daß ich den mitgenommen habe! Zweimal am Tag fülle ich frisches Wasser ein für unterwegs.

Nach der Rast begleitet mich Magdeburgs Silhouette auf der Weiterfahrt. Die Türme vom Dom grüßen herüber. Es fährt sich gut in der Elbaue und im Landschaftsschutzgebiet. Lautlos rollt der Wagen auf dem glatten Wiesenweg dahin.

Bunte Leinwandvillen, Wohnanhänger am Ufer der Alten Elbe, angelnde Männer und strickende Frauen auf Hockern und Liegestühlen am Strand. Kinder schreien und toben im Wasser. Paddel-, Schlauch- und Ruderboote liegen am Ufer, treiben im Fluß. Das reinste Familienidyll mitten im Freizeit- und Naherholungsgebiet der Magdeburger. Ich gönne es ihnen. Ich jedenfalls möchte nicht in so einem Großbetrieb, im Stahlwerk oder am Fließband, arbeiten. Die vielen Schornsteine mit ihrem Ruß und Qualm jenseits der Elbe reichen mir.

Ich habe einige Monate im Knast in Magdeburg sitzen müssen, bevor ich dann weiter auf Transport in ein Haftarbeitslager in Thüringen kam. Mitgefangene, die in der Gußputzerei für einen VEB Schwermaschinenbau arbeiteten, erzählten von der Schinderei in Hitze, Staub, Dreck und ohrenbetäubendem Lärm. Ich als Bauer kannte so etwas ja nicht.

DORFKONSUM

In Pechau muß ich dem Konsum einen Besuch abstatten. Ich brauche Brot, Wurst, Margarine, Zigarren, Bier und Brause. Es ist Feierabendzeit, der Konsum voll von Leuten in Arbeitskleidung. Ein undefinierbarer Geruch steigt mir in die Nase.

Die Männer und Frauen sind auf dem Weg von ihrer Arbeitsstelle nach Hause und wollen vorher ihre Einkäufe erledigen. Viele kommen direkt aus den Ställen, aus Kuh-, Mastrinder-, Schweine-, Kälberställen, und der Stallgeruch hat sich in der Kleidung festgesetzt.

Ich kenne das aus eigener Erfahrung. Sogar meine Gummistiefel stanken immer, obwohl ich sie nach der Arbeit gründlich abwusch. Mit meiner Frau hatte ich jedesmal Theater, wenn ich in Arbeitszeug in die Wohnung kam. Diese ewige Umzieherei war mir oft über, denn ich war immer kaputt, wenn ich aus dem Stall nach Hause kam. Harte Arbeit war das, Knochenarbeit. Karre und Schippe, das war meine ganze »Technik«. Der Misthaufen war nur über ausgelegte Bretter zu erreichen. Ebenso die Futtersilos. Dann die dicke Luft im Stall, die stehende, stinkende Luft, die man einatmete.

Auf der Bank vor dem Konsum, unter dem Blätterdach eines großen Baumes, sitzt es sich gut. Ich strecke die Beine weit von mir, sitze halb im Liegen, die Mütze in die Stirn gezogen, die ewige Zigarre zwischen den Lippen, neben mir auf der Bank die angetrunkene Flasche. Benno steht auch im Schatten und läßt den Kopf hängen, nur manchmal wehrt er mit dem Schwanz das Ungeziefer ab.

Ich beobachte die Menschen, die im Konsum ein- und ausgehen. Kinder holen sich Eis, füttern Benno mit Keksen und Bonbons. Autos und Mopeds fahren vor. Frauen kommen mit dem Fahrrad, die Einkaufstaschen am Lenker. Eine ältere Frau ist mit dem Handwagen da und stapelt ihre Waren hinein. Ein Leben und Treiben um diese Zeit.

Jeder aber, der an meiner Bank vorbei muß, mustert mich verstohlen. Was mögen sie von mir »Tagedieb« denken. Sie sind müde von der Arbeit, kennen vielleicht nichts als Arbeit, denn zu Hause wartet ja die individuelle Wirtschaft, die »zweite Schicht«. Da muß das private Vieh versorgt werden. An Ruhe ist nach Feierabend noch lange nicht zu denken.

So gesehen bin ich hier eine echte Provokation für die Leute. Viele der Älteren haben ihr Dorf bestimmt nicht oft verlassen, angekettet an die Arbeit wie ihr Vieh im Stall. Da will ich mich lieber aus dem Staub machen, nur noch die Flasche austrinken. Doch kaum habe ich sie angesetzt: »Na, junger Mann, mit der Arbeit haben Sie sich wohl verzankt? Solche wie Sie fehlen uns hier gerade noch!« Die sehen wir lieber von hinten wie von vorne!« Die Worte brechen aus der Frau buchstäblich heraus. Ihre Augen in dem vollen und verschwitzten Gesicht blicken mich herausfordernd an.

Die Flucht ergreifen oder einen »guten Abgang« machen? Ich entscheide mich für letzteres, blicke sie abschätzend an in ihrer Latzhose, in der ein gewaltiges Hinterteil steckt. Sie trägt Kopftuch, Bluse und Gummistiefel, hält in jeder Hand an den dicken, starken Armen eine vollgepackte Einkaufstasche. Ich mime den Weitgereisten: »Liebe Frau, Sie können ja gerne mitfahren, ein Platz ist noch frei, können Essen kochen und die Wäsche waschen. Eine wie Sie fehlt mir noch.« Ohne meine Sitzposition zu verändern, sehe ich sie fest und entschlossen an. Sie läuft rot an, holt tief Luft, bringt aber kein Wort hervor. Dann stellt sie eine Tasche ab, tippt sich mit dem Zeigefinger an die Stirn. So ist ihr wohl lange keiner gekommen.

Trotzdem, mir ist gar nicht wohl. Einige Frauen sind auf mich aufmerksam geworden, blicken mich teils belustigt, teils böse an. Jetzt weg hier, denke ich, bloß keinen Auflauf provozieren, schnell abhauen! Könnten sich ja noch Männer einmischen, und es käme eventuell zu einer Schlägerei. Das könnte dann böse für mich enden.

Dabei gehe ich sonst gerne nach stundenlanger Fahrt mit mir allein in eine Gaststätte, oder auch in einen Kaufladen. Dahin jedenfalls, wo ich unter Menschen sein kann. Wenn ich sie reden und lachen höre, weiß ich wieder, ich gehöre ja dazu. Ich bin nicht allein. Und dann komme ich als anderer Mensch aus dem Laden heraus. Die Melancholie, die mich zuweilen auf dem Kutschbock überfällt, ist verflogen. Ich sehe die Welt wieder mit anderen Augen.

»Einfach Emil«

Mein Reisegefährte und Freund Benno

Meine Mutter als junge Frau

*Schulklasse mit Klassenlehrer »Mucki«,
der mit dem Bleyle-Matrosenanzug bin ich.*

Eines von unseren Pferdegespannen

Beim Abfahren von Reparationsholz für die Sowjetunion in Rheinsberg. Wir Bauern mit unseren Pferdegespannen und Traktoren wurden dazu von den Kreiskommandanturen verpflichtet. Jeder Bauer bekam ein Abfuhrsoll.

Nach meiner ersten Haftentlassung 1953 mit meiner Frau

Mit Lisa vor unserer Ehe auf der Grünen Woche in Berlin

Bauernhochzeit in der Westprignitz

Hochzeit meines Sohnes Reinhard mit Cornelia

Einladungen

In einem Gartenlokal am Stadtrand von Plötzky spendiert der Wirt mir eine Wurstplatte und einen halben Liter Bier. Eigentlich ist ja wegen Betriebsfeier geschlossen. Aber mein Benno macht es möglich. Er spricht die Menschen an. Dafür muß ich ihm dankbar sein. Der Wirt ist Tierfreund, außerdem echter Berliner, den es nach Plötzky verschlagen hat. Zum Abschied gibt er mir einen Tip mit auf den Weg: »Fahre nach Dornberg, da wohnt ein gemütlicher Pastor, der nimmt dich bestimmt auf.«

Kaum bin ich in Dornberg angekommen, da werde ich zum Saufen eingeladen. Der Pastor ist nicht da, ist gerade mit seinem Trabi weg. »Komm rüber, trink einen mit! Gaststätte haben wir hier nicht.«

Acht bis zehn »Mini-Rocker« liegen, sitzen und stehen mit ihren Mädchen auf dem Dorfplatz herum, Bierflaschen in den Händen. Leere Flaschen liegen verstreut im Gras. Aus einem Kofferradio ertönt Musik in voller Lautstärke. Am Straßenrand stehen Mopeds, schnurgerade in einer Reihe aufgebockt. Die Flasche macht die Runde. Jeder nimmt einen »Kanten«, und in hohem Bogen landet sie dann im Gras. Nach einer Weile wird Geld für die nächste »Granate«, Marke »Blauer Würger«, gesammelt. Diesmal wird ein alter Hut herumgereicht. Auch ich werfe meinen Anteil hinein. Einer fährt mit dem Moped nach Plötzky Nachschub holen. Und so geht es einige Male.

Nach Mitternacht löst sich die Party auf. Langsam, still und heimlich verschwindet ein Pärchen nach dem anderen. Schließ-

lich bin ich mit Benno fast allein, nur einer meiner Saufkumpane liegt unter einem Baum und schnarcht. Da möchte ich mich am liebsten dazulegen, denn der Pastor ist immer noch nicht zurück. Ich warte und warte, lausche in die Nacht, ob sich nicht ein Trabi nähert. Aber kein Trabi nähert sich.
Soll ich einfach mitten auf dem Dorfplatz mein Lager aufschlagen? Oder soll ich über das hölzerne Hoftor klettern, von innen aufriegeln und mich mir nichts, dir nichts beim Pastor einnisten? Ich bin müde, will nichts als schlafen, der Alkohol tut seine Wirkung.

Einbruch

Ich überlege, daß ich auf dem Dorfplatz nicht gut bleiben kann, das gäbe bestimmt Ärger am nächsten Tag. Die ersten Bauern kämen ja schon um vier Uhr morgens vorbei: Melker, Viehpfleger, dann die Milchwagen, die ersten Traktoristen. Sie würden den Bürgermeister alarmieren, vielleicht sogar den ABV holen. Und die könnten mir die Tour vermasseln mit dem ganzen Zirkus: Ausweis, Papiere, Papiere für mein Pferd, Impfbescheinigung, Bescheinigung, daß Benno Tb- und bangfrei ist.
Ich habe keine Bescheinigungen. Ich könnte nur beteuern, daß Benno Tb- und bangfrei ist. Dann also Meldung zum Kreispolizeiamt, Rückfragen an mein zuständiges Kreispolizeiamt, von dort wieder Rückfragen an unseren Bürgermeister. Der Bürgermeister befragt meine Frau. Und wenn ich Pech

habe, macht man mich gleich zum Wegelagerer, zum Asozialen. Bestimmt brummt man mir eine Ordnungsstrafe wegen »Fehlens tierärztlicher Bescheinigungen« auf.

Die Bescheinigungen liegen zu Hause im Küchenschrank. Und bis die mit der Post hier sind? Scheiß was, ich klettere übers Hoftor. Der Pastor ist selbst schuld. Warum kommt er nicht? Ausgerechnet heute, wo ich mich auf ihn verlassen habe!

Bald steht Benno in Pastors Garten angebunden am Apfelbaum, und ich liege in meinem Schlafsack unterm Fliederbusch.

Gerade bin ich eingeschlafen, da werde ich von Hundegebell wieder wach. Pastors Hund hat uns aufgespürt. Eine Gestalt kommt näher, ruft den Hund, bleibt vor mir stehen. Ich wühle mich aus dem Schlafsack, will meine Geschichte runterleiern. Aber die Gestalt, der Hausherr, wie sich zeigt, winkt nur ab. Mit einem Blick muß er die Situation erkannt haben. Benno hat mich wieder mal gerettet, der ist es, der überall Vertrauen einflößt.

Am Frühstückstisch im Garten mit der ganzen Familie muß ich dann meine Story loslassen, denn alle sind natürlich gespannt darauf. Einen Vagabunden mit Pferd haben sie noch nicht zu Gast gehabt, erst recht keinen ungebetenen. Da muß ich mich also anstrengen, um die Leute bei guter Laune zu halten. Allein schon aus Dankbarkeit für die Aufnahme und das Frühstück lege ich richtig los und übertreibe mal wieder ein wenig. Ich erzähle von den Gefahren auf meinem Wege, die ich aber immer souverän gemeistert hätte. Alle hängen an meinen Lippen und starren mich verwundert an.

Besonders der kleine Sohn ist ganz begeistert von meinen Abenteuergeschichten und will ein Stück Wegs mitfahren, auch Abenteuer erleben. Ich habe nichts dagegen, die Eltern auch nicht, also verabreden wir als Treffpunkt die Fähre bei Barby. Dort will der Vater in drei Stunden den Jungen in Empfang nehmen. Vorher weist er mich darauf hin, daß wir durch den größten zusammenhängenden Auenwald Mitteleuropas fahren würden, der sich zwischen den Fährorten Aken und Breitenhagen erstreckt und bis zur Saalemündung reicht.

BIOSPHÄRENRESERVAT

Diese Flußniederungen, Auen und Auenwälder haben mehrere Funktionen. Sie sind zur Wasseraufnahme, als Auffang- und Rückhaltereservoir bei Hochwasser gedacht. Somit kann das Wasser sich ausbreiten, gibt Platz auch für die Wasser der Nebenflüsse, die sich sonst an den Mündungen stauen. Es kann ablaufen; der gefährliche Rückstau bleibt aus. Flüsse, die man begradigt, ihnen praktisch ein Korsett anlegt und sie zum Kanal macht mit eng begrenzten Dämmen und Betonufern, rächen sich. Das Wasser hat dann keinen Platz mehr, sich auszubreiten. Der Druck von hinten wird immer stärker. Es kommt zwangsläufig wiederum zum Stau. Das Wasser steigt bedrohlich drei- bis viermal höher über den normalen Pegelstand. In Extremfällen, zirka alle zwanzig bis dreißig Jahre, tritt es über die Hochwasserschutzanlagen, über Deiche und Dämme, und überflutet ganze Landstriche und Ortschaften mit atemberaubender Schnelligkeit. Da heißt es nur noch: Rette sich, wer kann!

1979 ist dieses Gebiet von der UNESCO als Biosphärenreservat anerkannt worden und gehört nun zu einem internationalen Netz von zweihundertfünfzig Reservaten in sechzig Ländern. Viele Schutzmaßnahmen sind getroffen worden, um dieses Gebiet in seinem ursprünglichen Zustand zu erhalten. Wissenschaftliche Einrichtungen und viele ehrenamtliche Helfer sind hier tätig, um Flora und Fauna zu schützen. Ein Bauer aus Steckby, Max Beer, soll sich schon vor dem Krieg besonders um den Steckby-Lödderitzer Forst verdient gemacht haben. Er hatte sich dem Biber- und Vogelschutz verschrieben.

Wir fahren also los, und ich freue mich, in dieses Gebiet zu kommen. Außerdem habe ich noch einen Wegführer. Das Glück ist mir hold. Hätte ich nicht bei dem Pastor übernachtet, hätte ich einiges verpaßt. Die Saalemündung in die Elbe, mein Reiseziel, werde ich schon noch erreichen. Morgen oder übermorgen. Ich habe doch Zeit, verdammt noch mal! Was treibt mich denn? Immer wieder muß ich mir das einbleuen, meine Hektik endlich ablegen.

Ein neuer Freund

Der Junge ist mir ein guter Führer durch die Bruch-, Sumpf- und Wiesenlandschaft. Viele Baumarten wachsen hier, teilweise stehen sie im Sumpf: Stieleiche, Ahorn, Wildapfel, Wildbirne. Es gibt verschiedene Weidenarten in Strauch- und Gebüschformationen, Nahrung für die Biber, die lieben das Weichholz. Leider bekommen wir keinen Biber zu sehen. Wie sollten wir auch? Wir befinden uns auf einem befestigten Weg, wo Abweichen ganz unmöglich ist. Links und rechts undurchdringlicher Urwald und Sumpf. Hier sind viele Vogelarten zu Hause, außerdem Kriechtiere: Kröten, Frösche, Molche, die Ringelnatter, Schildkröten und Lurche. Welch eine Vielfalt der Tier- und Pflanzenwelt!

Eine Ringelnatter schnellt über unseren Weg. Eine Eidechse, die sich sonnt, macht sich davon, als wir näherkommen. Den Specht hören wir klopfen. Die verschiedensten Vogelstimmen dringen aus dem Sumpf heraus an unsere Ohren. Schmetterlinge von unteschiedlicher Farbe und Größe. Insekten, die allerdings äußerst unangenehm sind. Sie überfallen uns in großen Schwärmen. Besonders Benno hat darunter sehr zu leiden. Wir steigen ab, klatschen und schlagen mit den Händen und meiner Mütze nach den Quälgeistern.

Alt und Jung – in der Einsamkeit und auf Abenteuer aus – verstehen sich gut. So ist das auch zu Hause mit meinem Enkel. Mein Mitfahrer ist restlos glücklich, vor allem, als ich ihm die Zügel überlasse. Stolz sitzt er auf dem Kutschersitz und lenkt das Gefährt, während ich hinter dem Wagen herlaufe.

Dabei erzählt er mir seine letzten Ferienerlebnisse, Dorf- und Familiengeschichten, und ich höre gerne zu. Die Zeit vergeht uns wie im Fluge.

Als wir zur Fähre kommen, ist der Vater noch nicht da. Wir fahren in die Elbwiesen. Ich lege mich lang ins Gras. Mein kleiner Freund füttert derweil Benno mit Grünem.

Die beiden haben sich schnell angefreundet. Es macht mir Spaß, dem Jungen zuzusehen. Eifrig rennt er hin und her. Und wenn er nicht schnell genug Futter herbeischafft, wird Benno ungeduldig, scharrt mit den Hufen, spitzt die Ohren, kommt ihm schon samt Wagen entgegengelaufen.

Aber schließlich, für den Sohn viel zu früh, kommt der Vater. Beim Abschied merke ich es meinem Kutscherkumpel an, daß es ihm schwerfällt, sich von Benno und mir trennen zu müssen. Lange winkt er mir durch die Heckscheibe von Vaters Auto nach.

Ich habe vor, die nächste Fähre von Tochheim zu nehmen. Ich hoffe, bis dahin noch ein Mittagessen zu bekommen. Aber Mittagszeit ist gerade vorüber, als ich unweit der Fährstelle zu einem Kinderferienlager komme. Dennoch kratzen freundliche Küchenfrauen für mich die Essenreste zusammen. Dafür dürfen die Kinder Benno streicheln, denn natürlich ist er sofort wieder von ihnen umringt. Viele Erwachsene haben ja oft nur ein müdes Lächeln für uns.

ELBÜBERQUERUNG

Schon immer hat es mir die Elbe angetan. Jetzt überquere ich sie zum ersten Mal mit einem Pferdegespann. Ich muß an meine Kindheit denken.

Von 1937 bis 1944 besuchte ich das Gymnasium in Wittenberge an der Elbe. Mein Vater hatte mich dort bei einer gutbürgerlichen Familie untergebracht, hatte mich also in Pension gegeben, wie wir in Kampehl sagten.

Mir sollten ja außer Schulbildung noch gutes Benehmen und Tischsitten beigebracht werden. Meine Eltern hatten keine Zeit, sich mit ihren Kindern näher zu befassen. Meine herzensgute Mutter hat das immer sehr bedauert. Sie war kränklich und schwach, vollkommen überfordert von der vielen Arbeit, dem großen Haushalt mit den vielen Arbeitsleuten, die in voller Kost und Logis waren; nebenbei mußte sie noch Viehzeug mitversorgen. In ihrer Heimat, in der Westprignitz, ging es gemütlicher zu. Die Landwirtschaft ihrer Eltern, aus der sie stammte, war bedeutend kleiner – ein echter Familienbetrieb.

Mutter selbst wollte gar nicht heiraten. Verehrer hatte sie genug, denn sie war eine hübsche Frau. Sie wollte Putzmacherin werden und keine Bauersfrau. Aber durch Vermittlung von Oberlokführer Onkel Arthur aus Neustadt-Köritz kam sie an Vater, der schon auf die Vierzig zuging, bei seinem Bruder Hermann arbeitete und dort in Kost und Logis war. Hermanns Kinder waren im Säuglingsalter gestorben. Damals gab es noch kein Penicillin.

Mutters Eltern haben wahrscheinlich Druck auf ihre Tochter Anna ausgeübt, zumal ihr Bruder Otto die Wirtschaft übernommen hatte, Familie hatte und Mutter aus dem Haus sollte. Da kam Vater wohl gerade recht, und Mutter wurde verheiratet. Eine Bauerntochter hat einen Bauern zu heiraten, wenn der um sie wirbt!

Vater brauchte eine Frau, um die Wirtschaft übernehmen zu können vom Bruder Hermann. Hermann kaufte sich von einem gewissen Professor Jungk im Ort ein schönes, großes Hausgrundstück für zwölftausend Rentenmark als Altersruhesitz, zog da ein, nachdem er sich von seinem Bruder ein hohes Altenteil ausbedungen hatte für sich und seine Frau, meine Tante Minna. Das war im Jahre 1925. Jetzt half er seinem Bruder als Pferdekutscher in der Wirtschaft aus. Nun waren die Rollen vertauscht und der Kreis wieder geschlossen.

Vater hatte nur die Arbeit im Kopf. Er war sein eigener Vorarbeiter, der seinen Leuten immer voranging von früh bis spät, ein kühler Rechner und weit und breit als tüchtiger Landwirt bekannt. Er traf alle Entscheidungen selbst, und Mutter mußte sich ihm unterordnen.

Auch meinen Vornamen Emil gab er mir, ohne sich mit Mutter, die noch im Wochenbett lag, vorher abgestimmt zu haben. Noch heute kann ich mich über Emil ärgern, obwohl Vater so hieß.

Aber bei der Namensgebung meines Bruders Walter hat sich Mutter durchgesetzt. Walter hieß ein Neffe von ihr.

Vaters Wille war Gesetz. Also schickte er mich nach Wittenberge; und meine Pflegeeltern brachten mir zuerst Tischsitten bei. Mit Messer und Gabel essen, die Gabel in der linken Hand, das Messer in der rechten Hand – das war vollkommen ungewohnt für mich. Der Tellerrand mußte mit der Tischkante abschneiden. Ellenbogen vom Tisch, an den Körper anlegen! Mir wurde unter jeden Oberarm ein Buch geklemmt. Gerade Haltung beim Sitzen; und den Stuhl an den Tisch heranziehen! Den Teller immer abessen – vorher durfte ich meinen Platz nicht verlassen.

Einmal gab es Königsberger Klops mit Kapernsauce. Ich mochte die Kapern nicht. So etwas kannte ich überhaupt nicht. »Was der Bauer nicht kennt, das ißt er nicht«, hieß es da. Zwei Stunden habe ich allein bei Tisch sitzen müssen, bis ich dann kurz vorm Erbrechen den Teller abgegessen hatte. »Siehst du, es geht doch!«

Meine Mutter hätte mir oder meinem Bruder Butterkartoffeln gemacht, wenn wir mal das Essen aus der Gemeinschaftsküche für unsere Arbeitsleute nicht mochten.

Vater aß stets mit seiner Mannschaft zusammen an einem Tisch in der Leutestube, bis es dann im Krieg von den Nazis verboten wurde, mit den ausländischen Zwangsarbeitern, vor allem mit Polen und Russen, an einem Tisch zu sitzen; und bei uns arbeiteten nur Polen, Ukrainer und ein kriegsgefangener Franzose. Die deutschen Arbeiter waren längst zur Wehrmacht eingezogen worden.

Während der Ernte wurde auf dem Felde gegessen, in unserer Feldscheune, wohin von zu Hause aus Mittag und Vesper gebracht werden mußten, entweder mit dem Fahrrad oder, wenn viele Saisonarbeiter zu beköstigen waren – so an die zwanzig bis fünfundzwanzig Personen –, mit dem Einspännerfuhrwerk, dem Bollerwagen.

Einmal habe ich mit zehn Jahren nachts ins Bett gepinkelt und mich nach der Schule kaum nach Hause getraut zu meinen Pflegeeltern. Mutter hatte mir ihre Betten mitgegeben. Oberbett, Unterbett mit Kopfkissen und zwei Laken zum Auswechseln dazu – dick und prall gefüllte Daunenbetten, die sie als Aussteuer in die Ehe gebracht hatte. Aus einem Oberbett hätte man getrost zwei machen können, denn sie legten sich nicht an den Körper an. Mutter hatte es mal wieder gut gemeint, und sie hätte den kleinen Vorfall sicher nicht schlimm gefunden. Meine Wäsche nahm ich immer mit nach Hause zum Wechseln und zum Waschen.

Alle vierzehn Tage, am Sonnabend nach Schulschluß, fuhr ich mit dem Personenzug Wittenberge – Neustadt/Dosse nach Hause. Vater brachte mich am Sonntag abend wieder zur Bahn. Er trug meinen schweren Koffer. Mutter hatte außer der Wäsche noch tüchtig eingepackt: im Sommer das Pfund Butter, in ein Rhabarberblatt eingewickelt, so daß die Butter schön kühl blieb. Unterwegs, auf unserem eineinhalb Kilometer langen Fußmarsch zum Bahnhof ermahnte er mich, stets tüchtig zu lernen. Er rechnete mir vor, was ich ihn kosten würde: sechzig Mark Pensionskosten und zwanzig Mark Schulgeld im Monat. Ich schwieg dazu.

Vater hielt uns streng. Dresche habe ich öfter bekommen. Da war er nicht fein. Ich war damals verstockt und verlogen. Vater hätte vielleicht gutmütiger und liebevoller sein sollen seinen Kindern gegenüber. Aber das lag ihm nicht. Seine wahren

Gefühle hat er verborgen. Ich weiß das von unserer Mutter. Nach Dresche und Standpauke: »Wer einmal lügt, dem glaubt man nicht und wenn er auch die Wahrheit spricht!« mußte ich ihm zum Schluß nachsprechen: »Ich tue es nicht wieder, lieber Vater.«

Auf »lieber Vater« legte er großen Wert. Bevor unsere Mutter uns ins Bett brachte, mußten wir ihn umarmen und »Gute Nacht, lieber Vater!« sagen. Noch heute fühle ich seine Bartstoppeln an meiner Backe. In seiner Art ähnelte er dem Preußenkönig Friedrich Wilhelm dem Ersten. So denke ich heute darüber. Er war seinen Grundsätzen treu, pflichtbewußt, ehrlich, arbeitsam und streng. Nie hat er in seinem ganzen Leben mit »Heil Hitler!« gegrüßt.

Eigentlich war es grausam, ein Kind aus seiner gewohnten Umgebung zu reißen, weg von der Mutter, vom Bauernhof mit dem liebgewonnenen Viehzeug, weg von den Spielfreunden, der einklassigen Dorfschule, die es vier Jahre lang besucht hatte. Aber mein Vater war hart, auch zu sich selbst. Meinem Bruder erging es zwei Jahre später genauso. Wir sollten etwas lernen. Vater sagte immer: »Wissen ist Macht«. Mein Bruder ist Chemiker geworden, Dr. Walter Kort. In der Nacht der Grenzziehung befand er sich zufällig in Westberlin und kehrte nicht mehr in die DDR zurück. Er fühlte sich als ein »Ausgesperrter«.

Mit meinen zehn Jahren war mir die Stadt, Wittenberge, fremd. Die große Schule, ein Gymnasium, ein roter Klinkerbau Ecke Hohenzollernstraße-Sandfurttrift, noch fremder. So ein großes Haus hatte ich noch nie gesehen. Ehrfurchtsvoll

an Vaters Hand betrat ich das Gebäude zur Aufnahmeprüfung und hatte dabei gleich meine ersten Schwierigkeiten.
Zu Hause in der Dorfschule schrieben wir noch Sütterlin-Deutsch, obwohl wir auch Lateinschrift erlernt hatten. Aber ich war ungeübt darin. Hier im Gymnasium wurde ausschließlich in Latein geschrieben, und so malte ich langsam Buchstaben für Buchstaben auf das Papier. Alle waren längst fertig mit der Probearbeit, nur ich nicht. Die Rechenarbeiten wurden auch auf andere Art ausgeführt mit dem »Malnehmen und Teilen«. Vater war während der Prüfung im Klassenraum und hat den Lehrer wohl über meine Herkunft aufgeklärt. Der drückte ein Auge zu. Er stellte mir nur einige Fragen, und ich berichtete stolz, daß ich schon einmal in Kyritz gewesen wäre. Mit unserem Lehrer, Johannes Granzow, ist die ganze einklassige Dorfschule dorthin gefahren und hat die Nachmittagsvorstellung von einem Zirkus besucht.
Alles mußte ich nun beschreiben, was ich dort gesehen hatte; zuletzt sollte ich einen Elefanten an die Schultafel malen. Mit gesenktem, rotem Kopf bin ich zur Tafel gegangen. Noch heute sehe ich mich dort stehen, wie ich den Elefanten zuerst mit den mächtigen Beinen malte. Ich erhielt ein Lob, die Prüfung war bestanden. Ich war nicht dumm, nur dämlich war ich und begriffsstutzig.
Mein Bruder bestand die Prüfung nicht und kam zunächst auf die Mittelschule in Wittenberge. Er war noch naiver und schüchterner als ich. Hier konnte er sich erst einmal akklimatisieren und sich ein Jahr lang auf das Gymnasium vorbereiten. Auch er wurde in Pension gegeben bei einer resoluten

alten Dame mit eigenem Mietshaus in der Lenzenerstraße 15. Die pflegte und päppelte ihn, da er schwach von Gestalt war. Sie gab ihm auch Klavierunterricht, die Frau Majors-Witwe Schilling-Böhmer.

Die vielen Gänge, die vielen Treppen und Gänge im Gymnasium! Dann meine zukünftigen Klassenkameraden, Stadtkinder, die sich zum Teil schon untereinander kannten, auch so große Schulen kannten und die Lehrerschaft dazu! Ich kannte doch nur einen Lehrer, unseren Dorfschullehrer, der auch in Kampehl wohnte, in der Dienstwohnung des Schulhauses.

Ich verlief mich oft in den Straßen der für mich großen Stadt, und die guten Leute mußten mich dann suchen.

Auf dem Schulhof verulkten mich die Stadtjungen, wenn ich dort einsam mit meinem Bleyle-Matrosenanzug stand: die Hosen eine Handbreit überm Knie. Meine sparsame Mutter hat immer auf Zuwachs gekauft. Ich trug lange Strümpfe, die an einem »Leibchen« mit Strumpfhaltern befestigt waren, dazu hohe Schnürschuhe. Die anderen Kinder hatten Halbschuhe, kurze Hosen, Strümpfe bis zum Knie.

Später entdeckte ich die Elbe mit der kombinierten Eisenbahn- und Straßenbrücke, ihren hohen Brückenbögen und den Hafen. Für mich war das damals die große Welt. Einmal schrieben wir einen Hausaufsatz zum Thema »Die Bedeutung der Elbe für Wittenberge«. Daran kann ich mich genau erinnern, da war so viel zu beschreiben, und ich schnitt ganz gut ab.

Ich mußte daran denken, wie wir in der Elbe badeten und zum anderen Ufer hinüberschwammen, Ruderboote ausliehen und damit Hafenrundfahrten machten zur neu erbauten Zellwollfabrik, an den großen Getreidespeichern, der Ölmühle, der Norddeutschen Maschinenfabrik und der Singer-Nähmaschinenfabrik vorbei.

Heute badet niemand mehr in der Elbe, denn das ist fast lebensgefährlich wegen des Schmutzes und der vielen Chemikalien im Wasser. Aber damals gab es sogar zwei Aalräuchereien. Einmal gewann ich auf dem Schützenplatz gleich zwei Aale.

Auch die vielen Ausflugslokale rings um Wittenberge sind verschwunden. Allein am Hafen gab es mehrere Schifferkneipen und eine italienische Eisdiele, in der wir Pennäler oft saßen.

In Erinnerung ist mir die große Sensation einer Wette geblieben. Ein dicker Bäckermeister aus der Bürgermeister-Jahn-Straße in Wittenberge, »Fetten Jestram« genannt und stadtbekannt, hatte eine Wette abgeschlossen, vom höchsten Bogen der Elbbrücke einen Kopfsprung zu machen. Der Bademeister der städtischen Badeanstalt, Willi Stubbenhagen, hatte es vorgemacht. Da war die halbe Stadt auf den Beinen, und Wittenberge hatte noch Gesprächsstoff für lange Zeit.

Und dann die großen Überschwemmungen in jedem Frühjahr damals! Heute hat man das mittels der Melioration im Griff. All das geht mir durch den Kopf, als ich auf einem Stein sitze mit Blick auf die Elbe. Über meine Schulzeit in Wittenberge könnte ich mich noch weiter auslassen, nur hat das nichts mit »Einfach losfahrn« zu tun.

Ich sehe zu, wie die Fähre sich am gegenüberliegenden Ufer in Bewegung setzt. Sie stellt sich quer und läßt sich, am Stahlseil befestigt, vom Strom herüber treiben. Haargenau legt sie an und macht fest. Der Fährmann winkt zunächst den Autofahrern und weist jedem einen Platz an. Ich sehe, daß er meinem Gespann einen Platz freihält. Dann gibt er mir ein Zeichen, und ich führe Benno am Zügel den gepflasterten Damm hinunter.

Vorsichtig, Schritt für Schritt, mit geblähten Nüstern, unter Schnauben und Prusten, läßt er sich von mir am Zügel auf das fremde, ungewohnte Fahrzeug führen. Es poltert dumpf von Bennos Hufeisen. Doch schließlich steht er ganz ruhig auf den Holzbohlen, denn er spürt, daß er keinen festen Boden unter sich hat, spitzt die Ohren und betrachtet mißtrauisch seine Umgebung. Die Fähre setzt sich langsam in Bewegung, nur das Gurgeln der Strudel am Heck ist zu hören, und ein angebundenes Beiboot an der Seite fährt stets mit. Bezahlen brauche ich nichts dafür, muß aber Fragen beantworten. Überall, wohin ich auch komme, muß ich Fragen beantworten. Aber so ungern tue ich das ja nicht.

Mich zieht es zur Saale, denn ich will nun auf dem Saaledamm fahren, doch es führt kein Weg zur Dammauffahrt und auch keiner zur Saalemündung in die Elbe. Ich hätte mir gern angesehen, wo und wie die Elbe die kleine Schwester Saale aufnimmt, wie zwei Flüsse sich vereinen.

Abfuhr

So fahre ich einen Feldweg entlang, der mich bis zum Abend nach Groß-Rosenburg führt. Ich steuere gleich das Pfarramt an. Auf Pastoren bin ich jetzt ganz wild.

Der Pastor und seine Frau würden mich aufnehmen. Sie würden mir und meinem Kumpel Benno Unterkunft geben und mich bewirten. Einem Pastor könnte ich mich anvertrauen, ihm meine Ängste und Sorgen mitteilen, ihn um Rat bitten und Unterstützung. Von ihm würde ich vieles über Land und Leute erfahren. Dann hätte er ein Telefon im Haus, und ich könnte abends spät, wenn nötig, noch meine Frau anrufen. Für die Weiterfahrt bekäme ich womöglich von seiner Frau Wegzehrung. Dies alles für ein paar Mark, die ich für seine Kirche spenden würde. So stelle ich es mir vor.

Aber der Groß-Rosenburger Pfarrer ist nicht zu Hause. Also gehe ich wie gewöhnlich erst mal in die Kneipe. Dort erkundige ich mich vorsichtig nach dem Pastor. Ich höre nur Gutes. Er hat selbst hier seinen Stammtisch. Na, bestens, Quartier so gut wie sicher!

Nach einer guten Stunde bin ich wieder am Evangelischen Pfarramt und läute. Ein junger Mann öffnet mir und bittet mich in sein Amtszimmer. Auf dem Stuhlrand sitzend, trage ich mein schon auswendig gelerntes Anliegen vor. Im Schreibtischsessel sitzend, hört er sich ruhig und gelassen meine Sprüche an. Ja, sagt er, er sei gerade beim Umbau. Er spricht von Handwerkern, von viel Dreck und Schmutz, und versucht auf die höflichste Art, mit vielen schönen Worten mich loszuwerden.

So schnell lasse ich mich aber nicht abweisen. Ich sage, ein Platz im Hof oder im Garten würde mir genügen. Aber auch darauf will sich der gute Mann nicht einlassen. Selbst ein paar Bibelsprüche, die ich zitiere, stimmen ihn nicht um. Da werde ich böse, sage was von Nächstenliebe und daß ich von einem Gottesmann so etwas nicht erwartet hätte. Das macht ihn zwar betroffen und stutzig, aber das erlösende Wort kommt nicht aus seinem Munde.

Was nützen mir seine Erklärungen, Quartier brauche ich! Als ich schon den Türgriff in der Hand habe, will ich ihn immer noch umstimmen, daß er mich einfach aufzunehmen hätte. Alle meine Redekünste wende ich an. Aber er läßt sich von mir nicht überzeugen.

Das gibts doch nicht! Ein Pastor, der von der Kanzel Gottes Wort verkündet, weist einem ehrlichen Wandersmann und seinem Pferd mit fadenscheinigen Ausreden die Tür? Das will mir nicht in den Kopf. Stört ihn der Geruch von Bier und Knoblauch? Hält er mich für einen Trinker? Na, trotzdem könnte er mich doch im Garten oder im Hof kampieren lassen. Aber nichts. Aus! Ich muß klein beigeben. Das erste Mal muß ich klein beigeben. »Leben Sie wohl!« Also wieder einmal: Verlaß dich nur auf dich selbst! »Wer sich auf andere verläßt, ist verlassen genug« – ein Ausspruch meiner Mutter.

Benno steht vor dem Pfarrhaus, wartet schon ungeduldig auf mich und schaut mich mit großen Augen erwartungsvoll an. Er will endlich ausgespannt werden und sein Futter haben. Doch ich muß ihn dieses Mal wieder enttäuschen. Ein zweites Jerichow? Ich klopfe meinem Kumpel den Hals und erkläre ihm, daß wir weiter müssen. Statt Quartier die Straße. Da hilft auch kein Schimpfen und Fluchen vor des Pfarrers Haus.

Vielleicht beobachtet er uns hinter der Gardine? Das kann er ruhig! Soll es auch! In mir kocht es. Meine Überzeugungsarbeit hat nicht gefruchtet. Meine Argumente waren für die Katz. Jetzt will ich es ihm auf die Art zeigen, verdammt nochmal! Was bin ich doch tief gesunken: Bettler und Landstreicher. Aber der Trotz sitzt in mir. Ich werde es denen schon zeigen, nur nicht unterkriegen lassen diesseits der Elbe!

Von Groß-Rosenburg will ich nichts mehr wissen und suche auf der Karte nach dem nächsten Ort: Trabitz, direkt an der Saale. Ja, das kommt in Frage.

AUFGENOMMEN

In der Kneipe von Trabitz ist der Teufel los. Laute Akkordeonmusik dringt aus den Fenstern. Von mir nimmt überhaupt niemand Notiz, als ich in den Gastraum trete. Das Bier fließt ohne Unterbrechung aus dem Hahn. Geschäftig eilt die Kellnerin hin und her. Ich klemme mich hinter einen Tisch, einem Mann mit Hut gegenüber. Hier wird ordentlich ein Faß aufgemacht. Meine schlechte Stimmung schlägt sofort um, und aller Ärger ist verflogen.

Als Neuankömmling muß ich eine Lage schmeißen. Dann sind die anderen dran. Meine Tischgenossen, LPG-Bauern und Rentner, – alle prosten mir zu. Kaum habe ich ein Bier ausgetrunken, steht schon das nächste für mich bereit. Wenn das so weitergeht, werde ich als Gewohnheitstrinker nach Hause kommen. Wie überall in den Dorfkneipen kommt man schnell miteinander ins Gespräch.

Als erstes erfahre ich auf meine Frage nach dem Groß-Rosenburger Pastor, daß der die Ausreise aus der DDR beantragt hat. Das gibt mir zu denken. Vielleicht hat er mich aus diesem Grund nicht aufgenommen, hat wohl vermutet, ich würde ihn überwachen und bespitzeln und vielleicht ihm seinen Plan ausreden wollen? Ein von der Behörde Geschickter könnte ich ja sein, einer von der Firma »Horch und Guck«!

Wie es auch sei, für die Ausreise eines Pastors aus der DDR in den Westen habe ich kein Verständnis. Der Hirte hat bei seiner Herde zu bleiben. Auch ein Arzt hat hierzubleiben, seine Patienten zu betreuen und nicht, sie im Stich zu lassen. Beide tragen große moralische Verantwortung den Bürgern der DDR gegenüber und dürfen das in sie gesetzte Vertrauen nicht mißbrauchen – das ist die einhellige Meinung an unserem Biertisch.

Ich bin auch geblieben, obwohl ich echte, triftige Gründe hatte, die DDR zu verlassen. Doch davon später.

Dann muß ich mir allerdings auch die Reden einiger meiner Mittrinker anhören von den Gewaltmärschen im letzten Krieg, als Infanterist zu Fuß, bei der bespannten Artillerie zu Pferde, vom Vormarsch in Sowjetrußland, dann vom Rückzug, von Strapazen, Erfrierungen, schweren Kämpfen, Verlusten und Gefangenschaft. Nie wieder Krieg, ist unsere einhellige Meinung.

Daß ich zu Fuß von so weit herkam und weiter bis nach Thüringen wolle, das erweckt ihre Bewunderung. Ich kann mich vor Tips und guten Ratschlägen von den alten Bauern und ehemaligen Soldaten kaum retten: Wenn dein Pferd abends lahmt, in kaltes Wasser hineinfahren oder die Beine mit kaltem Wasser begießen, am besten mit einem Gartenschlauch. Schweif anheben und zwischen die Schenkel auch eine Ladung kaltes Wasser. Hat dein Pferd eine Wunde, drauf pissen, und kein kaltes Wasser zum Saufen geben, solange der Kumpel erhitzt ist.

Plötzlich bricht die Musik ab, Stühle fallen um, Biergläser klirren, Frauen kreischen. Eine Schlägerei ist im Gange. Gar nicht hinsehen, sagen meine Tischgenossen, das kommt öfter vor. Wieder Streit um die Weiber, da hast du es richtig gemacht, daß du deine Alte zu Hause gelassen hast. Nach kurzer Zeit ist wieder Ruhe. Ein Dicker vom Nebentisch, ich schätze ihn auf zwei Zentner, hat Ordnung geschaffen. Weiterspielen, heißt es, so tun, als ob nichts gewesen sei. Und wieder gehts rund, und Benno steht immer noch angebunden vor der Kneipe, wartet, daß ich endlich herauskomme, ihn ausspanne und er sein für heute sauer verdientes Futter bekommt.

Wie konnte ich ihn nur vergessen, meinen Freund? Das hat mal wieder der Suff gemacht, so wie es vielen anderen Leuten auch ergeht. Da bin ich nicht der einzigste Mensch auf dieser schönen Welt, der seine Pflichten am Biertisch einfach vergißt.

Erst spät, es dunkelt schon, kommt der Mann mit dem Hut auf dem Kopf, den er schon den ganzen Abend nicht abgesetzt hat, schwankend an unseren Tisch zurück und erklärt, er wolle jetzt nach Hause. Kannst mitkommen, sagt er, ich habe Platz genug. Bin sowieso allein.

Bernd wohnt in einem Siedlerhaus aus der Bodenreformzeit mitten im Grünen. Ein großer, mit Obstbäumen bestandener Garten und ein mit Gras und Rasen bestandener Hof umrahmen sein Haus. Der Hof mit dem vielen Rasen ist gerade das Richtige für Benno. Hier kann er frei laufen. Das Hoftor schließt Bernd ab. Einen Eimer mit Wasser stellen wir Benno hin.

Im Haus sitzen wir noch lange in der Wohnküche zusammen. Bernd ist die Frau weggelaufen, nun ist er wieder Junggeselle. Vom Verheiratetsein habe er vorläufig die Nase voll, es lebe sich besser so, erklärt er mir. Wenn ich zum Beispiel dieses Küchenmesser hier auf dem Tisch liegen lasse, dann liegt es in drei Tagen auch noch hier. Keine Meckerei mehr, kein Krach. Einmal und nie wieder! In der Stadt hätte er eine Freundin. Warum gleich eine Kuh kaufen, nur um Milch zu trinken? Das ist seine Philosophie. Ordnung im Haus hielte er allein, und noch heute am Sonntag wolle er groß reinemachen.

Ich bin da voll seiner Meinung, ich verstehe ihn nicht nur sehr gut, sondern bin sogar insgeheim ein bißchen neidisch. Bernds Ansichten betreffs Frauen geben mir direkt neuen Mut für die weitere Fahrt, geradeso, als ob ein Auto frisch getankt würde. Er hat keine Frau. Ich habe keine feste Frau, für einige Wochen lang jedenfalls nicht. Obendrein fühle ich mich mal wieder selbstbestätigt auf meiner Fahrt. Das brauche ich!

Sonntag

Frühstückszeit in Schwarz auf dem Kirchplatz. Feuerwehrleute in Uniform und Kirchgemeindemitglieder machen einen »Subbotnik«, einen freiwilligen, unbezahlten Arbeitseinsatz für ihr Gotteshaus – eine zivile Einsatzübung, um gleichzeitig Hydranten und Motorspritze auf ihre Funktionstätigkeit zu überprüfen. Sie haben das Gestühl aus der Kirche geholt und spritzen mit scharfem Wasserstrahl den angesammelten Schmutz, Spinnweben, Spatzen- und Schwalbendreck von den Bänken ab.

Inzwischen reinigen die Frauen mit Besen, Schrubber, Wischlappen und viel Wasser den Kirchenraum. Einige Frauen putzen die Fenster. Der Pastor mitten unter ihnen. Er wird ein gutes Verhältnis zur Dorfgemeinschaft haben, denke ich mir. Die Pastorenfrau versorgt die freiwilligen Helfer mit belegten Broten und schenkt reihum aus einer großen, bauchigen Kanne frisch gebrühten, duftenden Bohnenkaffee aus, als wir dort ankommen.

Auch ich, der Landstreicher, fasse dort ab. In Gemeinschaft mit den tüchtigen Leuten liege ich dann im Gras unter mächtigen, alten Bäumen. Und Benno grast mal wieder einen Kirchhof ab.

Mit Bernds Stullen im Rucksack und mit Pastors leckeren Schnitten und Kaffee im Bauch komme ich mittags in Gottesgnaden an. Gottesgnaden ist von zwei Saalearmen eingeschlossen, und wir passieren eine Schleusenbrücke über die Stromsaale. Ein Weg führt direkt zum Wirtschaftshof und endet hier. Früher muß das ein großes Gut gewesen sein, jetzt ist es wohl eine LPG oder ein VEG.

Wie ausgestorben liegt der Hof an diesem Sonntagnachmittag mit den Ställen, Scheunen und Speichern. Echte Feiertagsruhe. So war es früher bei uns Bauern an Sonntagen immer. Da wurde zeitig in die Kirche gegangen, um zehn Uhr gab es schon Mittagessen, und bis zum Viehfüttern am Abend rührte sich nichts. Du sollst den Feiertag heiligen! Ein Gebot Gottes.

Im verwilderten Park folge ich einem Trampelpfad durchs Gebüsch. Unkraut und mannshohe Brennesseln. Plötzlich und unerwartet stehe ich vor einer dicken Holzbohlentür. Nur mit Mühe erkenne ich ein von Gebüschen, Bäumen und Sträuchern umwachsenes, mit Efeu überwuchertes Gemäuer. Die Tür fordert mich auf, sie zu öffnen. Doch so oft ich auch die Klinke herunterdrücke, mich mit dem Körper gegen sie stemme, sie gibt nicht nach. Eine kleine Kapelle, die in Vergessenheit geraten ist. Vielleicht wurde sie in früheren Zeiten für die Gutsherrschaft und ihr Gesinde zur Andacht errichtet, eine Gutskapelle also. Ich weiß es nicht. Vielleicht weiß es einer von den Alten noch. Ich bin erschüttert von diesem Anblick.

Eine wundersame Ruhe überkommt mich. Ich lege mich mit ausgebreiteten Armen und halb geschlossenen Augen ins Gras, fühle die Mutter Erde unter mir, fühle die Kühle des Grases und lausche dem Gebrumm der Bienen, Hummeln und Insekten. Ein großer, schwarzer Käfer krabbelt schwerfällig über meine Hand, den Arm hinauf. Sonnenstrahlen fallen durch die Laubkronen und malen goldene Kringel und Muster auf die Erde.

Für mich hat die Erde aufgehört, sich zu drehen. Sie ist stehengeblieben, und die Uhr ist nicht mehr mein Herr. Ist das jetzt das wahre Glück? Es kommt wohl auf die Auffassung an, was Glück für den einzelnen bedeutet, und auf die Haltung zum Leben und die Erwartungen, die sich daraus ergeben.

Keine fünfhundert Meter von dem verwunschenen Park in Gottesgnaden lasse ich mich mit der Personenfähre nach Calbe übersetzen. Heute ist Sonntag, und ich bin in Sonntagsstimmung. Der Besuch in Gottesgnaden hat mich da hineinversetzt. Heute will ich in einem guten Lokal zu Mittag essen. Es ist nur ein Katzensprung zum anderen Ufer dieses Saalearmes. Aber ein schrecklicher Sprung. Wir fahren durch einen stinkenden Abwasserauffang. Große weiße Schaumpolster trägt die Saale auf ihrem Rücken, und die schwimmen an uns vorbei der Elbe zu und weiter in die Nordsee.

Ich wollte Benno bei der Ankunft mit Saalewasser tränken. Aber nicht mit diesem Dreckwasser! Es ist so ekelhaft, daß man sich nicht einmal die Hände darin waschen möchte; und die Verantwortlichen für diese Verschmutzung waschen sich ihre Hände wahrscheinlich in Unschuld. Keiner will es gewesen sein. Jeder Betrieb und jede Kommune lassen ja auch immer nur ein bißchen rein. Davon konnte doch die Verschmutzung nicht kommen an der Saale hellem Strande!

Jeder könnte ein wenig tun, um der Verschmutzung Einhalt zu gebieten. Oft habe ich beobachtet, daß Jauche und Abwässer von den Stallungen und Höfen in Gräben, Bäche, Tümpel und Seen sickern. Jeder einzelne sollte sich Gedanken machen, mehr Verantwortung tragen, die Gleichgültigkeit und Verantwortungslosigkeit überwinden.

Wir haben Hygieneinspektionen, den Umweltschutz beim Rat des Kreises, ABV, Bürgermeister, Volkskontrollausschüsse, Arbeiter- und Bauern-Inspektionen. Organe über Organe. Wo kommt bloß das Geld für die vielen Organe her, frage ich mich.

Die Saale ist mein Leitfaden auf unserem Weg. Tippelskirchen, Wispitz, Wedlitz. Vor einem Kuhstall wird Luzerne abgeladen. Für Benno ein Leckerbissen. Ein Viehpfleger wirft ihm eine große Portion vor. Er ist Pferdefreund und kommt aus Berlin. Drei Jahre Berlinaufenthaltsverbot, gibt er mir zu verstehen. Ein Jahr müsse er noch durchziehen, bis er in seinen Kiez zurückkehren kann. Ein Knastologe also, der Knastologie und Gitterkunde studiert hat! Ein Studienfreund von mir!

Was wird er ausgefressen haben? Nach der Haftentlassung darf er sich für eine gewisse Zeit nicht in seiner Heimatstadt aufhalten. Es sei denn, er hätte eine Sondergenehmigung dafür. Hier, weit weg, hat er nun Arbeitsplatz und Wohnung zugewiesen bekommen, in einem fremden Dorf. Eine Zusatzstrafe? Eine Vorsichtsmaßnahme? In einem Dorf ist er wohl leichter unter Kontrolle zu halten? Er ist mir sympathisch, allein schon wegen seiner Hilfsbereitschaft und seiner »Berliner Schnauze«, die Heimatgefühle in mir weckt.

Regen

Nienburg, mit der Bodemündung in die Saale, dann Bernburg. Ich muß den Saaledamm jetzt verlassen, den ich bis hierher auf Anraten von Bernd als Fahrweg benutzt habe. Es ist mir auch ganz lieb so. Der Damm ist allerdings bedeutend schmaler als der Elbdamm. Benno muß genau in der Mitte laufen. Machte er nur einen Schritt seitwärts, könnte der Wagen abstürzen, die steile Böschung hinunter. Keine zwanzig Zentimenter Damm links und rechts der Wagenräder beschützen uns davor. Die Leine darf ich nicht mehr aus der Hand geben, und ich muß höllisch aufpassen auf meinem Kutschersitz. Nichts mit Neben- oder Hinterherlaufen! Da lobe ich mir jetzt den breiten Fahrweg in Richtung Bernburg! Über Bernburg brauen sich drohende Wolken zusammen. Am Stadtrand fallen die ersten Regentropfen. Der Regen entwickelt sich zum Dauerregen. Wo soll ich hier in der Stadt einen Unterschlupf finden?

Bernburg ist mir nicht freundlich gesonnen. Der große Betonklotz am Rande der Stadt, das Zementwerk, empfängt mich mit Staub und Dreck. Sträucher, Bäume und Gräser sind von Zementstaub bedeckt. In der Stadt stehe ich hilflos und fahre in einen kleinen Park ein, um unter den großen Bäumen Schutz zu suchen. Zum ersten Mal muß ich meine Plane hervorkramen und über den Wagen spannen. Alles trieft vor Nässe. Meine Mütze ist ein nasser Waschlappen. Ich klatsche sie gegen einen Baumstamm. Wasser läuft mir vom Genick in den Kragen bis zu den Schulterblättern hinunter.

Meine Stimmung sinkt auf den Nullpunkt, und gleich will sich Selbstmitleid einschleichen. Aber ein zweites Jerichow darf es nicht geben, trotz der trostlosen Lage jetzt! Mut verloren, alles verloren, sagen die Russen. Mir ist kalt, ich friere erbärmlich, bekomme Schüttelfrost und einen Durchfall nach dem anderen. Bloß gut, daß im Park keine Menschenseele zu sehen ist. Immer öfter muß ich aus den Hosen.
Eine Stunde nach der anderen vergeht, und der Regen läßt nicht nach. Wir brauchen unbedingt ein richtiges Dach über dem Kopf, das Blätterdach gibt uns keinen Schutz mehr. Benno steht schon in einer immer größer werdenden Pfütze, in einem kleinen See, ganz krumm und buckelig, den Kopf zwischen den Vorderbeinen, den Schweif an die Schenkel geklemmt. Der Regen läuft in kleinen Bächen über das Fell und an den Schweifhaaren hinunter.
Meinem Freund ist auch kalt, auch er muß Wasser lassen, so wie ich schon einige Male. Ich hocke frierend unter meiner Plane auf dem Sitz und horche auf das Prasseln des Regens auf meinem Verdeck. Sowie der Regen etwas nachläßt, will ich losfahren, um im nächsten Dorf unterzukriechen. Aber der Regen läßt nicht nach. Und die Zeit vergeht. Wie sollen wir da so spät noch Unterkunft finden? Scheiße, große Scheiße!
Es hilft nichts, wir müssen weiter, ohne Rücksicht auf Benno, ohne Rücksicht auf mich. Vorwärts! Mein Wille zwingt mich dazu. Ich bringe Benno in Trab. Nur widerwillig läßt er sich antreiben, den Kopf Sturm und Regen abgewandt. Der Regen knallt nur so auf meine Plane, und Windböen reißen sie von

den abgesägten Besenstielen ab. Gerade kann ich sie noch festhalten, bevor der Wind sie in die Luft jagt. Zu Hause, beim probeweisen Aufbau, da war schönes Wetter gewesen. Ich beiße die Zähne zusammen. Aber am schwersten hat es Benno. Er muß sich durch das Unwetter durchkämpfen.
Immer wieder versucht er, sein Hinterteil dem Sturm und Regen entgegenzustellen, um dadurch Flanken, Kopf und Hals zu schützen. Wir würden im Straßengraben landen, wenn ich ihm den Willen lasse. So dreht er Kopf und Hals schief, dem Unwetter abgewandt, und schützt wenigstens dadurch seine Augen und Nüstern.
Schutzsuchend, immer dicht an der rechten Straßenbaumreihe, mit den Wagenrädern schon auf dem Bankettstreifen, fahre ich neben den dicken Baumstämmen unter dem Blätterdach entlang. Es herrscht starker Verkehr auf der Straße nach Aschersleben. Ausflügler und Urlauber treibt es wegen des Sauwetters in ihre Häuser zurück. Dazu der Feierabendverkehr. Ich muß aufpassen, daß die Autos unseretwegen nicht stark bremsen müssen oder uns rammen. Das wäre das Ende der Reise. Alle fahren mit Abblendlicht, nur ich nicht. So sind wir schwer auszumachen für die Autofahrer. An Licht habe ich nicht gedacht zu Hause. Ich hätte eine von unseren alten Petroleumlampen mitnehmen sollen, die wir zuletzt noch in der Nachkriegszeit in Betrieb hatten. Nur die Kinder auf den Rücksitzen der vorbeifahrenden Autos wissen nichts von der Gefahr, die mir droht. Sie winken uns hinter den Heckscheiben zu und verziehen mitleidsvoll die Gesichter.

Flunkerei

Abends erreichen wir Ilberstedt. Der Regen hat nachgelassen. Ich steuere die nächste Gaststätte an in meiner durchnäßten Kleidung in der Hoffnung, hier aufgenommen zu werden, vielleicht hier jemand kennenzulernen, der mir und Benno Unterkunft gibt, so wie ich es des öfteren mit Erfolg getan habe.

Nach einem Bier im Stehen am Tresen frage ich den Wirt höflich und unterwürfig nach Unterkunft und Essen. Der müßte doch Mitleid haben, so denke ich. Falsch gedacht! Er mustert mich nur von oben bis unten, von unten bis oben und schüttelt den Kopf. Penner, denke ich, dich scheiße ich an!

Fast alle Tische sind besetzt. Ich setze mich auf einen noch freien Platz in einer Tischrunde. Mir kommt mein guter Riecher zu Hilfe, denn ich sitze nun neben dem kleinen Willi, der wohl immer hier sitzt: ein kleiner, kurzbeiniger Mensch mit grauer, ledriger Haut, Falten im Gesicht und einer dicken, platten Nase. An der linken Hand fehlen ihm drei Fingerkuppen. Als Neunjähriger ist er damit in die Strohpresse geraten. Willi mußte schon als kleiner Junge viel arbeiten.

Auf den Mund scheint er nicht gefallen zu sein, denn Hänseleien vom Nebentisch gibt er gleich schlagfertig zurück. Nach jedem zweiten Satz heißt es: »Doat soage ich diche!« »Miche« und »diche« heißt es hier, und jeder zweite Ortsname endet mit »-leben«. Ich bin also immer noch im Magdeburgischen. Willi hat gerade ausgetrunken, und ich bestelle zwei Biere.

Willi will mir helfen und befragt einen dicken, glatzköpfigen Bauern vom Nebentisch, der einen großen Hof hat, ob er uns nicht unterbringen könne. Aber der schüttelt ebenfalls den Kopf. Mir ist der Kerl sofort unsympathisch, und ich sinne auf Rache und auf einen Ausweg.

Hinter vorgehaltener Hand erzähle ich Willi ins Ohr, ich sei Schriftsteller – wie komme ich bloß auf Schriftsteller? – und wäre schon seit Anfang Mai unterwegs, Land und Leute kennenzulernen, um dann ein dickes Buch über meine Erlebnisse zu schreiben. Ich sei Berliner, hätte aber einen ehemaligen Bauernhof an der Ostsee als zweiten Wohnsitz. Er hätte bestimmt schon eins meiner Bücher gelesen, sage ich. Eigens für diese Fahrt hätte ich mir den Vollbart abnehmen lassen und das lange Haar, so daß mich niemand erkennen könne.

Willi schaut mich verdutzt an, und ich muß erstmal pinkeln gehen und nach meinem Pferd sehen. Man muß den »Schriftsteller« wirken lassen, überlege ich. Benno steht mit dem Wagen getreulich immer noch auf demselben Fleck vor den Fenstern der Gaststätte, da wo ich ihn festgemacht habe, um ihn von drinnen beobachten zu können.

Nach einer Weile komme ich zurück. Für zwei, drei Sekunden ist es still, kaum, daß ich die Tür aufgemacht habe. Vollkommene Ruhe in der vorher so lauten Kneipe. Man könnte die berühmte Stecknadel fallen hören. Alles guckt mich verstohlen an. Willi hat gute Arbeit geleistet.

Ich setze mich jetzt an den einzig noch freien Tisch hinter dem Kachelofen am Ende des Raumes und ignoriere einfach meine bisherigen Tischgenossen. Ich bin stolz geworden. Die kommen von ganz allein, denke ich bei mir. Und richtig: »Könnte Strittmatter sein«, höre ich am Nebentisch flüstern. Ich verschlucke mich an meinem Bier. So weit habe ich es ja nun doch nicht treiben wollen. Wenn das man gut geht! Mir wird mulmig zumute. Schon habe ich die Tür im Auge. Aber habe ich denn gesagt, daß ich Strittmatter bin?

Erwin Strittmatter, bekannter Schriftsteller und Pferdezüchter, würde sich bestimmt bedanken, mit mir verwechselt zu werden. Nur eines hat er vielleicht mit mir gemeinsam: Er ist auch Pferdefreund, besitzt aber edle Reitpferde. Dagegen wir: Benno, der Bastard, und ich, der Hochstapler. Verständnis für meine Reise würde »Pferde-Erwin« bestimmt haben. Das folgere ich aus dem Inhalt seiner Bücher. Er ist ja selber »auf Walze« gewesen.

Nun kommt der Wirt an meinen Tisch, trocknet sich die Hände an seiner Schürze ab und gibt mir die Hand. Er hat doch noch ein Essen für mich, auch mit der Unterkunft könnte es klappen. Er sagt, er würde immer die Hochzeitszeitungen für Ilberstadt und Umgebung schreiben. Er hätte eine poetische Ader. Dabei mimt er auf »Kollege« und will unbedingt mein Inkognito lüften. Heiß und kalt wird mir. Wie kannst du den bloß ablenken?

In wohlgesetzten Worten gebe ich dem Wirt zu verstehen, daß ich unerkannt bleiben wolle während meiner Reise. Ich frage nach dem kürzesten Weg zum Harz, einem, wo ich nicht die Straße benützen müsse. Das gibt ihm Stoff zum Nachdenken, und umständlich erklärt er mir den kürzesten Weg. Ich bin erstmal aus dem Schneider, habe wieder Luft.

Schließlich kommt Willi an meinen Tisch und nimmt mich in Beschlag. Ich merke ihm an, daß er stolz auf mich ist. Er bietet mir ein Bett bei sich zu Hause an, und unbedingt solle ich ihn in meinem Buch mit Namen und voller Adresse erwähnen. Ich muß es ihm in die Hand versprechen. Und außerdem verspreche ich ihm auch ein Freiexemplar.

Willi wohnt mit seiner Mutter zusammen in einem kleinen, niedrigen Haus. Die Mutter ist überhaupt nicht überrascht, daß Willi einen Schlafburschen mitbringt. Sie ist eine alte Frau, schon recht hinfällig und sehr schwerhörig. Willi öffnet die ersten zwei von den zwanzig Bierflaschen, die er sich gegen zwei Tragetaschen voll Leergut in der Kneipe eingetauscht hat und die sein Freund, der »Schriftsteller«, bezahlen mußte als Vorschuß für die Übernachtung.

Der Tag ist anstrengend gewesen. Mir fallen die Augen schon am Tisch in Mutters Stube zu.

»Ich muß des Nachts öfter raus, doat soage ich Diche«, sind Willis letzte Worte im großen Doppelbett.

Beim Abschied am nächsten Vormittag gebe ich Willi zehn Mark Übernachtungsgeld, und er begleitet mich noch ein Stück des Wegs bis zur Wirtschaft. Lieber Willi, jetzt kann ich endlich mein Versprechen einlösen.

Dicke Luft

Bis Aschersleben sind es, so steht es auf der Tafel am Ortsausgang, zwanzig Kilometer. Die Autos ziehen dicht an uns vorbei. Der Lärm der Trabis macht mich verrückt. Die Abgase verpesten die Luft, und ich atme durch die Nase, wenn die Autos mich überholen. Bei unserer Schrittgeschwindigkeit bin ich immer voll drin im Mief. Ich könnte mit Steinen werfen. Die Fahrer sitzen mit starren Blicken hinter ihren Lenkrädern und glotzen stur geradeaus. Keiner hat ein Lächeln im Gesicht. Ich laufe rechts vom Wagen. Beim Überholen könnten sie mich glatt umfahren. Scheißgegend, fluche ich. Kein Feldweg, den man nehmen kann, nur flaches Land und riesige Felder, die endlose, schnurgerade Straße, kein Dorf zur Abwechslung.

In Güsten, einem Ort ohne Besonderheiten, trinke ich in der Milchbar zwei Gläser Schokomilch und fahre gleich weiter. Bis Aschersleben sind es noch zwölf Kilometer. Abends um achtzehn Uhr sind wir im Stadtzentrum von Aschersleben. Es regnet schon wieder. Noch einmal das gleiche wie gestern? Wohin in der Stadt mit Pferd und Wagen? Wen soll ich fragen, und wer kann schon ein Pferd unterbringen in den eng bebauten Straßen? Völlig unmöglich. Also raus aus der Stadt, aufs Land, auf einen Bauernhof mit Stall und Scheune, Heu und Stroh! Ich sehe auf meine Karte. Ermsleben, eine Kleinstadt, käme in Frage. Und das bedeutete die trostlose Fernverkehrsstraße 185. Mir reicht es für heute.

Vermittlungen

Ich spreche ein älteres Ehepaar unter einem Regenschirm an, darauf hoffend, alteingesessenen Ascherslebenern begegnet zu sein. Die alten Leute sind freundlich und wollen gern helfen. Sie nennen mir einige Hotels. Aber als ich ihnen mein Gefährt vorführe, sind auch sie ratlos. »Sind Sie katholisch oder evangelisch?« fragt mich auf einmal der Mann. »Evangelisch«. »Na, dann fahren Sie doch zum Superintendenten, ein guter Bekannter von mir. Der weiß bestimmt Rat.« Der Mann zeigt mir die St. Stephanie-Kirche, hinter der sich Wohnung und Amtsräume des Superintendenten befinden.

Unter mächtigen Bäumen mache ich Benno fest, steige die Treppe des alten Gemäuers hinauf und stehe mal wieder draußen vor der Tür auf halbem Weg nach irgendwo.

Ein noch junger, sympathischer Mann öffnet auf mein Klingeln. Er läßt mich ohne weiteres eintreten und bietet mir in seinem Dienstzimmer Platz an. Ich wittere Morgenluft und erkundige mich scheinheilig, wo denn im nächsten Dorf, Richtung Harz, ein Kollege von ihm wohne, bei dem ich unterkommen könne. Im stillen aber hoffe ich darauf, vom Herrn Superintendenten eingeladen zu werden für die Nacht, denn es regnet ja noch immer. Außerdem könnte ich mir morgen die mittelalterliche Stadt ansehen. Benno könnte sich ausruhen, seine Beine und Hufe schonen nach den Märschen auf den Asphaltstraßen. Aber nichts von dem. Der gute Superintendent kann oder will meinen Gedankengang nicht erraten. Stattdessen greift er zum Telefon. Zuerst Dienstliches, dann: »Ich möchte Ihnen einen Wanderer mit Pferd schicken.« Nach einigem Hin und Her legt er auf. »So, Sie fahren jetzt über Ermsleben nach Meisdorf, rund fünfzehn Kilometer, das schaffen Sie doch noch bequem, ist man gerade erst sechs.« Dabei sieht er auf seine Uhr. »Dort melden Sie sich bei Frau Pastorin Dittmann, gleich neben der Kirche im Pfarrhaus, gar nicht zu verfehlen.« Ich versuche es mit Einwänden wie: langer Weg, Pferd ist kein Auto, schlechtes Wetter. Aber vor der Bestimmtheit und dem Organisationstalent des Superintendenten gebe ich schließlich auf. Der Herr Superintendent ist uns los, hat uns einfach abgeschoben, weit weg, zu einer Kollegin. Gar nicht so dumm! Der macht es sich leicht. Der hätte Geschäftsmann werden sollen statt Kirchenmann, der von der Kanzel Gottes Wort verkündet von Barmherzigkeit und Nächstenliebe! Schickt uns einfach in den Regen, weiter auf die Straße, noch drei Stunden lang, bis nach Meisdorf hin!

Da kann ich nur wieder fluchen. Der hat gut Reden, sitzt im Trockenen, beobachtet uns womöglich hinter seiner Gardine, während ich meinem Freund Benno den Hals klopfe und wieder einmal erklären muß, daß wir weiterziehen müssen und noch einen mehrstündigen Weg vor uns haben! Böse Blicke werfe ich bei der Abfahrt zu den Fenstern hinauf, wie in Groß-Rosenburg.

Mit Benno, den ich am Zügel hinter mir herziehe, durchquere ich die restaurierte Altstadt. Es regnet immer noch leicht, und der nasse Regenmantel klatscht mir gegen die Knie. Für die Stadt habe ich jetzt keinen Blick mehr; ich muß immerzu an die Kilometer denken, die vor uns liegen. Gegen einundzwanzig Uhr könnte ich da sein. Ich sehne mich nach einem Bett, einem warmen Bad und einem gut gedeckten Abendbrottisch. Schließlich bin ich ja avisiert.

Wie ich so mit Benno am Zügel durch die Stadt laufe, muß ich an meine Kindheit in Kampehl denken: So kamen die ambulanten Händler vor dem Krieg mit Planwagen in unser Dorf gezogen, die eine Hand am Zügel des Pferdes, genau wie ich jetzt, mit der anderen Hand eine große Klingel schwingend, um sich anzukündigen.

Ich erinnere mich an einen, einen gewissen Niedelbock, der brachte Heringe und Fische. Während er in die Häuser ging, um Schüsseln und Eimer zu holen, um sie mit Heringen gefüllt zurückzubringen – Pellkartoffeln und Hering gab es wöchentlich zweimal bei den Bauern zum Abendessen –, plünderten wir Jungen seine Kartons mit den Pfennigstücken.

Und dem fahrenden Bäcker haben wir die Schnecken geklaut. Der Lumpenhändler mit seinem struppigen Pferdchen kam auch regelmäßig. Einmal habe ich von meinem Vater mächtig Dresche bezogen, weil ich unter anderem eine noch gute Pflugschar verhökert hatte. Geld gab es so gut wie gar nicht für unsere Altstoffe. Der Lumpenhändler zahlte uns dafür mit sogenannten Stammbildern aus, die wir in die Poesiealben klebten. Für uns Dorfgören war das immer eine große Abwechslung.

Im Sommer kam dann das Bierauto von der Schloßbrauerei aus Dessow, acht Kilometer von Kampehl entfernt, ein kleiner Lkw mit heruntergelassener Heckklappe, auf dem die angezapften Bierfässer lagen, dazu Halb- und Litermaße. Auch da machten wir uns ran, während der Fahrer Braunbier in Eimern den Frauen zum Auslitern ins Haus trug. Meine Mutter setzte es mit Wasser und Hefe neu an für ein erfrischendes Getränk während der Heu- und Getreideernte. Es wurde dann in großen Tonkrügen auf Feld und Weide geschafft und aus emaillierten Blechtassen, die alle Bauern, Knechte, Mägde und Erntehelfer für zweites Frühstück und Vesper draußen mithatten, getrunken.

Aschersleben liegt hinter uns. Ich wäre gerne geblieben, um mir die Stadt anzusehen. Der Verkehr hat nachgelassen, ich laufe neben dem Wagen her. Mir ist kalt, ich muß mich bewegen.

In der Gaststätte von Ermsleben zeigt die Uhr halb acht. Ein Bier, eine Schachtel Zigarren zu vierzig Pfennig das Stück. Meine Hausmarke: »Stadtwappen Halle«. Sie kommt der Westzigarre »Handelsgold« zu dreißig Pfennig nahe, die ich hin und wieder vom Westbesuch geschenkt bekomme. Und es geht weiter. Für Ermsleben keinen Blick und kein Interesse bei dem Wetter. Es regnet immer noch leicht. Eine warme Stube brauche ich und ein Bett!

»Die nächste Straße links, dann noch sechs Kilometer«, hatte mir der Wirt erklärt.

Vor mir liegt eine ruhige, feine Allee mit Kirschbäumen zu beiden Seiten. Schön große, gelbrote Kirschen lachen mir entgegen. Sofort bin ich auf dem Kutschersitz und halte unter dem nächsten Baum.

Die Landschaft wird jetzt hügelig. Ich muß öfters die Bremse betätigen. Die Wolken haben sich verzogen, und die Abendsonne kommt hervor. Ein gutes Omen, wo ich jetzt den Harz erreiche. »Goldene Abendsonne, wie bist du so schön! Nie kann ohne Wonne deinen Glanz ich sehn« – ein Lied, das meine Mutter des öfteren beim Geschirrabwaschen sang, kommt mir in den Sinn. Da war ich noch ein kleiner Junge, bevor ich nach Wittenberge auf die Hohe Schule kam. Im Regendunst sind die ersten Gebirgsausläufer zu sehen, und ich »rieche« schon die Berge.

Wieder einmal bin ich mächtig stolz auf mich. Du hast den Harz erreicht, das erste große Ziel. Das ist doch ein echter Erfolg. Noch heute abend rufe ich zu Hause an. Die sollen staunen!

Willkommen

Meisdorf kann nicht mehr weit sein. Ich halte schon Ausschau nach dem Kirchturm. Noch ein Hügel, dann rechts von der Straße ein langgestreckter Ort mit einem Kirchturm in der Mitte. Das muß Meisdorf sein.

Meisdorf hat sich feingemacht und trägt ein Sonntagskleid. Am Ortseingang hängen Girlanden, jedes Haus ist individuell geschmückt, Fahnen und Spruchbänder sind über die Straßen gespannt. In der Ferne Musik. Auf einer großen Tafel lese ich: »Meisdorf – 800 Jahre alt«, darunter ein Veranstaltungsplan der Festwoche. Hier bist du richtig, hier ist was los. Bernburg und Aschersleben kannst du vergessen. Auf den Straßen winken mir festlich gekleidete Menschen zu, wahrscheinlich sind sie der Meinung, wir gehören zum Festprogramm und sind eigens zur Feier angereist.

Am Pfarrhaus steht das Hoftor weit offen. Frau Dittmann erwartet uns mit ihrer Wirtschafterin bereits, die Kirchturmuhr schlägt gerade neunmal. Benno wird auf dem Kirchplatz untergebracht. Das Gras steht fast einen Meter hoch und braucht nun nicht mehr gemäht zu werden. Für mich steht ein Gartenhaus bereit. Es ist urgemütlich darin: eine Küche, ein Waschraum mit Dusche, im Wohnraum zwei Sofas. Ich bin auf einmal hundemüde, total erschöpft. Ich dusche mich nicht, ich wasche mich nicht, pfeife sogar auf die Festveranstaltung mit Tanz. Ich will nur schlafen.

Doch die beiden Frauen geben keine Ruhe, bis ich endlich am Abendbrottisch sitze. Ich schlafe beinahe im Sitzen ein. Und so verschiebe ich alles weitere auf morgen. An ein Telefongespräch nach zu Hause denke ich schon gar nicht mehr. Ich werfe mich aufs Bett, nachdem ich lediglich die Schuhe ausgezogen habe, und schlafe sofort ein.

Es ist schon Vormittag, als ich wach werde. Ich dusche. Das warme Wasser ist eine Wohltat nach den Strapazen des letzten Tages. Während das Kaffeewasser in meiner kleinen Küche kocht, wechsle ich die Wäsche und fühle mich wie neu geboren. Frau Dittmann wirtschaftet in Malerkleidung in der Kirche herum. Die Kirche muß innen renoviert werden. Eine Heidenarbeit. Aber die tatkräftige, burschikose Frau ist Optimistin. Nach Feierabend, sagt sie, würden hin und wieder Gemeindemitglieder zu Hilfe kommen, und sie hätte auch ein gutes Verhältnis zum Bürgermeister.

Jetzt will ich mich erstmal im Ort umsehen und einen Ausflug in die nähere Umgebung machen. Benno soll sich ausruhen auf seinem Kirchhof. Er hat es nötig.

ERKUNDUNG

Meisdorf liegt am Eingang zum Selketal. Eine Landkarte in der HO-Gaststätte »Selketal« gibt Auskunft über die nähere Umgebung. Mit vollem Bauch marschiere ich ins Selketal hinein.

Am Ortsausgang zu meiner Linken liegt das ehemalige Schloß, in bestem baulichen Zustand, alles sauber und gepflegt, jetzt ein Betriebserholungsheim. Pkw mit polnischen Kennzeichen fahren ein und aus. Wahrscheinlich Urlauberaustausch, denke ich. Noch weiter links ist das Freizeitzentrum von Meisdorf mit Sportplätzen, Freibad, Umkleidegebäuden und Gaststätte, alles nagelneu. Dazu Anlagen, Blumenrabatten und kurzgeschnittener Rasen. Es gibt sogar Busverkehr, jedenfalls steht ein Bushalteschild an der betonierten Straße, und man hat Bürgersteig. Für ein Dorf allerhand. Ich staune.

Ein geschnitzter Wegweiser zeigt zwei Kilometer bis zum Wirtshaus »Zum Falken« an. Ich nehme den breiten Fahrweg unter meine Füße. Kurz vor dem Wirtshaus trifft der Weg dann auf die Selke und führt nun immer daran entlang. Kinderferienlager und Betriebserholungsheime, außerdem reger Autoverkehr versperren mir allerdings die Sicht auf den Fluß. Ich flüchte mich in einen stillen Waldweg, der nach Ballenstedt

führt. Es läßt sich hier gut durch den Laubwald im Schatten der Bäume laufen. Ich kann meinen Gedanken nachhängen.
Urplötzlich, wie ein Blitz aus heiterem Himmel, ein Bild vor meinen Augen: Ich sehe mich durch den Harz reiten. Warum eigentlich nicht? Die Patentlösung habe ich gleich parat: Den Wagen lasse ich einfach in Meisdorf stehen. Benno bekommt eine Decke aufgeschnallt. Das Notdürftigste an Gepäck stecke ich in einen Packsack, den schnalle ich am Deckengurt fest. Einen Strick wickle ich meinem Kumpel um den Hals, um ihn bei Gelegenheit anbinden zu können. Und dann kann ich abwechselnd reiten und laufen. Schon morgen soll es losgehen, beschließe ich.
Die Hauptwege sind ohnehin geschottert. Dort käme Benno schlecht mit dem Wagen zurecht, denn er müßte ja immer in der Mitte des Weges auf dem Schotter laufen. Und der Schotter wirkt wie Raspel auf die Hufe. Auf den Hinterbeinen hat er keine Eisen. Aber ohne Wagen könnten wir am Wegrand laufen, auch Fußwege benutzen und Höhen und Berge erreichen. Ich bin ganz begeistert von meiner Idee. Was bin ich bloß für ein schlaues Kerlchen!
Ich begegne keinem Menschen, bis ich aus dem Wald herauskomme und Ballenstedt fast zum Greifen nahe vor mir liegt. Die Geschäfte haben noch geschlossen. Aber ein Friseur hat auf. Ich lasse mir erstmal die Haare schneiden. »Alles runter! Bürste!« entgegne ich auf die Frage der hübschen Bedienung, wie ich es denn gern haben möchte. Stroh, Heu und Staub haben sich in den Haaren festgesetzt. Und wer weiß, wo ich noch überall übernachten werde.

In einem Schuhgeschäft will ich ein Paar Volleyballschuhe kaufen. In meinen alten Trampschuhen habe ich mir schon Blasen gelaufen. Die aufgesetzten Kappen scheuern beharrlich an den Zehen, und wenn die Blasen aufgeplatzt sind, kommt der beißende Schmerz. Mein Heftpflaster ist dabei draufgegangen. Die Verkäuferin bietet mir ein Paar Wanderschuhe an: echt Leder mit biegsamer Sohle. Gerade reingekommen, Mangelware! Ich behalte sie gleich an und lasse mir die Tramps einpacken.

Im Café schräg gegenüber gibt es nette Unterhaltungsmusik bei Kaffee und Kuchen, Kognak und Zigarre. Das ist ganz nach meinem Geschmack.

CLÄRCHENS BALLHAUS

Immer, wenn ich in Berlin bin und Zeit habe, zieht es mich in ein Café. Da setze ich mich mit dem Rücken zur Wand an einen kleinen Tisch und beobachte die Menschen und meine Umgebung. Für mich eine andere Welt, gut gekleidete Menschen und eine ruhige, gediegene Atmosphäre.

Und abends dann in »Clärchens Ballhaus« in der Auguststraße, nördlich vom Alex. Hier spielt mein Freund Günther in der Fünfmannkapelle. Günther kennt so langsam schon die Gäste, die hier regelmäßig ihr Vergnügen suchen, ob nun Männlein oder Weiblein.

Nach Mitternacht, frühmorgens, wenn bei »Clärchen« Feierabend ist und die Bahn noch nicht fährt, nutzt er den Taxinotstand und macht mit seinem Wartburg-Kombi sogenannte »Schwarztaxi-Fahrten« und bringt vorgemerkte Kunden und Gäste nach Hause oder zum Bahnhof Friedrichstraße für einen zuvor ausgehandelten Preis.

Günther lernte ich im »Opern-Café« Unter den Linden kennen. Da machte er nachmittags Kaffeehausmusik. Er gab mir den Tip, abends in »Clärchens Ballhaus« zu kommen, ich brauchte mich nur auf ihn zu berufen, falls wegen Überfüllung geschlossen sein sollte.

Ab neunzehn Uhr ist Einlaß. Um zwanzig Uhr ist der Saal proppevoll. Hier bei »Clärchen« ziert man sich nicht lange. Das Vergnügen geht sofort los. Wer hierher kommt, der will sich amüsieren. Ich auch. »Clärchens Ballhaus« ist eine der wenigen echten Tanzdielen von Berlin, wo die alten Schlager aus den fünfziger, sechziger Jahren noch gespielt werden. Keine Diskomusik, wo einen schon allein die Lautstärke zum Wahnsinn treibt.

Dementsprechend sind die Gäste: viele in meinem Alter und älter. Frauen in mittleren Jahren, verwitwet, ledig. Aber auch verheiratete Frauen, die einfach mal wieder tanzen und sich amüsieren, ihren gestreßten Ehemännern für einige Stunden entgehen wollen. »Clärchens Ballhaus« bietet sich da an, hier kommt man auf seine Kosten.

Meistens sitzen sie zu zweit oder zu dritt an den Tischen, Freundinnen, die drei- bis viermal jährlich in »Clärchens Ballhaus« gehen. Andere Frauen suchen auf diese Art einen Partner, sitzen kühl und gelassen da, schauen gelangweilt und sehr blasiert den Tanzenden zu: Wer mit wem tanzt, wie

»er« einzuschätzen sei, ob »er« vielleicht der Richtige für sie sei, und harren der Dinge, die vielleicht noch auf sie zukommen.

Wieder andere verteilen massenweise Körbe an Männer, die sie zum Tanz auffordern. Vielleicht wollen sie sich auf diese Weise an den Männern rächen, an ihren »Ehemaligen«, die sie sitzengelassen, betrogen und verlassen haben.

Offensichtlich gibt es aber auch Männer, die sich auf Körbe vorbereitet haben. Mir kommt da ein Mittvierziger im roten Blazer in den Blick, der den Tisch ansteuert, an dem die Körbe verteilenden Damen sitzen, die mich auch schon haben abblitzen lassen mit der Bemerkung: »Nein danke! Sie sind mir zu ungepflegt.« Blöde Kuh, murmele ich mit zusammengepreßten Zähnen und blicke ihr voll ins Gesicht.

Trotz seiner tiefen Verbeugung, so sehe ich, erhebt sich keine der Damen. Da greift der rote Blazer in seine rechte Hosentasche, zieht sein Portemonnaie hervor, öffnet es umständlich, langt mit spitzen Fingern hinein und wirft lässig ein Geldstück auf den Tisch als Dankeschön für den erteilten Korb. Mich erfüllt das sofort mit hämischer Freude. Endlich mal einer, der es denen auf seine Art zurückgibt!

Gemessenen Schrittes tritt er den Rückzug durch den Saal an. Da fliegt ihm im hohen Bogen das Markstück in den Rücken, prallt ab und rollt durch den Saal. Der Herr Ober, mit dem Tablett voller leerer Gläser auf der einen Hand, macht einen großen Ausfallschritt, stoppt die noch im Rollen befindliche Mark mit dem rechten Schuh, greift sie sich und läßt sie in der Kellnerjacke verschwinden.

Hin und wieder gerate ich auch an eine Tanzpartnerin ohne Sinn für Spaß und Humor, worauf ich ja aus bin bei »Clärchen«. Da ist all meine Konversation umsonst. Cool und unbeweglich ihr Gesicht. Von Tuchfühlung keine Spur. Die Dame hält mich mit steifem Rücken auf Distanz, und ich warte auf das Ende der ersten Tanzrunde. Noch auf der Tanzfläche schiele ich verstohlen nach einer anderen Partnerin, die mir gefällt. Wo hatte ich denn vorher meine Augen?

Wie immer in ähnlichen Situationen kommt mir mein Freund Benno in den Sinn, und da wird mir gleich etwas wohler zumute. Der ist immer lieb und nett zu mir, wenn ich ihn täglich auf seiner Weide besuche, um Wasser zu pumpen, den Zaun zu kontrollieren und nach dem rechten zu sehen. Stets habe ich ein paar Stücke Würfelzucker bei mir.

Mit einer kurzen Verbeugung verabschiede ich noch auf dem Parkett die Dame wortlos, lasse sie einfach stehen. Solche Frauen, die Körbe verteilen, beim Tanz eine Leidensmiene aufsetzen, sollten zu Hause bleiben! Mit so einer kommt keine Lebensfreude auf. Ist doch so, verdammt noch mal! Wahrscheinlich entspreche ich nicht den Vorstellungen dieser Berliner Pflanze von einem Wunschpartner. Ich Landei, das ich nun einmal bin ... Hättest du dich doch rangehalten und lieber die andere vom selben Tisch aufgefordert, die mit dem freundlichen Gesicht, der schlanken Figur, auch in der Größe passend zu dir! Aber da war mal wieder jemand schneller als du.

Mehr solcher Frauen könnten einem den ganzen Abend verderben, wenn man sich darüber auch noch ärgern würde. Also sofort vergessen, ist das Klügste, was man tun kann.

Da sind mir die zwei in die Jahre gekommenen Damen, an denen die Zeit nicht spurlos vorübergegangen ist, schon lieber, diese beiden vom Nebentisch gegenüber. Unsere Blicke kreuzten sich schon einige Male. Sie haben wohl die Hoffnung auf einen Tanzpartner für diese Nacht längst aufgegeben. Das macht sie frei, etwas für Körper und Seele zu tun: ausgelassen, ungeniert, in ausgefallener, gewagter Kleidung, Haare bestimmt gefärbt oder Perücke, so schätze ich. Superblond die eine, rotblond die andere. Ihrem Alter in keiner Weise angemessen, machen sie das Parkett unsicher. Jede Woche ein- bis zweimal seien sie hier, erzählt mir die Rotblonde beim Tanz, um sich auszutoben.

»Es ist Damenwahl«, verkündet soeben der Kapellmeister, und die Rotblonde fordert mich auf. Die Hauskapelle spielt den alten Schmuseschlager: »Wenn bei Capri die rote Sonne im Meer versinkt.« Ein Evergreen, von Rudi Schuricke gesungen, Ende der vierziger Jahre, als Deutschland noch in Trümmern lag. Da war ich um die zwanzig Jahre alt, und jetzt reißt es mich wieder vom Stuhl. Späterhin sang es der Publikumsliebling und Entertainer Vicco Torriani. 1981 wurde dieses Lied zur schönsten Melodie der Welt gewählt, geradezu eine Hymne! Ich habe die Rotblonde fest im Griff, denke dabei aber auch an meine jetzige Frau Lisa, in die ich damals so verliebt war und die sich heute noch mit gleichaltrigen Damen hier bei »Clärchen« durchaus messen kann, stelle ich fest. Ich denke an den Saal der Dorfgaststätte »Zum Ritter von Kahlbutz« in Kampehl, wo wir beide keinen Tanz ausließen, an die fünf Mann starke Tanzkapelle »Alika« aus Wusterhausen-Dosse, einer Kleinstadt in unserer Nähe, an den Stehgeiger Albert Kanow, der sein Instrument meisterhaft beherrschte und seine Geige zum Singen brachte. Schön war die Jugendzeit, sie kommt nicht mehr!

Auch meine Tänzerin kann sich daran erinnern. Fest drückt sie mich an sich, und ich kann nicht umhin, das gleiche zu tun. Selbstvergessen schweben wir übers Parkett. Wie in alten Zeiten.

Es gibt aber auch Ehepaare, die gemeinsam hier ankommen, gemeinsam den Nachhauseweg antreten, aber sich getrennt amüsieren.

Alles das habe ich im Laufe der Zeit in Erfahrung gebracht, teilweise durch eine bewußt zur Schau getragene Naivität, mit der ich die Leute provoziere und in Gespräche verwickle. Ha ha, der Bauer vom Lande, aus der tiefsten Provinz, aus dem Kreis Kyritz an der Knatter, der sich bei uns in Berlin amüsieren will, fernab von Muttern! Das kommt gut an, das hebt gleich die Stimmung, zumal sich der Bauer ja auch nicht lumpen läßt.

Die Flasche Wein kostet neun sechzig, mit Trinkgeld zehn Mark. Für drei Mark zehn Eintritt habe ich meinen Spaß, habe Unterhaltung und Vergnügen. Mehr will ich auch nicht. Ich lerne hier echte Berliner und Berlinerinnen kennen. Aber auch internationale Gäste treffe ich hier an, die mit einem Tagesvisum aus Westberlin herüberkommen, Gastarbeiter aus Jugoslawien, Italien, Spanien, auffällig viele Türken. Durch den Wechselkurs von eins zu fünf machen sich die Herren mit einigen unserer Frauen eine schöne, billige, gemütliche

Nacht. Bei einer Flasche Wein und Mitbringseln aus dem Westen kommt man sich näher. Mein alter Bekannter, der Portier, Ordnungshüter und Rausschmeißer Wolfgang, wacht darüber, daß keine Streitigkeiten und Handgreiflichkeiten entstehen. NVA-Angehörige habe ich noch nie bei »Clärchen« gesehen. Wahrscheinlich ist ihnen der Zutritt in Uniform verboten. Ich weiß es nicht.

Durch alle sozialen Schichten geht das Publikum. Eine lange Tafel im Weinabteil ist für Feiern reserviert. Ehepaare, die sich hier einmal kennengelernt haben, feiern ihre silberne, ja sogar ihre goldene Hochzeit. Das erzählte mir mein Freund Günther. Und immer, wenn ich mich bei »Clärchen« so recht wohlfühle, denke ich: Was bist du doch für ein Idiot, wühlst im Dreck im Heizungskeller bei Staub, Asche und Ruß herum, und wenn du dann zu Hause bist, geht es weiter im Schweinestall und auf dem Acker. Gönn dir noch etwas! Die Welt ist groß, besteht nicht nur aus Arbeit und endet nicht hinter Kampehl.

Nach Meisdorf zurück nehme ich den Zug. Frau Pastor erwartet mich schon zum Abendessen. Sie gibt mir den Tip, einen gewissen Gustav Berg aufzusuchen, der könnte noch einen Reitsattel besitzen und würde ihn mir bestimmt ausleihen, so wie sie ihn kenne. Ein Sattel wäre das Richtige für mein Vorhaben. Berg rauf, Berg runter – ohne festen Halt auf Bennos Rücken – würde ich abrutschen von ihm. Ich bin kein Indianer, der von Kindesbeinen an ohne Sattel reitet. Daran kann man auch sein Gepäck befestigen. Ich kenne das aus meiner Soldatenzeit. Was mußte das Pferd auf seinem Rücken alles schleppen: einen schweren Armeesattel, Decken, Plane, vollgepackte Satteltaschen, Waffen, Munition! Mit dem Reiter wohl an die einhundertfünfzig Kilogramm.

HARZRITT

Noch am gleichen Abend gehe ich zu Gustav Berg, einem alten Mann von achtzig Jahren, der eine kleine Landwirtschaft betreibt und für gute Bekannte den Garten pflügt und Fuhren macht, um nach einem Sattel zu fragen. Seine Frau sitzt auf der Bank vor dem Haus und hütet ihre Hühner, die im frischen Gras picken. Pflanzliches Eiweiß sollen sie aufnehmen, um tüchtig zu legen. Gustav holt Grünfutter von der Wiese, und so setze ich mich zu ihr. Ohne sein Pferd kann er nicht leben, erzählt sie mir. Dann wäre es bald aus mit ihm. Er soll sich schonen, aber er ist doch so stolz auf sein Pferd, zumal es das einzige in Meisdorf ist.

Nach einiger Zeit kommt Gustav mit einer Fuhre Gras angefahren. Ich helfe beim Ausspannen und frage. Nein, den Sattel habe er schon verkauft. Aber einen Deckengurt mit Ösen könne ich für vierzehn Tage haben. Hocherfreut ziehe ich ab. Nachts wache ich mehrmals auf. Hoffentlich passiert Benno nichts. In Meisdorf wird gefeiert, und irgendwelche Besoffene könnten ihn losbinden. Ich stehe auf und hole ihn zur Sicherheit auf den Hof.

Am folgenden Morgen bin ich früh wach. Die Aussicht, jetzt durch den Harz zu reiten, erregt mich und hat mich wenig schlafen lassen. Ich mache meinen Packsack zurecht, der zur

Ausrüstung gehört, in dem Zelt und Gestänge bisher verstaut waren. Regenmantel, eine Plane, Waschzeug, Handtuch, Pullover, Karte und einige Lebensmittel sind so ziemlich alles, was ich unterbringe. Eine Decke für die Nacht trägt Benno, und die dient mir jetzt als Reitunterlage. Den umfunktionierten Packsack binde ich am Deckengurt fest, so daß er vor mir auf Bennos Kruppe zu liegen kommt.

Gut, daß der Gurt an jeder Seite eine Öse hat. Mit einem Hanfstrick und zwei zehn Zentimeter langen, stabilen Holzstücken bastle ich mir Steigbügel. Die Stricke ziehe ich auf Länge durch die Ösen. Fertig ist der Sattel. Um Bennos Hals wickle ich die Wäscheleine von Frau Pastor. Das eine Ende der Leine binde ich am Halfter fest, mit dem anderen Ende kann ich Benno dann irgendwo anbinden, damit er grasen kann, wie er es bisher an der Kette immer getan hat. Kette, Eisenpfahl und Beil kann ich jetzt nicht mitnehmen, ohne Wagen. Die Wäscheleine tut es auch. Damit kann ich ihn des Nachts festbinden, damit er mir nicht wegläuft. Die Leine ist aus Plaste, die beißt Benno nicht durch. Plaste schmeckt ihm nicht, da geht er nicht ran. Außerdem werde ich die lange Leine doppelt nehmen.

Zufrieden mustere ich mein Werk. So können wir marschieren. In Patentlösungen war ich noch nie verlegen. Sie sind schon immer meine Stärke gewesen. Benno sieht jetzt aus wie ein Westernreiterpferd. Es fehlt nur noch die Winchesterbüchse an der rechten Pferdeseite.

Nach dem Frühstück mit Frau Dittmann und ihrer Hausgehilfin, nach Wegbeschreibung und Aufzählen aller Sehenswür-

digkeiten nehme ich Benno am Zügel, und es geht den schon bekannten Weg ins Selketal hinein, am »Falken« vorüber.
Vor uns liegt ein Wanderweg in unmittelbarer Nähe der Selke. Ein zweihundert bis dreihundert Meter breites Wiesental, eingerahmt von Höhenzügen mit herrlichem Mischwald. Links und rechts des Weges Kastanienbäume, eine Kastanienbaumallee.
Ein direktes Ziel habe ich nicht. Ich will den Harz durchqueren, mich treiben und alles auf mich zukommen lassen: einen Kilometer zu Pferd, einen Kilometer zu Fuß, wie bisher.

Millionär

Bei Kaffee und Kuchen auf der Terrasse des Gasthauses »Selkenmühle« macht mich ein gut gekleidetes Ehepaar zum Millionär. Alle Einwände sind zwecklos. »Reden Sie nicht, das können Sie uns doch nicht erzählen! Wahrscheinlich wissen Sie nicht, was Sie mit Ihrem Geld anfangen sollen, haben zu viel Zeit und machen sich einen Jux mit Ihrer Wanderschaft, sind wohl spleenig geworden?«
Die »Millionärsrolle« macht mich hellwach, geht mir unter die Haut. Das hatte ich bis jetzt noch nicht. Die ziehe ich ab. In meinem Hirn knistert es. Ich fühle mich ihnen überlegen als Landstreicher und Millionär zugleich. Ein Spannungsverhältnis baut sich auf zwischen uns.
Sie müssen nach ihrem dreiwöchigen Urlaub wieder in ihr Wohnsilo und an die Arbeit zurückkehren. Ich dagegen bin in

ihren Augen ein Wanderer zwischen zwei Welten, ein Abenteurer, der über sein Leben und seine Zeit selbst entscheidet und dann noch finanziell unabhängig ist.

»Ja, Sie haben recht.« Soll ich den Leuten etwa die Freude nehmen, daß sie mich entlarvt haben? Im Gegenteil, ich lasse sie bei ihrem guten Glauben. Ist doch mal ein ganz neues Spiel. »Ja, und ich weiß gar nicht einmal, wo meine Frau sich jetzt aufhält. Wahrscheinlich ist sie wieder mit dem Auto nach Ungarn unterwegs, während ich als Landstreicher durch die Lande ziehe. Wir verleben unseren Urlaub seit längerem getrennt.« Von meinem Bauernhof erzähle ich ihnen und von der Stadtwohnung in Berlin.

Das Berlinische kann ich sowieso nicht verleugnen, denn es hat unsere Sprache verdrängt. Einige Brocken Platt spreche ich nur noch, wie sollte ich auch? Meine Eltern sprachen schon während des Krieges nicht mehr Platt, und ich konnte von ihnen nichts lernen, schade! Immer haben die Kriege Sitten und Gebräuche zerstört. Auch die Eltern von den anderen Kindern waren gezwungen, hochdeutsch zu sprechen, um sich mit den Fremdarbeitern aus Polen, den Kriegsgefangenen, mit den Bombengeschädigten aus Berlin und dem Rheinland zu verständigen, später dann mit den Flüchtlingen aus den ehemaligen deutschen Ostgebieten.

Mit zehn Jahren kam ich aufs Gymnasium, da hätte ich am liebsten meine bäuerliche Herkunft ganz verleugnet. Damals habe ich noch nicht gewußt, wo mein Platz im Leben ist; erst später, nach dem Krieg, habe ich mich darauf besonnen. Aus unserer Heimatzeitung möchte ich ein Gedicht zitieren:

»Die Eltern haben Platt gesprochen, wir haben längst damit gebrochen, denn wenn man etwas Bildung hat, blamiert man sich bloß mit dem Platt. So hört man hüt sehr völ seng, doch wi will'n hier de Wohrheit breng'n: Mensch, blameer de Ällern nich, dat verdeen se wirklich nich. Beide sproken mütt'n bestohn, keene därf uns unnergoahn! Kannst med uns ok Plattdütsch snaken, diene Bildung geit nich sacken. Wer twee Sproken spreken kann, is keen Döskopp, glöv dat man. Drum säg Korl Witt to Finken Schwatt up Platt: Da is ook hüt noch wat up Platt.«

Das Plattdeutsche ist regional verschieden. Jede dreißig-vierzig Kilometer spricht man schon etwas anders. Meine Mutter stammte aus der Westprignitz, fast an der mecklenburgischen Grenze, Kreisstadt Perleberg, mein Vater aus dem Kreis Ruppin, Kreisstadt Neuruppin. Meine Mutter ärgerte sich über die grobe Aussprache der Ruppiner. Das war ihr zu gewöhnlich, wie sie immer sagte. In der Westprignitz würde man ein gediegenes Platt sprechen.

Prignitzer und Ruppiner passen in ihrer Mentalität sowieso nicht zusammen. Die Prignitzer sind konservativ und für ihr Beharrungsvermögen zum Althergebrachten bekannt. Ihre Lebensart ist: »Von't Olle so völ ass möglich, von't Nieje so völ ass nödlich!« Außerdem konnte Mutter die Braunen in ihrer SA-Uniform mit dem großen Hakenkreuz am Oberarm nicht leiden, die mit dem Schlachtruf »Deutschland erwache!« ein neues Zeitalter einläuten wollten und im Kreis Ruppin stark vertreten waren. Mutter war stockkonservativ und immer noch kaisertreu.

Wir in Kampehl sind ja eigentlich Ruppiner, obwohl die Kreisstadt der Ostprignitz, Kyritz, nur zwölf Kilometer entfernt ist. Nach der Gebietsreform von 1952 wurden neue Kreise gebildet, viel kleiner als die alten, und wir kamen zum Kreis Kyritz. West- und Ostprignitz gibt es nicht mehr. Der Weg zur Kreisstadt ist nicht mehr so lang. Bis Neuruppin sind es fünfundzwanzig Kilometer, aber in Kyritz kennt gemütlich jeder jeden.

»Mistbauer« haben mich einige meiner Mitschüler geschimpft, wenn wir uns in den Haaren lagen. Deren Eltern waren kaufmännische Angestellte, Prokuristen, angesehene Geschäftsleute, Hoteliers, Ärzte, Anwälte. Was hatte so ein Bauernlümmel auf dem Gymnasium zu suchen? Auf einer solchen Schule jedenfalls sprach man Hochdeutsch.

Als ich aus Krieg und Gefangenschaft heimkehrte, war das Dorf voll von fremden Menschen: Flüchtlingen aus dem Osten, Evakuierten aus dem Ruhrgebiet, ausgebombten und hungrigen Berlinern. Doch, wie konnte es anders sein, die Berliner gewannen bald die Oberhand. So hat sich bei mir das »Berlinerische« eingebürgert.

Hier im Süden der Republik halten mich die Leute für einen waschechten Berliner. Mir soll es egal sein, wofür sie mich halten, ob für einen Asozialen, Millionär, ehrlichen Wandersmann oder Landstreicher. Ich bin ein hartgesottener Typ geworden, zynisch, nur auf meine Freiheit und Ungebundenheit bedacht, die ich gewissenlos ausnutze. Die Landstraße hat mich dazu gemacht.

Trotzdem, bis jetzt bin ich immer ehrlich geblieben, nur mit der Wahrheit kann ich es nicht so genau nehmen. Die Umstände zwingen mich dazu. Die Leute wollen belogen werden, vor allem bei der abendlichen Quartiersuche und in den Kneipen. Sie erwarten von einem Landstreicher, noch dazu mit einem Pferd, einfach Abenteuerberichte. Das können sie haben, das paßt in meine Philosophie, meine »Landstreicherphilosophie«.

Köhlerei

»Es stehen an meinem Wege viel schöne Blümelein!« Kaum habe ich mein Wanderlied angestimmt, da breche ich auch schon ab. Ein Duft von verkohltem Holz und bläulicher Rauch durchziehen die Berge und den Wald. Ich denke gleich an Waldbrand, aber an der nächsten Wegbiegung stehe ich vor einer Köhlerei: rechts am Wegesrand ein großes, eingezäuntes Waldgrundstück, große Stapel von aufgeschichteten Holzkloben zwischen Baracken und kleinen Bretterschuppen, am Rande des Platzes fünf bis sechs Stahlmeiler, daneben ein Gurtförderband und ein Kran.

Das muß ich mir näher ansehen. Eine Köhlerei kenne ich nur vom Hörensagen und Holzkohle nur vom Grillen.

Man ist gerade dabei, die runden Stahlmeiler neu zu füllen. Das Förderband bringt Kloben für Kloben auf den oberen Rand des Meilers hinauf. Zwei Arbeiter werfen sie geschickt in den Meiler hinein. Ist der Meiler gefüllt, wird er mit einer Stahlglocke geschlossen und durch eine Lunte, die durch eine

Luftdüse rund um den unteren Rand geschoben wird, in Brand gesetzt.

»Holzmeiler, die mit Erde abgedeckt werden, gibt es heutzutage nicht mehr«, erzählt mir ein Arbeiter. »Der Schwelprozeß dauert drei Wochen, außerdem ist es schwerste Arbeit und auch gefährlich. Man hat die Sauerstoffzufuhr schlecht unter Kontrolle, und es kann passieren, daß ein Meiler abbrennt, wenn zu viel Sauerstoff zugeführt wurde oder wenn er nicht genügend abgedichtet war.«

Heute verwenden sie Retorten oder durchgeschnittene ehemalige Tanks, die senkrecht aufgestellt werden. Die Luftzufuhr kann durch Düsen rundherum geregelt werden. Sowie bläulicher Qualm aufsteigt, werden die Meiler ganz dicht gemacht, und in zwei Tagen ist das Holz verkohlt. Der Kran hebt dann die Stahlglocke Ring für Ring ab, und fertig ist die schwarzglänzende Holzkohle.

Ich kann mich an den noch qualmenden Haufen ringsherum davon überzeugen. Früher, auf die althergebrachte Art und Weise, dauerte so ein Schwelprozeß drei Wochen. Und ein bis zwei Jahre Erfahrung brauchte man dazu, einen Holzmeiler richtig aufzuschichten, so daß wenig Luft darin zirkulierte.

Gelebt und gewohnt haben der Köhlermeister und seine Gesellen damals in selbstgebauten Köhlerhütten neben den qualmenden Meilern. Holzkohle wurde teilweise als Feuerungsmaterial zum Schmelzen von Erzen verwendet und kam fast der Steinkohle gleich.

Heute ist das alles schon Geschichte. Wer könnte heute noch einen Holzmeiler bauen? Das alte Handwerk ist fast ganz ausgestorben. Jetzt wird die Holzkohle industriemäßig hergestellt, wie ich feststelle. Viele Industriezweige sind darauf angewiesen, und der Bedarf wächst.

Der kleine Stalin

In Harzgerode ist der Marktplatz wie leergefegt, nur ein Parkverbotsschild steht einsam auf dem Platz. Ich will mir die Stadt ansehen und anschließend in einer der drei Gaststätten am Markt essen. Aber wo Benno lassen? An den Bäumen zwischen Bürgersteig und Straße kann ich ihn nicht anbinden. Dort behindert er die Fußgänger und den Autoverkehr. Also binde ich ihn auf dem Marktplatz am Parkverbotsschild an.

In der Gaststätte suche ich mir einen Fensterplatz, von dem aus ich Benno gut im Auge behalten kann. Fünf bis sechs Leute stehen um meinen Benno herum, mustern und streicheln ihn. Ich bestelle mir ein großes Bier, Hackepeter mit Ei und Brot.

Während ich auf meine Bestellung warte und aus dem großen Panoramafenster über Bürgersteig, Straße und Marktplatz blicke, erhöht sich die Zahl der Neugierigen und Tierliebhaber ständig. Die Leute strömen zusammen, als gelte es, etwas ganz Seltenes zu bestaunen. Schon kann ich mein Pferd nicht mehr sehen. Eine dicke Menschentraube steht zwischen Benno und mir. Hören kann ich hier in der Gaststätte nicht, was da draußen auf dem Marktplatz vor sich geht, aber sehen.

Die Leute reden aufeinander ein, gestikulieren mit Händen und Füßen. Immer mehr Schaulustige gesellen sich dazu. Mittlerweile ist auf dem Marktplatz ein kleiner Auflauf entstanden. Die Gäste an meinem Tisch und an den Nachbartischen werden aufmerksam. Ich warte immer noch auf meinen Hackepeter.

»Sagen Sie mal, gehört Ihnen das Pferd da draußen? Unser Bürgermeister, der sucht Sie schon«, werde ich von meinem Gegenüber angesprochen. »Der hat bestimmt etwas gegen Ihr Pferd.« Er erklärt mir weiter, daß der Bürgermeister, der »kleine Stalin« genannt, ein energischer, zielbewußter, tatkräftiger Mann sei und für die Stadt schon einiges geleistet habe und daß er auch nur in einer normalen Neubauwohnung wohne. Ein ehrlicher, überzeugter Kommunist, der keine Privilegien genösse, aber seine Stadt diktatorisch, mit eiserner Hand regiere, manchmal bis spät in die Nacht hinein. Da brenne dann in seinem Arbeitszimmer im Rathaus noch das Licht – wie beim »großen Stalin« in Moskau: »Im Kreml brennt noch Licht«, heißt ein Gedicht von Erich Weinert.

Jetzt bin ich gespannt auf den Bürgermeister von Harzgerode. Immer rankommen lassen, denke ich. Mein Essen wird gebracht, und ich esse ruhig weiter. Nur keine Panik!

»Gehört Ihnen das Pferd?« Ich drehe mich um. Vor mir steht der Bürgermeister im grauen Anzug und sieht mich herausfordernd an. »Kennen Sie das Schild nicht? Dort ist Parkverbot. Wir sind doch hier nicht in Texas! Sofort abreiten!«

»Ich denke nicht daran, bin beim Essen und muß erst bezahlen«, entgegne ich, außerdem: »Nein, ich kenne das Schild

nicht, bin doch kein Autofahrer. Und übrigens ist das Pferd ein Fußgänger und hat damit das Recht, dort zu stehen«, gebe ich weiter zur Antwort.
Der Bürgermeister ist verblüfft, so etwas ist ihm noch nicht begegnet. Er gibt aber nicht auf, ruft: »Unverschämtheit! Frechheit!«
Da wird es mir zuviel. »Ich verlange, daß man die Polizei holt, um den Sachverhalt zu klären«, sage ich. »Wo steht denn geschrieben, daß ein Fußgänger nicht auf dem Marktplatz stehen darf? Zeigen Sie mir mal das Gesetz!« Ich poche auf mein Recht und auf das von Benno. Die Leute sind auf meiner Seite, einige klatschen Beifall. Das gibt dem Herrn Bürgermeister zu denken. Nach einigem Hin und Her einigen wir uns und schließen einen Kompromiß: Das Pferd kommt heute noch weg. »Aber selbstverständlich, Herr Bügermeister, heute noch!« Nun ist er erleichtert. Er hat Dampf abgelassen. Ich sehe es ihm an. Er, der »kleine Stalin«, hat mal wieder Ordnung geschaffen in Harzgerode, hat sich durchgesetzt gegenüber diesem Penner mit Pferd, obwohl aus »Sofort abreiten!« doch nichts geworden ist.
Der Herr Bürgermeister setzt sich in seinen Wartburg und fährt zufrieden davon, Feierabend ist ja schließlich schon vorüber.
Auch in meiner Kreisstadt Kyritz wird das Bankgebäude, in dem sich in der unteren Etage noch die Bank für Handwerk und Gewerbe befindet und in den drei oberen Etagen die Kreisleitung der SED sitzt, im Volksmund »der Kreml« genannt. Vielleicht regiert dort als Erster Sekretär der Partei

auch ein »kleiner Stalin«? Wahrscheinlich! Ich weiß es nicht. Der steht persönlich nicht so im Licht der Öffentlichkeit wie der Bürgermeister einer Stadt. In den fünfziger Jahren habe ich aber seine Herrschaft schmerzlich am eigenen Leibe verspürt.

ÜBELKEIT

Für heute habe ich keine Lust mehr weiterzuziehen. Gleich hinter dem Marktplatz steht die Kirche mit viel Gras drumherum. Das wäre das Richtige für Benno. Hoffentlich ist der Pfarrer zu Hause. Er ist zu Hause. Sofort bietet er mir sein Gartenhäuschen an und für Benno den Kirchplatz. Pfarrers Frau und Kinder sind im Urlaub an der See. Ich bin gerade zur rechten Zeit gekommen.
Der Pfarrer ist ein munterer Mann. Am Abend sitzen wir bei Wein und Zigarre zusammen. Bei der zweiten Flasche Wein angekommen, merke ich, wie mir übel wird. Ich muß an das Hackepeter in der Gaststätte denken. Die Toilette erreiche ich schon nicht mehr. In der Küche muß ich mich das erste Mal übergeben, auf der Toilette noch drei-, viermal.
»Wenigstens nicht auf den Teppich im Zimmer«, sagt der Pastor seelenruhig, als er mit Scheuerlappen und Schrubber am Aufwischen ist. Ich bin ganz kaputt, will nichts als schlafen, aber die Nacht sollte furchtbar werden.
Kaum bin ich eingeschlafen, weckt mich erneutes Grollen im Magen. Weiter als bis in den Garten komme ich nicht. Gerade

habe ich mich wieder hingelegt, da schreckt mich ein stechender Schmerz in der Magengrube auf. So geht es die ganze Nacht. Das Papier ist längst alle, und so behelfe ich mich mit Gras und Blättern. Den halben Garten dünge ich dem Pastor kostenlos. Jede volle Stunde höre ich die Turmuhr schlagen. Zum letzten Mal um fünf, dann muß ich doch eingeschlafen sein.

Am Morgen bringt der Pfarrer Tee und Zwieback. Er ist sehr besorgt um mich. »Am Wein wird es doch nicht gelegen haben?« Er jedenfalls fühle sich wohl.

Vor Erschöpfung schlafe ich wieder ein und wache erst mittags auf. Auf einem Stuhl neben mir steht eine Schüssel mit Haferflocken. Jetzt fühle ich mich etwas besser. Ich entschließe mich auf Anraten des Pfarrers, diesen Tag noch in Harzgerode zu bleiben, falls ich eventuell noch einen Arzt benötigen sollte. Entkräftet und wackelig auf den Beinen mache ich meinen Stadtrundgang. Als erstes kaufe ich mir in der Apotheke ein Medikament »für alle Fälle« und für später.

Abends sitzen wir wieder in Pastors guter Stube, aber diesmal bei schwarzem Tee, und setzen unsere Unterhaltung fort.

Ein altes Mütterchen betritt grußlos das Zimmer, holt sich irgend etwas aus einem Schrank und huscht auf leisen Sohlen wieder hinaus. »Das ist unsere alte Dame«, sagt der Pfarrer. »Wir haben sie bei uns aufgenommen und pflegen sie schon seit Jahren. Darum können wir auch nie gemeinsam in den Urlaub fahren. Einer von uns muß immer zu Hause bleiben.« Er berichtet mir vom Schicksal dieser Frau. Ich will es hier in Stichpunkten wiedergeben.

Die Landarbeiterin

Frau Witt ist Landarbeiterfrau aus Pommern. Sie stammt aus sehr einfachen Verhältnissen. Noch heute erzählt sie von ihrem Vater, der sie nie geschlagen hat. Mit vierzehn Jahren wurde sie bei einem Gutsbesitzer Dienstmädchen. Der hat sie einmal gelobt, weil sie so gut Holz hacken konnte. Dieses Lob bewegt sie mit ihren einundneunzig Jahren noch immer.

Kurz nach dem ersten Weltkrieg wurde sie mit dem Kriegsversehrten Bernhard Witt verheiratet. Er hatte einen Arm verloren. Sie bekam viele Schläge von ihm, wobei der Alkohol eine entscheidende Rolle spielte.

Sie gebar zwei Söhne, Georg und Eberhard. Georg erlernte das Schmiedehandwerk. Er war sehr kräftig. Mit Kaninchenzucht verdiente er sich ein Fahrrad. 1947 starb er in Sylshagen im Harz an Tbc. Der jüngste Sohn ist als Kleinkind vom Tisch gefallen. Nach diesem Unfall war er taub. Im Frühjahr 1945 kam er auf tragische Weise ums Leben: Weil er nichts sagen konnte, wurde er von Besatzungssoldaten erschossen.

Bis zum vierten Lebensjahr hat sie ihre Söhne gestillt. Sie rannte von der Feldarbeit in der Mittagspause nach Hause, während sich die anderen Frauen ausruhten, gab den schon großen Kindern die Brust, trank Wasser und lief erschöpft zurück aufs Feld. Auf diese Weise sparte sie Geld für Milch und verhinderte überdies eine erneute Schwangerschaft.

1945 kamen die Polen, die neuen Herren, nach Pommern. Jetzt begann für die Deutschen eine Art Fronarbeit, so wie

vor 1945 für die Polen. Die Wohnkaten durften während der Feldarbeit nicht abgeschlossen werden. So gingen auch die letzten Habseligkeiten verloren.
1946 Umsiedlung. Nach mehreren Etappen kam sie mit ihrem Mann nach Schwerz im Saalekreis. Ihr Mann zog abends oft grölend durchs Dorf und sang Heimatlieder aus Pommern. Es gab viel Ärger. Ihre gemeinsame Aufgabe war es, die Dorfschule in Schwerz und Dammendorf sauberzuhalten und im Winter zu beheizen.
Bernhard Witt tat wegen seiner Trunksucht so gut wie nichts. Sie bekam Schläge, mußte ihm den ganzen Monatslohn von vierzig Mark abgeben und hatte oft nur einen Kanten Brot. Im Sommer mit dem Handwagen, im Winter mit dem Schlitten holte sie die Braunkohle vom vier Kilometer entfernten Bahnhof in Niemberg.
Anfang der sechziger Jahre starb ihr Mann. Ihr Kommentar: »Er war ja so nutzlos, so unnütz.« »Unnütz« ist eines ihrer Lieblingsworte.
Dem Amtsvorgänger meines Harzgeroder Pastors richtete sie den Garten her. Dieser Dr. Kammer war vor dem »Dritten Reich« Pressechef bei der evangelisch-lutherischen Presse gewesen. Die Nazis ekelten ihn von seinem Posten. In den trostlosen Dörfern östlich von Calbe in Richtung Bitterfeld fristete er in einem total heruntergewirtschafteten Pfarrhaus sein Leben. Die Leute aus der Umgebung verehrten ihn, einige wenige verspotteten ihn. Er hatte die Gabe, Menschen durch Gebet und Handauflegen zu heilen. Von weit her kamen die Leute, um gesund zu werden.

Ein alter Landarzt berichtete, er habe den Pfarrer auf den Knien beten sehen. Seine tiefe Frömmigkeit wurde oft nicht verstanden. Er hat vielen Menschen ohne den geringsten Eigennutz geholfen. Einem jetzt schon betagten Manne wurde im ersten Weltkrieg das Knie durch eine Schußverletzung gelähmt. Fast fünfzig Jahre ging er lahm. »Dann kam ich zu Dr. Kammer«, erzählte er, »er betete mit mir und segnete mich. Seitdem kann ich wieder gut laufen.«

In diesem Umfeld lebte Frau Witt. Jeden Sonntag saß sie in der Kirche, manchmal ganz allein. »Die Menschen sind so gottlos«, war dann ihr Resümee. Von ihrer Rente gab sie einen großen Teil an die Kirchengemeinde ab.

Sie selbst wohnte in zwei feuchten Kammern. Auf dem Herd – er stammte vermutlich noch aus der Zeit des Dreißigjährigen Krieges – kochte sie ihre bescheidenen Mahlzeiten. Montags aß sie Bauchfleisch mit Sauerkraut, dienstags Sauerkraut mit Bauchfleisch, mittwochs wärmte sie dasselbe noch einmal auf und so fort.

Als der Mann noch lebte, ging es ihr noch viel schlechter. Wie ein scheues Reh huschte sie durchs Dorf. Auch bei hochsommerlichen Temperaturen trug sie ein langes schwarzes Kleid, wollene Strümpfe und ein Kopftuch. Bei glühender Hitze wirtschaftete sie stundenlang im Pfarrgarten.

Sechs Tonnen Briketts waren angefahren worden, der Pastor nicht zu Hause. Die Kohlen lagen vor dem Hoftor. Sie las die Briketts einzeln in ihre Schürze und trug sie in den Stall. Da war sie immerhin schon vierundachtzig. Bürgermeister und Hauswirt hatten ihr dringend geraten, sich im Altersheim anzumelden. Der Antrag lief, doch es war kein Platz frei. Dann aber kam ein Schreiben an Frau Witt und an den Rat der Gemeinde. Frau Witt könne sofort einen Platz bekommen. Im Altersheim würde sie wenigstens versorgt, war der Kommentar der Dorfbewohner. Der Pfarrer brachte sie beklommen und mit ungutem Gefühl ins Heim. Der Hausbesitzer war froh, denn junge Leute hatten schon lange darauf spekuliert, das Häuschen zu kaufen und neu aufzubauen.

Es dauerte keine paar Stunden, da waren die alten Möbel zerhackt, und jede Spur, jedes Andenken an die alte Frau schien beseitigt. Sie hatte nur darauf bestanden, ihre Bibel und das Andachtsbuch mitzunehmen. Bis zu ihrem neunzigsten Lebensjahr las sie ohne Brille täglich in der Bibel. Ihre Kleider und Wäsche, die der Pastor ihr ins Heim brachte, füllten kaum den Kofferraum seines Trabants.

Über das Holzhacken berichtete Emma Witt laut dem Harzgeroder Pfarrer folgendes: »Mit vierzehn Jahren, das war 1907, kam ich aus der Schule. Ostern wurden wir eingesegnet. Das war noch lange vor dem Krieg. Im übernächsten Dorf war ein großes Rittergut. Dort gab es Arbeit. Mein Vater war gut zu mir, er hat mich nie geschlagen.

Im Stall war ein großer Hackklotz. Vater nahm ein Beil und spaltete Holz. Ich mußte zugucken. Nach einer Weile gab er mir das Beil. Paß auf deine Finger auf, rief er. Mit der linken Hand hielt ich das Holz, und mit der rechten habe ich zugehauen. Meine Arme waren ganz dünn und schwach. Bald hatte ich Blasen an den Händen. Doch immer wieder mußte ich in den Holzstall. Vater freute sich, als ich richtig mit dem Beil umgehen konnte.

Zwei Monate nach meiner Konfirmation ging er mit mir zum Rittergut. Wir hatten kein Pferd, deshalb mußten wir zu Fuß gehen. Im nächsten Dorf hatten wir Verwandte. Wohin wollt ihr? fragte der Onkel, als wir ihn besuchten. Zum Rittergut, Emma soll dort arbeiten. Wir konnten nicht lange bleiben.

Nachdem wir Kaffee getrunken hatten, liefen wir weiter. Ich lief schneller als mein Vater. Ja, der war wirklich gut zu mir. Es war noch vor der Ernte, aber Heu wurde eingefahren. Mein Vater redete mit den Fuhrleuten. Ich selbst durfte nicht mitreden. Kinder hatten still zu sein, wenn Erwachsene sich unterhielten. Das haben meine Eltern immer wieder gesagt.

Es war schon fast Abend, als wir zum Gut kamen. Vater kannte den Inspektor. Meine Tochter sucht Arbeit bei euch, sagte er. Der Inspektor war ein feiner Mann. Er mußte sich um alles auf dem Gut kümmern. Ihr könnt heute nacht bei uns bleiben, sagte er. Wir bekamen zu essen und zu trinken. Der Inspektor ging mit Vater in die Wirtschaft. In einer Kammer war ein Strohsack. Dort konnte ich schlafen. Am nächsten Morgen wachte ich allein auf.

Der Gutsinspektor teilte die Leute zur Arbeit ein. Der Gutsbesitzer kam und kontrollierte, ob alles richtig war. Er guckte mich an und drehte sich dann zu meinem Vater: Deine Tochter ist doch viel zu schwach. Aber sie kann gut Holz hacken, antwortete Vater.

In einer ganz großen Scheune lagen dicke Stämme aus Buchenholz. Ja, es war Buchenholz. So, wie ich es zu Hause gelernt

hatte, machte ich das Holz klein. Ich habe es dann richtig aufgestapelt. Der Gutsbesitzer wollte es gar nicht glauben. Meine Arme waren doch so dünn! Du hast eine fleißige und geschickte Tochter, sagte er zu meinem Vater. Sie kann bleiben.
Am Nachmittag bekamen die Gutsleute heißen Kaffee und Brot. Als er den großen Holzhaufen sah, den ich kleingemacht hatte, hat er mich vor allen anderen gelobt. Die Frau, die immer für das Gut gekocht hat, brachte mir dann eine Tasse Kakao. Und gelobt bin ich wieder worden!
Später hat mich niemand mehr gelobt. Mein Mann hat mich nur gehauen. Aber auf dem Gut bin ich gelobt worden. Ich brauchte bei der Ernte nicht mit aufs Feld. Bis zum Herbst habe ich immer Holz gehackt. Es hat keiner mit mir geschimpft. Ja, mein Vater war gut zu mir. Er hat mir beigebracht, wie man richtig Holz hackt. Nicht einmal habe ich mir dabei die Hände verletzt.«

In die Höhe

Am nächsten Morgen trägt mich Benno auf seinem Rücken aus Harzgerode hinaus. Ich muß an den Bürgermeister und an den Pastor denken: Jeder tut Gutes für die Menschen, Atheist und Christ. Jeder nach seiner Fasson.
Es geht wieder die Höhen hinauf. Ich will dem Urlaubsstrom ausweichen, der sich uns auf den breiten Wegen im Tal entgegenwälzt. Ich will allein sein. Wahres Glück findet man nur in der Stille. Von oben hat man einen schönen Blick in

die Täler. Häuser und die Bahn von Mägdesprung sehen wie Spielzeug aus.

Ein wunderbares Gefühl, auf Bennos Rücken durch die Wälder in der Einsamkeit zu reiten. Eine wohltuende Ruhe umgibt mich. Das ist die Begegnung mit Gott, mit der Stille. »Wenn ihr stille wäret, würde euch geholfen«, ist ein Zitat aus der Bibel.

Selten begegnet mir ein Wanderer, und wir grüßen uns dann wortlos mit einem Kopfnicken. Auch die »Mach mit – bleib fit!«-Strecke mit Klettergerüsten und Reckstangen – Anfänger drei, Könner fünfundzwanzig Klimmzüge – liegt verlassen. Ich mache keine Klimmzüge, benutze auch die anderen Geräte nicht. Mein Fitneß-Training, das ich bis jetzt schon abgeleistet habe, genügt mir voll und ganz.

Wie sagte doch unser ehemaliger Großer Vorsitzender Walter Ulbricht: »Jedermann an jedem Ort in der Woche dreimal Sport«. Ich mußte immer grinsen, weil ich an einen ganz bestimmten Sport dabei dachte. Er sagte übrigens »einmal Sport«, aber es hat gereicht, um Witze darüber zu machen.

Erst kurz vor Friedrichsbrunn treffen wir wieder Urlauber. Schon von weitem kündigen sie sich durch Lautstärke an. »Gucke ma, ä Färd!« höre ich des öfteren von den Kindern. »Der hats gut, der brauch ni loofen!«

In Friedrichsbrunn wieder Menschen in Massen, und die Blechlawine rollt. Das muß ich erst verkraften. Mittagessen in der Selbstbedienungsgaststätte geht schnell. Ich mache, daß ich weiterkomme.

Der Wald nimmt mich auf. Hier kann ich wieder durchatmen. Die Gegend wird immer romantischer, je weiter ich mich

Treseburg nähere. Im tiefen Forst von Treseburg machen gerade zwei Waldarbeiter Feierabend. Sie schieben ihre Mopeds auf den Weg, schnallen ihre Rucksäcke auf und erwarten mich. Wieder ist hier die Neugierde der Leute mein Bundesgenosse. Ich erfahre für meine Story die Adresse eines gewissen Adam Fries, Fuhrunternehmer und Kremserfahrer in Altenbrak.

Der Retter

Einen Kilometer weiter hat sich eine Dame aus Berlin im Wald verlaufen. Hilfesuchend sieht sie mich an, die Wanderkarte in der Hand. Bewaffnet ist sie mit einem Wanderstock, bekleidet mit einem grünen Wanderhut mit braunem Püschel, Wanderschuhen, Kniebundhosen und anschließenden dicken, roten Wollkniestrümpfen, auf dem Rücken einen Wanderrucksack.

Sie wolle auch nach Altenbrak, wohne dort »privat« und hoffe nun, in mir einen Einheimischen angetroffen zu haben. »Ihr Berliner seid doch sonst so schlau!« sage ich und biete ihr Benno als Reittier an. »Der findet schon den Weg allein, wittert den nächsten Ort. Auf den können Sie sich verlassen.« Aber entrüstet wehrt sie ab: »Das arme Tier!«

Und daß ich mit diesem »armen Tier« schon von Kampehl, hundert Kilometer weit hinter Berlin, zu Fuß und zu Pferde bis in den Harz gekommen bin, will ihr nicht in den Sinn. Ungläubig putzt sie sich immer wieder ihre Brille, mustert mein Pferd von allen Seiten. »Daß es so etwas auch gibt! Das ist bis jetzt mein größtes Ferienerlebnis.« Ich nehme Benno am langen Zügel zu meiner Rechten. Nun laufen wir zu dritt und kommen gerade zur Kaffeezeit in Treseburg an.

Aus Dankbarkeit lädt sie mich in ein Café ein, führt mich gleich an einen Tisch, an dem sie schon erwartet wird. Stolz stellt sie mich zwei weiteren Damen als ihren Retter vor. Alle drei sind besorgt und bemüht um mich, verwöhnen mich mit Kaffee, Kuchen, Eiskaffee, Kognak. »Wenn Sie schon von so weit herkommen, haben Sie doch Hunger!« Ich nicke nur mit dem Kopf. Den Spaß will ich den Damen nicht verderben. Für sie bin ich ja ein Held, ein harter Bursche, ein toller Kerl, ein richtiger Mann, wie im Fernsehen.

Ich muß ihnen von meinen unterwegs begangenen »Heldentaten« berichten. Sie hängen an meinen Lippen, ihre Augen strahlen, blitzen mich an. Unvorstellbar für sie: zu Fuß bis hierher! Nach jedem Kognak und Kaffee muß ich eine neue Geschichte erzählen. Sie sind jedesmal begeistert und klatschen in die Hände. Die Nebentische sind schon mitbeteiligt an meiner Berichterstattung. Benno steht derweil angebunden an einem Baum und läßt sich von den Kindern füttern. Hin und wieder muß er als Zeuge für meine Storys herhalten. »Fragen Sie nur meinen Benno. Wenn der reden könnte!«

Die Frauen lassen den Bus nach Altenbrak sausen. Sie sind unersättlich, fragen mich aus bis aufs Hemd. So einen schönen Nachmittag hätten sie lange nicht erlebt, sagen sie. Ich hätte ihnen viel Freude bereitet. Noch lange wollten sie an mich denken. Fest drücken sie mir die Hand, umarmen mich und wünschen mir für die weitere Reise alles, alles Gute.

Nun aber will ich auch denen zu Hause eine Freude bereiten. Den Anstoß dazu geben mir die Berlinerinnen. Schon lange habe ich mich nicht mehr gemeldet. Drei Ansichtskarten von Treseburg sind fällig: Eine geht an meine Sippe, eine an den Stammtisch des Gasthofes »Zum Ritter Kahlbutz«, die letzte an meinen reichen Cousin in die Ostprignitz, der nichts weiter kennt, als Geld zu scheffeln und jedes Jahr ein neues, sündhaft teures Auto vom Schwarzmarkt zu haben.

Geld und Autos, das sind seine Gesprächsthemen, keine Zeit, keine Zeit, jedes zweite Wort. Darüber haben wir schon immer gestritten. »Angenommen, du brichst dir morgen ein Bein, liegst sechs bis acht Wochen im Streckverband und bist dann noch sechs Wochen arbeitsunfähig, was dann? Dann mußt du auch Zeit haben.« Darauf kann er mir keine Antwort geben.

AUSSPANNEN

Adam ist in Altenbrak bekannt, und man schickt mich ins Unterdorf. Wir passieren eine Fußgängerbrücke über die Bode, und fast am Ende des Ortes, wo die Häuser dichtgedrängt an der kurvenreichen Straße stehen, wohnt Adam. Links sein Wohnhaus, rechts der Straße die Stallung, unmittelbar an der Bode.

Ein großer, vierschrötiger Mann, Mitte siebzig, und ein kleiner, unscheinbarer im gleichen Alter blicken mich erwartungsvoll an. Ja, wer kommt denn da angewandert mit seinem Pferd am Zügel? Auch für Altenbrak ein ungewohnter Anblick.

Adam ist gerade von der Nachmittagstour mit seinem Kremser zurück, und der kleine Franz ist am Pferdefüttern. »Wenn Du auf dem Heuboden schlafen willst, kannst Du bleiben. Für Dein Pferd ist im Stall noch Platz.« Ich bin zufrieden.

Franz kümmert sich gleich um Benno. Er ist gebürtiger Ostpreuße und durch den Krieg nach Magdeburg verschlagen worden. Er hat bis zum Rentenalter im Schwermaschinenbau in der Expedition gearbeitet. Eine kleine AWG-Wohnung bewohnt er in Magdeburg, aber in den Sommermonaten zieht es ihn immer wieder nach Altenbrak zu seinem Freund Adam.

Bei freiem Essen und freier Unterkunft hilft er in dessen Minilandwirtschaft und versorgt das Pferdegespann, denn Adam muß sich sofort hinlegen, wenn er von einer Tour zurückkommt. Er hat einen Wirbelsäulenschaden, und das Sitzen auf dem Kutscherbock strengt ihn an. Seit Jahren schon will er den Betrieb aufgeben, aber die Macht der Gewohnheit und sein Geschäftssinn haben ihn bis jetzt davon abgehalten.

Adam ist Rumäniendeutscher und hatte ein turbulentes Leben hinter sich, bis er in Altenbrak festen Fuß faßte. Seine Frau arbeitet im Ferienheim in der Küche, und von den Abfällen dort füttert sie einige Schweine. Außerdem vermieten sie Zimmer an Urlauber.

Franz will meinen Benno mitversorgen, also brauche ich mich um nichts zu kümmern. Das ist mir recht. Benno kann sich einige Tage ausruhen. Und ich kann mal allein im Harz herumwandern, vielleicht mit dem Bus irgendwohin fahren und dann zurücklaufen. Gleich morgen soll es losgehen. Jetzt schaffe ich erstmal mein Gepäck über eine steile, schmale Leiter zum Heuboden hinauf und schlendere dann durch Altenbrak, froh, hier bei Adam Unterkunft gefunden zu haben. In einem Ferienort wie diesem ist das großes Glück, wo jedes Zimmer und jedes Bett schon lange im voraus vom FDGB gebucht sind. Als Einzelreisender hat man kaum eine Chance unterzukommen.

Ausflüge

Früh um neun Uhr steige ich in einen Bus mit mir unbekanntem Ziel. Ich lasse mich einfach treiben. Irgendwo werde ich schon ankommen. Und wo es schön ist, wo es mir gefällt, da will ich aussteigen.
Am Hexentanzplatz steigt alles aus. Nach einigem Zögern schließe ich mich als letzter an und laufe hinter dem Menschenstrom her.
»Harzer Bergtheater – 11 Uhr Vorstellung – Sechse kommen durch die ganze Welt«, steht auf einem Plakat. Ich stelle mich nach einer Karte an. Das Theaterstück interessiert mich. Wenn Sechse durchkommen, kommt bestimmt auch einer durch.
Meine Mitschauer sind zum großen Teil Kinder aus Ferienlagern. Ich sitze mitten unter ihnen. Sie packen ihre Stullen aus, trinken Brause, lutschen Bonbons, knabbern an ihrer Schokolade, lachen und unterhalten sich laut, vollkommen ungezwungen. Alle warten wir auf unseren Holzbänken auf den Beginn. »Wann gehtn det nu endlich los? Wie lange dauertn det noch?« Ich sitze unter Berlinern.

In der Gaststätte »Walpurgis« sind viele Tramper mit Sack und Pack, Typen wie ich.

Auf dem Weg zur Seilbahnstation treffe ich auf eine Musikantengruppe. Auf mittelalterlichen Instrumenten spielen sie alte Volksweisen, und der Hut am Boden füllt sich langsam mit Münzen: Studenten aus Weimar von der Franz-Liszt-Musikhochschule. Die Leute gefallen mir. Sie haben Unternehmungsgeist, bringen ihren Mitmenschen Freude. Ich muß mich direkt loseisen.

Vom Felsen aus bietet sich ein weiter Ausblick ins Harzvorland. Nach Altenbrak zu Fuß durchs Bodetal, das liegt noch vor mir. Vor gut zehn Jahren bin ich hier schon einmal gelaufen, und auch dieses Mal bin ich wieder überwältigt von der Schönheit der Natur. Benno hätte ich auf diesem Weg sowieso nicht mitnehmen können, denn ich muß in den Felsen klettern und auf schmalen Fußgängerbrücken über die wild schäumende Bode balancieren. Soll er sich ruhig ein paar Tage im Stall ausruhen und sich von Franz pflegen lassen.

In Treseburg steht der letzte Bus nach Altenbrak an der Haltestelle. Bis zur Abfahrt habe ich noch etwas Zeit, esse irgendwo eine Bockwurst und liege um zweiundzwanzig Uhr todmüde bei Franz im Heu.

Am frühen Morgen stehe ich wieder an der Haltestelle und steige in einen Bus, der zufällig vorfährt. Die Fahrt geht durch das Harzvorland, durch freundliche, gepflegte Dörfer. An einigen Häusern prangen runde Embleme, Auszeichnungen zum Jahresschützenkönig. Das ist mir vollkommen neu und fremd. Daß es so etwas noch gibt! Bei uns zu Hause gibt es das

schon lange nicht mehr. Vor dem Kriege hatten sie auch bei uns in den benachbarten Kleinstädten Schützenvereine und jedes Jahr ein Schützenfest. Der neue Schützenkönig wurde gekürt. Der vom letzten Jahr wurde von seinen Kameraden mit Musik und Vereinsfahne zu Hause abgeholt, und unter großer Anteilnahme der Bevölkerung marschierte man mit Marschmusik gemeinsam zum Schützenplatz hinaus und ins Bierzelt oder Schützenhaus, eine Gaststätte mit Saal, hinein.
Abends war dann natürlich dort Tanzvergnügen für die ältere Jugend. Wir Kinder aus den anliegenden Dörfern waren tagsüber immer dabei, schon des Rummels wegen mit Karussell und Buden. Fünfzig Pfennig Taschengeld gab es von den Eltern mit. Das war viel damals.
Nur im Harz haben die Schützenvereine eine uralte Tradition. Der älteste Verein stammt aus dem Jahre 1451, wie mir ein Bauer, der in einem Dorf zusteigt, verrät. In Blankenburg ist Endstation. Der nächste Bus geht nach Wernigerode.
Die bunte Stadt am Harz kenne ich, auch das Schloß und das Museum. Schon als Kind war ich mit meiner Schulklasse hier. Das war 1938. Studienrat Streckenbach, unser Klassenlehrer, den wir »Mucki« nannten, unternahm mit uns damals vor dem Krieg in den Ferien viele Fahrten. Ich habe ihm viel zu verdanken.
Einmal im Leben habe ich durch ihn auch Hamburg gesehen; der Hafen vor allem hatte es mir angetan. Auf einem zur Jugendherberge umgebauten Segelschiff, der »Hein Godewind«, wohnten wir mitten im Hafen. Das war 1939, kurz vor dem Krieg. Ein Leben und Treiben war das damals im Hafen! Ich denke gern daran zurück.

Vom Bahnhof Wernigerode aus will ich mit der Harzquerbahn irgendwohin fahren und dann nach Altenbrak zurücklaufen. Es wird eine wunderschöne Fahrt bis Drei Annen Hohne, an der Steinernen Renne vorbei. Ich stehe im letzten Wagen auf der Plattform. Fast kann ich die Tannenäste ergreifen. Die Bahn quält sich die Steigungen hinauf, dadurch geht alles hübsch langsam, und ich erfreue mich an der Landschaft. Schön, ohne Ballast und Sorgen zu reisen!
In der Bahnhofsgaststätte Frühstück und Kartenstudium. Dann entschließe ich mich für einen Weg nach Königshütte durch schweigende Fichten- und Lärchenwälder.
In Königshütte steige ich in einen schon bereitstehenden Zug ein, in Rübeland wieder aus. Noch nie habe ich den Brocken so gut sehen können wie jetzt vom Abteilfenster aus. Es geht über gerades Land, und kein Berg versperrt die Sicht.
Rübeland selbst gibt mir nichts. Urlauber in Massen. Eine dicht befahrene Verkehrsstraße durchschneidet den Ort. Anscheinend ist hier Industrie, denn es herrscht starker Lkw-Verkehr. Auch die Höhlen kenne ich von einer Klassenfahrt mit »Mucki« schon und halte mich daher nicht lange auf. Eine Ansichtskarte von der Harzquerbahn an meinen Enkel Daniel, und ich lasse Rübeland hinter mir.
Auf der Straße zur Talsperre wieder die bergan-bergab heulenden Zweitakter, zum größten Teil mit Kennzeichen aus den nördlichen Bezirken, aus Berlin, Leipzig, Halle. Wie Geschosse jagen sie ganz nah an mir vorbei. Der Lärm und der Dunst der Abgase machen mich verrückt. Immer wieder weiche ich auf den Bankettstreifen aus. Aber oft bleibt mir nur der

Straßengraben als Fluchtweg, wenn die Autos mich mit kaum einer Handbreit Abstand überholen. »Ssst ssst« geht das ohne Unterbrechung.

Ob die Autos, die an mir vorbeirasen, nun von friedlichen oder aggressiven Menschen gefahren werden, ist so gut wie einerlei. Die Geschwindigkeit ist dieselbe und ebenso die Gewalt, die davon ausgeht.

Die haben doch was am Kopp, denke ich, sind bestimmt Urlauber, die von ihren Tagesausflügen in ihre Ferienheime und Unterkünfte zurückrasen, um bloß nicht ihr Abendessen zu verpassen. Im Urlaub soll man sich Zeit nehmen, ist meine Meinung. Bei vielen allerdings ist Essen das Wichtigste. Und natürlich das Auto!

Ich muß diese Straße entlanglaufen wegen der Brücke über der Talsperre. Danach überquere ich die noch stärker befahrene Straße Blankenburg-Nordhausen.

Erst im Wald von Schönburg finde ich wieder Ruhe. Ein schöner Ausblick auf Altenbrak im Tal entschädigt mich außerdem.

HEUMACHEN

Abends sitze ich mit Franz auf der Bank, und er sagt, daß Adam noch zwei Fuhren Heu auf der Wiese liegen habe. Also soll er morgen ins Heu. Eventuell käme Adams Frau noch mit, falls sie Zeit hat. Das Heu muß gewendet, in Haufen gebracht und anschließend noch eingefahren werden.

Adam hat wieder Fahrten angenommen und kann daher nicht mitkommen. Natürlich biete ich ihm gleich meine Hilfe an. »Aber klar helfe ich euch, denn ihr habt mich ohne weiteres aufgenommen und Benno gefüttert und gepflegt.«
Ich merke den beiden die Freude an, und auch mir ist es eine Genugtuung, daß ich mich erkenntlich zeigen kann.
Nach dem Frühstück am nächsten Tag ziehen wir los. Franz zu Fuß vornweg, Forke und Harke auf dem Buckel. Ich reite mit Benno hinter Franz her, die große Heuforke wie eine Lanze in der rechten Hand. Adams Frau kommt mit Harke, Verpflegung und Getränken gegen Mittag mit dem Fahrrad nach. Es dient ihr als Lastesel und wird geschoben. Der Weg führt in steilen Windungen aus dem Ort hinaus, vorbei an Ferienheimen und Bungalowsiedlungen.
Sonnenhungrige Stadtmenschen liegen in grellbunten Hollywoodschaukeln, sitzen an ihren Frühstückstischen bei Kaffee, Brötchen und Marmelade oder spielen Federball. Vor jedem Grundstück ein Maschendraht oder Jägerzaun mit dem Namen des Besitzers an der Eingangstür. Ein wahres Spießbürgerleben. Hinter jedem Zaun geparkte Autos. Kofferradios plärren. Ich werde neugierig gemustert und komme mir wie ein Eindringling in ihr Urlaubsparadies vor.
Die Wiese liegt an einem steilen Berghang und das Heu darauf in langen Schwaden. Es ist eine von den typischen Oberharzer Bergwiesen, schon vor Jahrhunderten angelegt. Sie tragen zu dem attraktiven Ortsbildern bei und damit auch zu Tourismus und Fremdenverkehr, einer wichtigen Einnahmequelle der Harzbewohner. Wertvolle Pflanzenarten wachsen

auf diesen Wiesen, die nur hier oben existieren können. Das sagt mir schon der Geruch und Duft des frischen Heus.
Benno binde ich am Zaunpfahl fest, so daß er grasen kann. Nach einem Schluck Kaffee aus der Kanne machen wir uns an die Arbeit: die Schwaden mit der Harke umdrehen, so daß das Unterste nach oben kommt und Sonne und Wind die Feuchtigkeit austrocknen können. In zwei Stunden haben wir es geschafft. Nach dem Mittagessen wird das Heu abgetrocknet sein, dann wollen wir es in Haufen setzen und am Abend aufladen.
Zum Mittag serviert uns Adams Frau ein erfrischendes Essen. Ich lasse es mir schmecken. Ich habe seit langem mein Essen wirklich durch meiner Hände Arbeit verdient, und ich bin jetzt auf eine besondere Art und Weise zufrieden. Du hast es dir verdient, hast nicht geschnorrt, nicht dich einladen lassen. Im Schatten eines Baumes erzählt mir Franz Geschichten aus seiner alten ostpreußischen Heimat. Mir tut der alte Mann wirklich leid. Er hat von Kindheit an durchweg in der Landwirtschaft gearbeitet und es im Leben immer schwer gehabt. Einmal hat er mit einer Frau zusammengelebt, die ihn aber wieder verlassen hat, und jetzt steht er allein da, bald achtzig Jahre alt. Wenigstens hat er eine Neubauwohnung, und darauf ist er stolz, wie ich immer wieder heraushöre. In der folgenden Woche ist er dran mit der Flur- und Treppenreinigung und muß daher unbedingt vorher nach Magdeburg fahren. Ich will ihm die Sache ausreden, aber Franz nimmt seine Pflichten ernst und wird ein wenig böse. Da gebe ich es auf. Außerdem ist es Zeit, das Heu in Haufen zu setzen.

Wir erheben uns ächzend und stöhnend. Uns läuft das Wasser nur so runter, der Schweiß brennt in den Augen, aber zur Kaffeezeit liegen vier exakte Haufenreihen da. Adam kann mit dem Heuwagen kommen. Aber von Adam keine Spur.

Einzelbauer

Ich lege mich in den Schatten. Umgeben vom Duft des frischen Heus, fange ich an zu träumen: von meiner Bauernzeit vor dreißig Jahren. Damals war an Urlaub überhaupt nicht zu denken, schon gar nicht an solch einen mit Pferd und Wagen. Meine Eltern hätten mich für verrückt erklärt. Die Arbeit riß ja nie ab im Sommer. Kaum war die Pflege der Hackfrüchte beendet, stand die Heuernte vor der Tür, anschließend die Ernte von Wintergerste, Raps, dann von Roggen, Hafer und Weizen.

Wir hatten eine große Wirtschaft von vierundachtzig Hektar. Mähdrescher hatten wir damals nicht. Alles war schwere Handarbeit. Mit Lanz-Bulldog und Mähbinder wurde gemäht. Die Garben mußten in Mandeln gesetzt und dann nach dem Trocknen in die Scheunen eingefahren werden. Dieselkraftstoff, Ersatzteile und Bindegarn waren Mangelware. Oft blieb mir als einziger Ausweg die Fahrt nach Westberlin, um Bindegarn und Ersatzteile zu holen.

Ersatzteile für meine Landmaschinen gab es bei uns nicht mehr. Die Maschinen waren verschlissen, außerdem westliches Fabrikat wie Lanz, Fahr, Claas und so weiter. Neue Maschinen gab es nicht zu kaufen. Die Landmaschinenindustrie hier in der DDR steckte erst in den Kinderschuhen. Von dem wenigen wurden zuerst die neugegründeten LPG beliefert. In Westberlin gab es alles zum Umtauschkurs von Eins zu Vier. Wenn man Pech hatte, nahm einem der DDR-Zoll die sauer erworbenen Gegenstände auch noch weg, und man konnte unter Umständen bei größeren Beträgen wegen Devisenvergehens angeklagt werden.

Was sollte ich machen, wenn ich hier die Stellung als Bauer halten wollte? Viele meiner Kollegen, vor allem ältere, gaben auf und traten der LPG bei. Ich hielt durch bis zum endgültigen Aus. Schon aus Trotz, weil man mir so viel Böses angetan hatte in der Ulbricht-Ära.

Aber nicht alle hatten ein so dickes Fell wie ich. Ein Onkel von mir, der Bruder meiner Mutter, Bauer in der Westprignitz, nahm sich das Leben. Er konnte sein Ablieferungssoll nicht erfüllen. Nicht einmal Futtergetreide für sein Vieh wurde ihm belassen. Er war mit den Nerven am Ende, zumal sein einziger Sohn, Walter, seine Hoffnung, sein Sonnenschein und Hoferbe, vor Leningrad im Krieg gefallen war und er nun keinen Lebensmut mehr hatte. Er konnte diesem Druck nicht standhalten. Eine Flucht in den Westen kam für die beiden Alten nicht in Frage. Was sollten sie dort in der Fremde? Sie würden sich nie einleben. Dann lieber sterben wollen, als die Heimat verlassen.

Meine Mutter hat um ihre beiden Neffen Tag und Nacht geschrien, denn auch Richard, der Sohn ihrer Schwester, ist kurz darauf vor Stalingrad gefallen, ein Bauernsohn aus demselben Ort; und der Mann ihrer Nichte, meiner Cousine Alice aus dem Nachbardorf, wurde in Jugoslawien von Partisanen erschossen. Meine einzigen Cousins! Mutter machte sich nun Sorgen um ihre zwei Kinder, die vielleicht auch noch in diesen verbrecherischen, mörderischen Krieg müßten. Und so ist es dann mit mir im Jahr 1944 geschehen.

Das Getreidesoll mußte im Sommer noch während der Ernte sofort abgeliefert werden. Die alte Ordnung wurde damit auf den Kopf gestellt. Früher wurden die Garben in die Scheunen gefahren und erst im Winter, wenn Zeit war, ausgedroschen. Jetzt wurde wertvolles Getreide oft unter freiem Himmel oder in den Sälen der Gaststätten gelagert. Dadurch verdarb viel. An den Erfassungsstellen standen die Bauern dann während des schönen Erntewetters stundenlang Schlange.

Diese Zustände habe ich oft kritisiert. Die Leute, die damals das Sagen hatten, verstanden von der Landwirtschaft gar nichts, aber sie wollten oder sollten den Aufbau des Sozialismus, der im Sommer 1952 auf der Zweiten Parteikonferenz beschlossen wurde, durchführen. Das konnte nicht gut gehen.

Eine ungeheure Propagandawelle setzte ein, Kampfparolen bis zum Überdruß. Die Funktionäre überstürzten sich in ihrem Größenwahn, ihrer Arroganz und Selbstgerechtigkeit durch Tat, Wort, Schrift und Lied. »Freier Bauer, freies Land. reich der SED die Hand!«, »Ohne Gott und Sonnenschein bringen wir die Ernte ein!« »Die Partei hat immer recht, die Partei, die Partei, die Partei!« sangen sie als Refrain auf Kundgebungen und Massenaufmärschen. Dieses Vokabular kannte ich abgewandelt aus der Nazizeit: »Der Führer hat immer recht!« Es ist für jede Diktatur austauschbar.

Mich hat das nicht berührt. Nur ein müdes Lächeln. Alles schon mal dagewesen. Das kannte ich aus meiner Kinder- und Jugendzeit, als die Nazis den Krieg noch gewinnen wollten, obwohl der Ami und der Iwan vor den Grenzen des Dritten Reiches standen und ein kleiner Teil des Volkes noch an die »Wunderwaffe« glaubte, die uns vorgegaukelt wurde von der NS-Propaganda. »Wessen Brot ich esse, dessen Lied ich singe«, ist ein altes Sprichwort, vor allem, wenn man dafür gut bezahlt wird, im Dienst der Staatsmacht steht und Privilegien hat.

Die SED hatte in ihrer Entwicklung beim Aufbau des Staates DDR alle Phasen, die es im Stalinismus der Sowjetunion gab, getreulich nachgeahmt, so fragwürdig es auch war, dies auf ein Industrieland und auf unsere ganz anderen Agrarverhältnisse zu übertragen. Auch die Verhaftungen damals in den fünfziger Jahren wurden genau wie im Stalinismus durchgeführt. Ich kann ein Lied davon singen.

Jedesmal kamen sie nachts, um einen Familienvater abzuholen. Ich hatte zwei kleine Kinder. Mein Wohnhaus war von der Polizei umstellt, als ob ich ein Schwerverbrecher wäre. Dann die nächtlichen Verhöre während der Untersuchungshaft. Man wollte mir gern noch mehr anlasten: Verbindung mit westlichen Dienststellen, Spionage und Nachrichtenübermittlung, obwohl die Hausdurchsuchung nichts ergeben hatte außer einiger illustrierter Zeitschriften und einer Modezeitung für meine Frau, die mein Bruder einmal aus Westberlin mitgebracht hatte. Sie wurden natürlich eingezogen. Das war der ganze Beweis für meine Westverbindungen. Sonst wäre ich unter zehn Jahren nicht davongekommen im damaligen Kalten Krieg zwischen Ost und West.

Mein Urteil stand wohl schon vorher fest, reine Formsache – zur Abschreckung für andere Leute, die auch aufmuckten. Es blieb bei zwei Jahren Zuchthaus und gleichzeitiger Aberkennung der bürgerlichen Ehrenrechte. Das gehörte automatisch dazu bei Verbrechen nach Artikel 6 der Verfassung der DDR. Für was? Ein Wahnsinn! Ich saß untätig hinter Gittern. Draußen wartete die Arbeit in meiner Landwirtschaft auf mich.

Mein Verteidiger, Rechtsanwalt Dr. Günter Krober aus Leipzig, war ein mutiger, dynamischer Mann vor den Gerichten in Kyritz und Potsdam, ein noch junger Mensch in meinem Alter. Er stellte sogar Strafanzeige bei der Bezirksstaatsanwaltschaft in Potsdam gegen die Volkspolizei in Kyritz wegen Erpressung und Nötigung gemäß Paragraph 132 in Verbindung mit Paragraph 140 des Strafgesetzbuches der DDR.

Meine Frau hatte in ihrer Angst die eidesstattlichen Erklärungen meiner Berufskollegen, die mich hätten entlasten können, dem von der Volkspolizei und Kreisstaatsanwaltschaft Kyritz vorgeschickten Dorfpolizisten herausgegeben. Der bedrohte meine Frau, machte sie darauf aufmerksam, daß sie im Verweigerungsfall Widerstand gegen die Staatsgewalt leisten und dorthin kommen würde, wo ihr Ehemann sich schon befände. Dieses Papier gehörte zur Verteidigungsstrategie meines Anwalts. Solche Männer waren selten. Es gab nur wenige davon, die sich mit allen Mitteln, die ihnen zur Verfügung standen, im »Kollegium der Rechtsanwälte der DDR« für einen politisch Verfolgten einsetzten und sich auf die Verfassung der DDR beriefen. Alle seine Mühe war aber umsonst. Später ist er selbst verhaftet worden wegen versuchter Republikflucht, und er verlor seine Zulassung als Anwalt. Nach der Haftzeit arbeitete er dann als Justitiar in einem Kaufhaus der HO in Leipzig. Alle Äußerungen gegen diese Politik wurden als Hetze gegen die sozialistischen Errungenschaften ausgelegt. Die Denunziation blühte. Schon ein politischer Witz konnte böse Folgen haben. Einige davon sind mir in Erinnerung geblieben, zum Beispiel: »Wie sieht ein LPG-Hut aus?« Antwort: »Großer Rand und kein Futter.« Oder der Zweizeiler: »Wenn die Sonn' am blauen Himmel lacht, dann hat's die SED gemacht.« Das reichte manchmal für ein Jahr Freiheitsentzug wegen Verunglimpfung von Partei und Regierung.

Ein ganz besonderer Fall ist mir in Erinnerung geblieben. Ein Mithäftling hat mir seine Geschichte erzählt: Er als Urberliner, der als Kind vor den Bombenangriffen aufs Land verschickt wurde, im Dorf Berlinchen im Nachbarkreis Wittstock-Dosse landete, heimisch wurde und der dortigen LPG beitrat, sollte seinen LPG-Mitgliedern als Bärenführer in Berlin dienen. Alle hatten in der Vollversammlung beschlossen, den diesjährigen Betriebsausflug für einen Besuch im Tierpark Friedrichsfelde zu nutzen. Er aber führte seinen Verein zum Zoologischen Garten nach Westberlin mit freudiger Zustimmung der Mehrheit der Genossenschaftsbäuerinnen und -bauern. Viele von ihnen kannten Westberlin kaum, und da bot sich der Ausflug zum Kennenlernen geradezu an. Eintrittsgeld konnte für DDR-Bürger in Ost-Mark bezahlt werden auf Vorlage eines gültigen Personalausweises. Außerdem spielte dort des Nachtmittags die bekannte Musikkapelle von Otto Kermbach, und das Konzert wurde durch Lautsprecher übertragen.

Plötzlich ein Tusch! Otto verkündete durchs Mikrophon: »Das Freie Westberlin begrüßt die Genossenschaftsbauern aus Berlinchen und wünscht einen angenehmen Aufenthalt!« So weit sollte es ja nun doch nicht kommen. Der Parteisekretär steckte sogleich sein Parteiabzeichen in die Tasche.

Zurück in Berlinchen, wurde der Kumpel natürlich verhaftet, und hat beim Verhör gestanden, daß er der Übeltäter war und Otto Kermbach ist Ohr geflüstert hatte: »Berlinchen besucht Berlin!« Das war eine strafbare Handlung, eine Provokation, der Versuch einer Anbiederung an den Klassenfeind. Ein Jahr Gefängnis erhielt er für den Spaß, denn unsere Staatsorgane verstanden Späße dieser Art nicht. Sie wurden sofort geahndet. Solche »Elemente« mußten hart bestraft werden zur Abschreckung gewisser anderer Leute und Andersdenkender. So war das damals in den fünfziger Jahren im Kalten Krieg, in der Blütezeit meines Lebens.

Ich habe herzhaft gelacht und tue es heute noch. Im Knast war es eine Aufmunterung des düsteren Zellenlebens. Solche Witzbolde machten einem das Leben leichter. Die trüben Gedanken wichen. Gut, daß es derartige Menschen gibt.

Arbeiter, Bauern, Handwerker, Geschäftsleute, Kleinproduzenten sahen keine Perspektive mehr. Die Flucht nach dem

Westen setzte ein. Durch alle Schichten der Bevölkerung zog sich der Flüchtlingsstrom.

Die Mentalität der Diktaturen besteht wohl darin, innerhalb einer kurzen Zeitspanne, noch zu Lebzeiten des jeweiligen Diktators, immer das Unmögliche zu wollen, fehlende Kräfte durch Illusionen zu ersetzen und jeden, der diese Illusionen nicht teilt, sich dagegen auflehnt oder kritisiert, als Verräter oder Staatsfeind zu behandeln. Zu diesen Menschen gehörte ich. Ich wurde dazu gemacht. Ich wurde zum Menschen zweiter Klasse abgestempelt, denn ich war ein Großbauer und damit automatisch »Ausbeuter«, »Kulak« und »Saboteur«, ein »Agent des Kapitalismus«.

Das war hart. Ich habe geweint, als mein Vieh mit großen Anhängern vom Hof abtransportiert wurde.

Auf der Zweiten Parteikonferenz wurde der Aufbau des Sozialismus beschlossen und gleichzeitig auch die Gründung von LPG. Als erstes gerieten die Großbauern ab fünfzig Hektar ins Schußfeld. Ein Grund fand sich immer, sie zu liquidieren. Das Politbüro der SED bestimmte die Richtlinien. Kritiker darin wurden vom Generalsekretär kaltgestellt und verfolgt. Der Genosse Ulbricht verstieg sich in seiner Rede auf der Konferenz zu der Äußerung: »Wir werden den Großbauern Gelegenheit geben, über ihre Angelegenheiten in Waldheim nachzudenken.« So ähnlich hat er jedenfalls gesprochen. Waldheim war ein berüchtigtes Zuchthaus in der DDR, in dem Schauprozesse stattfanden und auch Todesurteile verkündet wurden. Das ist mir alles noch in Erinnerung.

Verhaftungen

Hilfe von der damaligen MTS gab es für mich nicht. Einmal hatte der Brigadier von der MTS ein Einsehen mit mir und ließ an einem Sonnabend ein Flurstück umpflügen. Das kam mich teuer zu stehen. Ich wurde verhaftet, meine Frau mußte mit all ihrem persönlichen Eigentum den Hof verlassen, und die Wirtschaft ging in staatliche Verwaltung über.

Ein halbes Jahr zuvor hatte man mit mir und zwei anderen Kollegen einen Schauprozeß veranstaltet. Wegen nicht zeitgemäßer Ablieferung mußte ich achttausend Mark Strafe zahlen. Ich konnte mich nicht wehren. Ich stand auf der Abschußliste. Nur die Flucht nach Westberlin wäre vielleicht ein Ausweg gewesen. Aber besagter Trotz und vor allem Liebe zur Heimat hielten mich zurück, der Grund und Boden, den meine Vorfahren mühsam erworben hatten durch ehrliche Arbeit. Daß die SED momentan die Herrschaft ausübte, kam erst in zweiter Linie. Damit mußte ich mich nun abfinden. Außerdem: Ich war mir keiner Schuld bewußt. Was hatte ich denn schon getan? Herbe Kritik geäußert. Kritik muß doch erlaubt sein! Sie kann nur hilfreich sein. Heutzutage ist es sogar erwünscht, Mißstände aufzudecken. Und wer sollte die alten Eltern pflegen, wenn nicht meine Frau? So blieb ich und habe mich schließlich als gebranntes Kind den Verhältnissen angepaßt, meine Nische gefunden, weil ich die Heimat nicht verlassen wollte. Einen Denkzettel durch einen Arbeitsunfall im Bergbau während meiner Haft, dauernden Körperschaden mit anschließender Invalidisierung, hatte ich ja weg. Daß ich weiterhin unter Beobachtung der Staatsorgane stand, war mir bewußt. Was blieb mir also übrig im real existierenden Sozialismus, als mich anzupassen. Nur meine »Klappe« konnte ich trotz allem nicht halten. Wenn mir hin und wieder Unrecht geschah, dann muckte ich auf.

Nach den Regierungsbeschlüssen vom 9. Juni 1953 wurde ich aus der Haft entlassen und erhielt die Wirtschaft zurück. Aber schon vier Jahre später wurde ich erneut verhaftet und bekam zwei Jahre Zuchthaus wegen Verbrechens gemäß Artikel 6 der Verfassung. Ich sollte Mord- und Boykotthetze getrieben haben. Das war ein Ding!

Mit einem sogenannten »Aufklärer« war ich im Gemeindebüro in Streit über meine Vergangenheit und die Landwirtschaftspolitik geraten. Zuletzt artete dieser Streit in gegenseitige Anbrüllerei aus. Der Bürgermeister verließ das Zimmer. Er wollte und konnte sich das nicht mehr mit anhören. Eine völlig unqualifizierte Sache also.

Mein »Aufklärer« mußte das wohl geahnt haben, deshalb brachte er beim Bezirksgericht in Potsdam weiteres »Anklagematerial« gegen mich vor. Auf einer Bauernversammlung in unserer Gaststätte sollte ich einmal staatsfeindliche Äußerungen gemacht haben. Während meiner Untersuchungshaft sammelte meine Frau auf Anraten des Rechtsanwalts Unterschriften von den damals anwesenden Bauern, die alle bestätigten, daß ich niemals derartige Äußerungen getan hatte. Die Unterschriften hätten mich entlasten können, aber der Dorfpolizist kam ins Haus und preßte ihr dieses Papier unter

Drohungen wieder ab. Damit nicht genug, der »Aufklärer« brachte zum Gerichtstermin einen Komplizen mit. Der bestätigte, daß ich in seiner Dienststelle beim Rat des Kreises schon einmal staatsfeindliche Äußerungen getan hätte. Entlastungszeugen, außer dem verschwundenen Papier mit den Unterschriften meiner Kollegen, hatte ich nicht. Es war also eine direkte Rechtsbeugung.

Beschwerden und Berufung beim Obersten Gericht in Berlin blieben ergebnislos und wurden als unbegründet verworfen. Nach dem Urteil dachte ich zuerst an Selbstmord. Zwei Jahre Haft erschienen mir als eine Unendlichkeit, wie sollte ich die durchstehen? Aber die Gemeinschaft mit den anderen Häftlingen richtete mich immer wieder auf. Im Leben geht alles vorüber. Und auch diese böse Zeit ist jetzt schon Geschichte. Heute möchte ich sie nicht mal missen. Es war eine lehrreiche Schule für mich.

Während der Haft habe ich im Kalibergbau gearbeitet und bin dabei verunglückt. Lange habe ich im Haftkrankenhaus gelegen. Durch den bleibenden Körperschaden bin ich Invalide geworden.

In dieser Zeit haben meine Frau und mein alter Vater die Landwirtschaft mit einigen treuen Leuten weitergeführt. Nach meiner Entlassung haben wir zusammen bis zur Eingliederung in die LPG weitergewirtschaftet.

Zuerst LPG Typ I, die wir gründeten. Da wurde nur der Acker gemeinsam bestellt. Dann LPG Typ III, in die wir unser Vieh kostenlos einbringen mußten.

Viele Jahre lang habe ich danach einen Stall mit zweihundertfünfzig Schweinen betreut. Es war ein alter, unrentabler Stall ohne jegliche Technik.

Nach dem Bau einer großen, modernen Schweinemastanlage in zehn Kilometern Entfernung wurde ich vom Vorstand der LPG freigestellt wegen des weiten Weges. Ich hätte dann täglich vierzig Kilometer fahren müssen, früh am Morgen hin und zurück, dann am Nachmittag dasselbe noch einmal. Das Vieh mußte ja zweimal am Tag versorgt werden. Die Fahrerei wäre mir zu teuer geworden bei dem geringen Verdienst, und die LPG zahlte kein Kilometergeld als Ausgleich.

Also suchte ich mir eine neue Arbeit als Heizer im Kinderheim Kampehl. Mir gefiel die Arbeit, und die Überstunden im Winter konnte ich im Sommer abbummeln.

Eigentlich kannst du zufrieden sein, du bist immer wieder aus allem Schlamassel glimpflich herausgekommen, aus dem Krieg, der Gefangenschaft, dem Knast, so geht es mir durch den Kopf. Was haben sich die Vorfahren geschunden und haben gespart, jede Mark dreimal umgedreht! Meine Großeltern waren Landarbeiter und Vater das achte Kind. In zwei Generationen haben sie sich eine Landwirtschaft aufgebaut durch rastlose Arbeit, Sparsamkeit und durchdachtes Wirtschaften: der Bruder meines Vaters, Onkel Hermann, und Vater. Vater war zwanzig Jahre jünger als Hermann und übernahm, als er vierzig wurde, die Wirtschaft. Sein Bruder Hermann ging bei ihm ins Altenteil. Er hatte keine Erben.

Und ich liege jetzt bei Altenbrak im Heu und mache einen auf Aussteiger! Ja, man muß zu seinem Glück erst gezwungen werden. Der Sozialismus machts möglich.

Adam kommt immer noch nicht, also lasse ich mich wieder fallen, spüre die Erde unter mir und blicke den weißen Wolken nach.

GEDANKEN

Erwin Strittmatter, einer unserer bekannten Schriftsteller, schreibt in seinem Buch »Selbstermunterungen«, daß der Sinn seines Lebens darin besteht, hinter den Sinn seines Lebens zu kommen.

Was ist eigentlich das Wichtigste im Leben? Was ist das Ziel des Lebens? Man lebt so in den Tag hinein, ohne sich darüber große Gedanken zu machen. Ich habe nicht die Gabe, das gültig herauszufinden und habe mir meine eigene Lebensphilosophie zurechtgelegt. Es geht bei mir um Zufriedenheit, denn Zufriedenheit birgt alles in sich: Frieden, Gesundheit, Freiheit und vor allem Frieden mit sich selbst, das Glück, sich über jeden Grashalm freuen zu können, und Freude an sinnvoller Arbeit.

In der Küche meiner Mutter hing als Überhandtuch ein in Leinen gestickter Spruch: »Das größte Glück hienieden ist des Innern tiefster Frieden.« Ein anderer wiederum: »Hoffnung sei dein Wanderstab von der Wiege bis zum Grab.« Solche Sprüche habe ich damals in vielen Häusern gesehen, nur habe ich sie damals nicht beachtet, kaum wahrgenommen. Jetzt, im Alter, als Mittfünfziger, da ich den Höhepunkt meines Daseins bereits überschritten habe, erinnere ich mich daran.

Außerdem denke ich an das alte Volkslied: »Was frag ich viel nach Geld und Gut, wenn ich zufrieden bin« oder an den Vierzeiler: »Bist du bescheiden und stets anspruchslos und übst beizeiten dich im Verzichten, dann macht das Bild der Einfachheit dich groß, und die Enttäuschung kann dich nicht vernichten.« Ob das wohl ehrlich gemeint ist oder nur als Trost für die weniger Erfolgreichen, für die Masse Mensch zur Beruhigung und Verdummung?

Ich habe wieder einmal meine Zweifel, bin hin- und hergerissen. Ich bin kein Intellektueller, der die Grundfragen des Lebens erforscht. Bisher gibt es darauf wohl auch noch keine Antwort trotz der vielen Erkenntnisse von Philosophen, Dichtern und Denkern, Wissenschaftlern und Forschern.

Vom Lateinunterricht in der Schule ist mir »Rerum cognoscere« in Erinnerung geblieben: den Grund der Dinge erkennen. Wilhelm von Humboldt meinte, das Leben sei eine große Aufgabe, Jean Paul, das Leben ist ein großer Seufzer, Seneca, das Leben sei ein Kampf, Jean-Paul Sartre wiederum gab ein Verzweiflungsbekenntnis über sein Leben ab.

Mit diesen Äußerungen kann ich gar nichts anfangen, alles nur Feststellungen. Da sind mir die Worte von Santayana sympathischer. Sie gehen in meine Richtung: »Der Mensch ist nicht gemacht, um das Leben zu verstehen, sondern um es zu leben.« Gut gesagt! Diese Weisheit enthebt mich der Grübelei und verscheucht meine tiefsinnigen Gedanken.

Aber: Was dann, wenn dieses Erdenleben mal zu Ende geht? Daran sollte man sich manchmal erinnern im einmaligen Leben. »Herr, lehre uns bedenken, daß wir sterben müssen, auf daß wir klug werden.« Mir fällt auch die Geschichte vom reichen Kornbauern ein, der mit seinen Gedanken nur sein Erdenleben umfaßt und nicht vorbereitet ist auf sein Ende auf dieser Welt.

Bin ich ein Aussteiger? Ja, doch nur für eine gewisse Zeit. Ich habe mich einmal freigemacht. Spätestens im Herbst bin ich wieder drin in der Tretmühle. Auch die Viehwirtschaft wird mein Sohn nicht ewig für mich besorgen, und die Rüben und Kartoffeln wollen gerodet sein.

Doch das verdränge ich auf meiner Reise. Mir ist zumute, als ob ich schon Jahre unterwegs wäre. Hier auf der Wiese zu liegen, umgeben von Bergen und Wäldern, das läßt mich alles andere vergessen. Die Uhr ist nicht mehr mein Herr. Fernsehen, Radio, Zeitungen interessieren mich nicht.

Ich will gar nichts hören von den vielen Kriegen auf dieser Welt, von den Katastrophen, Terroranschlägen, Flugzeug-, Schiffs- und Zugunglücken. Ich will nur mit mir allein sein. Zu Hause vor dem Fernseher kann ich mich dann noch genug wundern, was auf der schnellebigen Welt alles wieder passiert ist.

Erst gegen Abend kommt Adams Gespann mit dem Heuwagen in Sicht. Franz ist froh, daß ich ihm das Beladen abnehme. Der älteste Sohn von Adam stakt das Heu zu mir auf den Wagen. Franz harkt die Heureste zusammen. Adam hat es wieder mit der Wirbelsäule und muß sich langlegen.

Ich gebe mir große Mühe beim Laden. Die Fuder sollen akkurat und gerade sein, denn mein Berufsstolz als Bauer steht jetzt auf dem Spiel. Abrutschen darf auch nichts von der Fuhre, wie es manchmal passiert. Aber alles geht gut, und als die

Sonne schon tief im Westen steht, schaukeln die Fuhren heimwärts. Ich reite auf meinem Benno hinterher.
Nach getaner Arbeit läßt es sich in der Abendkühle gut sitzen. Auf der Bank trinken wir noch einige Flaschen Bier. Adam sagt in seinem Rumäniendeutsch: »Emil, bringst du mir Käufer für Pferde und Wagen? Kriegst fünfhundert Mark sofort auf die Hand. Sechzehntausend Mark zwei Pferde mit Geschirr und Wagen!«
Adam hat sein Heu drin. Und ich will weiter, mich noch anderswo im Harz herumtreiben. Zuvor muß ich den Wagen aus Meisdorf abholen.

RÜCKRITT

Bis Treseburg geht es denselben Weg zurück. Friedrichsbrunn will ich nördlich ausweichen, gerate aber schließlich wieder in den Ort hinein. Vor einem Fotogeschäft lasse ich mich mit Benno fotografieren, zwölf Mark plus Porto. Bilder und Abzüge werden nach Hause geschickt. Meine Sippe kann mich auf den Bildern bewundern und hat ein Lebenszeichen von mir. Ich lebe noch.
In Viktorshöh oder Sternhaus will ich Mittag machen.
In Viktorshöh bekomme ich wenigstens noch eine Bockwurst, aber in Sternhaus ist ein Schild: »Betriebsferienheim – keine öffentliche Gaststätte«, wie so oft. Was denken sich die Verantwortlichen für Handel und Versorgung eigentlich? Verantwortung scheint ein Fremdwort für sie zu sein.

Von Sternhaus nehmen wir den Meisberger Weg unter die Hufe und biegen rechts ab zum Jagdschloß Meisberg. Hier funktioniert die Gastronomie, und bei Kaffe und Eis auf der Terrasse blicke ich weit in das Selketal hinein.

Frau Pastor ist gar nicht begeistert von meinem Plan. Sie will mich noch gerne für ein paar Tage bei sich behalten, aber mich lockt die Ferne, die Straße.

Habe ich je etwas anderes gemacht als fahren, laufen und reiten? Alles ist schon längst selbstverständlich geworden, auch die Frage nach einer Unterkunft für eine Nacht.

Die Frauen nähen mir ein paar Knöpfe an Hose und Windjacke an. Dann packe ich zusammen, spanne mein Pferd ein und verspreche hoch und heilig, im nächsten Jahr mit dem Auto vorbeizukommen. Die Frauen bringen mich noch bis zum Hoftor, winken mir hinterher, bis ich hinter der nächsten Straßenecke verschwunden bin.

Wieder losfahr'n

Erwartungsvoll fahre ich in den noch jungen Tag hinein. Wo werden wir heute unterkommen? Ein bißchen Glück und mein guter Riecher werden mir weiterhelfen. Überall werden wir bestimmt nicht so gut aufgenommen werden wie in Harzgerode und in Meisdorf.

Ich sehe mir die Gesichter der Leute an, stelle mich auf sie ein und weiß gleich, was ich zu erzählen habe. Es ist wie ein Lotteriespiel. Meistens bin ich der Gewinner, wenn es um eine Unterkunft geht. Eine gewisse Dreistigkeit und Unverfrorenheit gehören dazu. Aber hin und wieder habe ich auch Pech und treffe auf ganz miese Typen. Da klopfe ich meine Sprüche umsonst, da kann auch mein Benno mir nicht weiterhelfen. Abweisende, überhebliche Gesichter begegnen mir da bei der Suche nach Unterkunft.

Sie rackern in ihren Vorgärten: Rasen mähen, Unkraut zupfen, Blumen begießen, Hecken schneiden – eine wahre Konkurrenz unter den Haus- und Gartenbesitzern. Einer überflügelt den anderen in der Pflege und Gestaltung seines Paradieses. Gartenzwerge in jeder Pose wechseln sich ab mit selbstgebauten Windmühlen, mit ausgedienten, gestrichenen Autoreifen, die als Begrenzung für Blumenrabatten dienen. Dem Erfindungsreichtum und der Phantasie sind keine Grenzen gesetzt. Ein Rasen kurzgeschorener als der des Nachbarn. Fast in allen Vorgärten Koniferen, von der Blautanne bis zur Krüppelfichte. Ich müßte mich bücken, wenn ich den Türöffner ihrer schmiedeeisernen Gartentür betätigen wollte.

Und so stehen sich manchmal feindlich gegenüber: Spießer auf der einen Seite – Asozialer auf der anderen. Für sie bin ich einer, der zum Arbeiten zu faul ist. Nur sie haben gearbeitet und es zu etwas gebracht. Schaut uns an! Wir können es uns nicht erlauben, so wie Sie mit ihrem Pferd durch die Lande zu ziehen.

Da suche ich dann lieber den nächsten Pastor auf und brauche keine langen Erklärungen abzugeben.

Nach Wippra hinein geht es steil bergab. Benno hat zu tun, sich mit den glatten Hufeisen auf dem schwarzen, blanken

Schlackensteinpflaster zu halten. Ich muß ihn am Zügel führen.

Unten in der Stadt begegnet mir ein Kremserfuhrwerk. Der Kutscher macht gerade Feierabend und fährt dem Stall entgegen. Ich hänge mich dran und fahre hinterher, gleich in den Hof hinein. Ein Platz für uns beide ist im Stall sicher auch noch frei. Wo zwei Pferde satt werden, wird es wohl ein drittes auch.

Besitzer des Kremsers ist die LPG, der Kutscher ein ehemaliger Bauer im Rentenalter. Wir verstehen uns auf Anhieb. An meiner Aussprache erkennt er in mir den Brandenburger und Randberliner. Sein Brigadier stamme aus Havelberg, erzählt er mir, und leite hier in Wippra nebenberuflich die Pferdesportsektion. Ich solle mal in Richtung Bahnhof gehen, da würde ich ihn auf dem Reitplatz schon finden.

PFERDEDINGE

Bernd, der Brigadier, gibt gerade einigen Mädchen Reitunterricht. Neustadt an der Dosse kennt er gut, hat er doch dort im Gestüt gelernt. Bernd ist ledig, hat eine Neubauwohnung in Wippra und jede Menge Alkohol im Haus. Um Mitternacht bin ich voll. Ausziehen schaffe ich nicht mehr. In kompletter Montur liege ich morgens im Bett.

Am nächsten Tag sieht Bernd sich fachmännisch mein Pferd an. Benno muß hinten beschlagen werden. Bernd gibt mir den Rat, vier neue Eisen mit Stollen und Griffen aufschlagen zu lassen. Benno braucht Spezialeisen, die mehr Halt geben. Im Nachbardorf ist ein guter Hufschmied, mit dem Bernd telefoniert und mich anmeldet.

Er muß zur Arbeit, und ich ziehe mit meinem Pferd los. Schon von weitem, am Dorfeingang, höre ich das »Pink-pink-pink« des Schmiedehammers aus der Werkstatt. Ein Hauch von Romantik liegt über der Dorfschmiede. Der lederbeschürzte Meister steht hinter dem Amboß und bearbeitet ein Stück glühendes Eisen, daß die Funken fliegen. Er wirft mir nur einen kurzen Blick durch seine Brille zu, und ich verstehe, daß ich warten muß. Das Eisen muß geschmiedet werden, solange es heiß ist.

Über Arbeitsmangel kann er sich nicht beklagen. Er ist der einzige Schmied weit und breit, außerdem noch »Mädchen für alles« im Dorf, denn fast jeder hat ein Anliegen: Er muß Gitter, Tore, Eisenzäune, Geländer anfertigen, Wasserleitungen, Zentralheizungen und Pumpen reparieren. Reiner Hufbeschlag, Ackerwagenbau oder -reparatur, diese Arbeiten haben abgenommen. Trotzdem hat er seinen Sohn, der die Schmiede mal übernehmen soll, in eine Lehrschmiede für Hufbeschlag geschickt. Es ist nur gut, daß dieses alte Handwerk nicht auch noch ausstirbt wie so viele andere.

Der Schmiedemeister sieht sich mein Pferd an und schüttelt den Kopf: »Damit kommst Du hier bei uns nicht mehr weit. Bist doch nicht in der Mark Brandenburg, Deutschlands Streusandbüchse.« Er hat ja recht. Mir ist das zwar bewußt gewesen, aber ich dachte, Pferde gibt es überall, und wo es Pferde gibt, da wird es auch einen Schmied geben, der dir helfen wird, falls Benno mal ein Eisen verliert oder beschlagen werden muß.

Die Eisen von den Vorderbeinen reißt er mit Hammer, Nietklinge und einer großen Zange ab. Sie sind noch gut, sind noch nicht abgelaufen und können ein zweites Mal aufgeschlagen werden. Nur Griffe und Stollen werden angeschweißt.

Dann beginnt die »Pediküre«. Die Hufe werden beschnitten, ausgeschnitten und zum Schluß beraspelt. Hierfür hat er auch allerlei Werkzeug: Hauklinge, Hufmesser, Hufraspel und einen hölzernen Schlegel.

Die Hufeisen macht er im Schmiedefeuer glühend heiß, paßt sie ein-, zweimal dem Huf an. Es brennt und zischt, und ein starker Geruch von verbranntem Horn und Qualm zieht mir in die Nase. Ich muß husten, darf aber auf keinen Fall Bennos Bein loslassen, wenn ich es mir mit dem Meister nicht verderben will.

Der versteht sein Fach, die Eisen passen. Im Löschtrog werden sie schnell erkaltet, um das Eisen zusätzlich zu härten. Mit je sieben Hufnägeln schlägt er die Eisen dann auf den jeweiligen Huf auf, wobei die durch den Huf durchgekommenen Nägel zuerst abgekniffen und die Reste umgeschlagen werden. Dadurch sitzt das Eisen fest. Zum Schluß geht er nochmals mit der Raspel darüber, und ich fette die Hufe mit Spezialfett ein, so daß sie schön schwarz glänzen. Ich bezahle für alles fünfzig Mark.

Allzuweit wären wir nicht mehr gekommen, jedenfalls nicht bis nach Hause, denn Benno hat sich die Sohle seiner Hinterhufe, auf denen er ja keine Eisen trug, fast durchgelaufen. Nun ist er durch die neuen Hufeisen mit Griffen und Stollen gleich um drei Zentimeter größer geworden.

Nachmittags will Bernd mit mir zum Pferdehandel nach Altenbrak fahren. Ich habe ihm in der letzten Nacht die Sache mit Adams Kremsergespann schmackhaft gemacht.

Adam und Franz sind baff, als ich schon wieder auftauche, noch dazu mit einem Käufer. Ich setze mich auf die Wagendeichsel und schaue belustigt dem Handel zu wie auf dem Havelberger Markt. Aber bald muß ich Hilfestellung leisten und die Pferde im Schritt und Trab vorführen, immer die Straße entlang und wieder zurück. Adam knallt mit der Peitsche.

Bernd, der Käufer, bemustert die Pferde in ihrer jeweiligen Gangart, sieht sich die Beine genau an, schaut ihnen ins Maul. An den Zähnen erkennt man das Alter des Tieres. Die Beine, das Wichtigste beim Pferd, müssen gesund sein, keine Sehnenscheidenentzündung, kein Überbein, keine durch Überlastung entstandenen krummen Vorderbeine. Ein gutes Pferd muß sich willig alle vier Beine anheben lassen. Die Hufe müssen in Ordnung und gesund sein, kein fauler Strahl im Huf und so weiter. Da gibt es viel zu beachten beim Pferdekauf.

Mittlerweile sammeln sich schon Menschen an. Alles spielt sich in der engen Straße vor Adams Anwesen ab.

Nach vielem Feilschen, Hin und Her und Indiehändeschlagen, werden Adam und Bernd sich schließlich einig. Das Geschäft ist gemacht. Adam ist seine Pferde los, und Altenbrak hat keinen Kremser mehr. Aber auf meine fünfhundert Mark warte ich heute noch!

Natürlich wird der Handel begossen. Erst weit nach Mitternacht finden wir ein Ende. Wie soll das bloß weitergehen? Ich nehme mir fest vor, auf der Rückfahrt mit dem Saufen aufzuhören.

Von Wippra nach Sangerhausen führt die Straße zum großen Teil bergab. Benno hat es jetzt gut, der Wagen schiebt ihn. Als wir den Harz hinter uns gelassen haben, werde ich ein wenig wehmütig. Schön ist es im Harz gewesen, und die Menschen habe ich liebgewonnen. Immer wieder blicke ich mich um und nehme Abschied von den Harzausläufern.

Noch auf den Höhen, am Stadtrand von Sangerhausen, mache ich die erste Rast. Es geht sowieso nicht weiter. Ein Schäfer kommt mir mit seiner Herde auf der Straße entgegen. Seine beiden Hunde umkreisen sie. Sie sind seine Helfer und Freunde.

SCHAFE

Schäfer sind mir sympathisch. Mit einem Schäfer kann man reden. Ein Schäfer hat wenigstens noch Zeit. Ihre Neigungen und Interessen vereinen sich mit ihrem Beruf: die Liebe zur Natur, der Wunsch, mit Tieren umzugehen und die Arbeit im Freien. Er ist allein mit sich auf Gottes freiem Feld und kann seinen Gedanken nachhängen. Ein Schäfer ist oft ein guter Wetterprophet. Auch viele Heilkundige gibt es bei den Schäfern. Das ist gut zu wissen, wenn einmal die ärztliche Heilkunst versagt. Ich denke da an den Schäfer Ast, einen ganz bekannten und berühmten Heilkundigen, der sehr, sehr vielen Menschen geholfen hat in ihrer Not. Ein Buch ist darüber erschienen: »Schäfer Ast«.

Von weitem sieht die Herde aus wie eine graue, wimmelnde Masse, wie graue Ameisen. Erst beim Näherkommen ist der Schäfer zu erkennen mit seinem langen Hütestab, der Krücke, breiten Lederriemen, über die Brust gekreuzt, Samtweste, die in doppelter, durchgehender Reihe mit Perlmuttknöpfen besetzt ist, langen Schaftstiefeln und auf dem Kopf einen großen, breitrandigen schwarzen Hut, unter dem das braune, wettergegerbte Gesicht hervorschaut.

Auf den Flußdämmen haben die Schafe noch eine weitere Funktion, als lediglich Fleisch und Wolle anzusetzen: Sie pflegen den Deich und den Damm, werden als Rasenmäher gebraucht. Dadurch entfällt viel Handarbeit, denn Maschinen sind kaum einsetzbar wegen der starken Neigung des Dammes.

Eine dichte Grasnarbe schützt den Deich vor Auskolkung. Das Gras muß kurz gehalten werden. Wühlmäuse, die den Deich unterhöhlen können, dürfen keinen Unterschlupf finden vor den Mäusejägern, den Habichten, Krähen und so weiter. Jede Woche weiden die Schafe eine bestimmte Strecke ab, damit die Grasnarbe immer kurz und dicht bleibt, der Boden dabei fest angetreten wird.

Schäferszenen haben in der heutigen Zeit viel von ihrer ursprünglichen Idylle verloren. Die Schafzucht ist zur reinen

Ökonomie geworden. Die Rechnung und der Plan müssen stimmen. In der LPG geht es um eingeplantes Geld. Daher ist es wichtig, wie gehütet wird, wie im Winter gefüttert wird, wieviele Lämmer aufgezogen werden, wie hoch der Wollertrag und die Qualität sind. Der Schäfer muß Einfluß darauf nehmen, obwohl das Schaf genügsam und der »Pfennigsucher« des Bauern ist.

Ein guter Schäfer führt seine Herde dahin, wo das Gratisangebot am größten ist: an Böschungen, Dämme, Grabenränder und auf abgeerntete Felder. In der Herde muß Ruhe herrschen, deshalb müssen die Hunde abgerichtet sein und aufs Wort gehorchen. Außerdem muß der Schäfer Tierarzt sein, Klauenkrankheiten selbst behandeln, jedes kränkelnde Tier im Auge behalten, wenn nötig, auch notschlachten.

Das alles erfahre ich von meinem Schäfer und dazu noch einen besonderen Hinweis: Ich müsse unbedingt durch die »Thüringer Pforte« hindurch. Auf diesem alten Handelsweg wären früher schon Händler mit ihren Planwagen und viele Heerscharen durchgezogen. Das sei ich einfach der Tradition schuldig, da ich ja auch mit Pferd und Wagen reise, wie in alten Zeiten. Ich bin begeistert von seinem Vorschlag und lasse mir den Weg beschreiben.

Mein Vater beim Pflügen seines Ackers mit »Lanz-Bulldog«

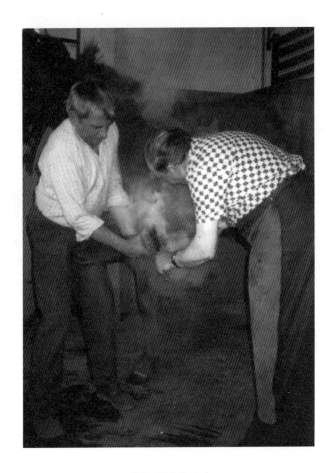

Beim Hufschmied

Emil mit seinen Pferden Benno II und Barni

Bei Zapka

Alter Postweg

Zusammen mit Stefan Heym und Torsten Hochmuth

Wanderweg von Kampehl

Der Zigarrenraucher

Meine Zigarrenmarke

Verkehr

In Sangerhausen umfahre ich das Stadtzentrum über eine große Eisenbahnbrücke, an der Mifa-Fahrradfabrik vorbei. Gleich muß ich an mein gestohlenes Fahrrad denken. Weg ist weg, dachte ich damals. Hatte man es mir tatsächlich aus dem Fahrradschuppen gestohlen, wie ich bei der Hausratversicherung angegeben habe, oder hatte ich es bei meiner Arbeitsstelle im Kinderheim stehengelassen und einfach vergessen? Das konnte leicht möglich sein bei meiner Schusseligkeit und Vergeßlichkeit.

Der Weg zu meiner Arbeitsstelle betrug mal gerade zweihundert Meter, und das Fahrrad benutzte ich bis dorthin selten. Jedenfalls habe ich bedenkenlos von der Versicherung abkassiert für den Verlust.

Mir fällt noch ein Spruch ein, den die Kinder aus meinem Dorf auf ihre Fahrräder gedichtet hatten: »Wer Mifa fährt, fährt nie verkehrt, weil Mifa überhaupt nicht fährt.«

Auf der Ausfallstraße herrscht starker Verkehr. Ich muß mich konzentrieren. Immer wieder bleibt mir nichts anderes übrig, als in eine Lücke der geparkten Autos auf der rechten Seite einzufahren und entgegenkommende Lkw und die angestaute Kolonne im Rücken vorbeizulassen. Vollkommen unmöglich, in der heutigen Zeit auf den großen Straßen und in den Städten auf diese Urgroßväterart zu reisen. Bloß raus aus der Stadt! Ja, wenn die sogenannten Sommerwege noch wären, die ausschließlich den Fuhrwerken vorbehalten waren und neben der Autostraße herliefen – die eine Seite der Gesamtstraßenbreite für unsereinen, die andere Hälfte für den motorisierten Verkehr! Sie gibt es kaum noch. Sie mußten weichen und die herrlichen alten Baumalleen gleich mit.

Immerhin gibt es kein wildes Gehupe, keine bösen Blicke und Beschimpfungen. Im Gegenteil, die Fahrer sind freundlich, betrachten uns neugierig. Einige winken mir zu. Muß doch ein anderer Menschenschlag hier unten sein, denke ich. Die pochen nicht auf ihr Recht, sind freundlich und höflich gegenüber den schwächeren und hilflosen Verkehrsteilnehmern, so wie wir welche sind. Eine noch so kleine Kollision würde für Benno und auch für mich auf dem ungeschützten Kutschersitz böse Folgen haben.

Froh bin ich erst, als wir von dieser langen, städtischen Hauptstraße links abbiegen können. Ich muß absteigen, Benno am Zügel bis zur Straßenmitte führen und den Gegenverkehr durch Armzeichen aufhalten, um die Straße verlassen zu können.

Die »Goldene Aue«, ein fruchtbarer Landstrich zwischen Harz und Kyffhäuser gelegen und durch den Harz vor Nordost-Winden geschützt, liegt vor mir. Links das Kyffhäusergebirge mit dem hochragenden Denkmal, im Dunst hinter mir die Berge des Harzes. Die deutschen Kaiser wußten schon, warum sie gerade hier in Tilleda eine Pfalz erbauten.

Die Bäume an den Wegen hängen voller reifer Kirschen. Mein Abendbrot hole ich mir für heute von den Bäumen. Fast jedermann hat hier seinen eigenen Kirschberg oder seine Plantage. Hier ist jetzt Erntezeit, »Kirschenzeit«. Die Leute kommen mir mit Körben und Eimern entgegen.

Aufschneiden

In Ringleben gibt es eine gepflegte Gaststätte, einen freundlichen, hilfsbereiten Pastor und einen Reiterverein. Der Reitplatzwart ist zu Hause, und ich kann Benno auf dem eingezäunten Turnierplatz frei laufen lassen.

Aber vorher sucht sich Benno, mit dem Kopf dicht überm Boden, einen geeigneten Platz zum Wälzen aus. Mit eingeknickten Beinen, den Bauch schon halb auf der Erde, dreht er sich mehrmals im Kreis und läßt sich dann endlich mit allen Vieren zugleich auf der Erde nieder. Unter wohligem Gebrumm und Gestöhne wirft er sich nach links und rechts, hin und her, um sich Ungeziefer und den lästigen, brennenden Schweiß abzuscheuern. Ihm juckt das Fell. Mit den Vorderbeinen zuerst springt er wieder auf, schüttelt sich einige Male, daß es nur so aus seinem Fell und seiner Mähne heraustaubt. Jedesmal, wenn Benno Toilette macht, schaue ich zu und habe meine Freude daran.

Ich mache auch Toilette, ziehe ein frisches Hemd an, denn die Gaststätte hier hat Niveau. Dann statte ich dem Pastor einen Besuch wegen des Nachtquartiers ab. In den Umkleideräumen vom Turnierplatz, in denen ich schlafen könnte, stehen nur harte Holzbänke, ein krasser Gegensatz zu dem Bett bei Bernd in Wippra. Ich bin schon wieder verwöhnt.

Der Pastor, ein kleiner, freundlicher, dicker Mann, will mich auch gleich einlassen. Mich zieht es aber zunächst zur Gaststätte. In spätestens zwei Stunden will ich zurück sein. Die Gaststätte ist voller Menschen. Ich finde kaum noch einen freien Platz, aber man rückt zusammen. Frauen mit ihren Männern und Frauen ohne Männer sitzen an meinem Tisch und sind in Stimmung. Ein leichtes Kribbeln und Erwartungsstimmung überfallen mich.

Mir gegenüber sitzt eine hübsche Frau in den besten Jahren, und unwillkürlich treffen sich unsere Blicke. Sofort fällt mir meine Schriftstellerrolle ein, die ich schon einmal mit Erfolg abgezogen habe. Wie wärs denn dieses mal mit Dichter, denke ich schnell. Das kommt bei Frauen an. Aber das schlage ich mir schnell aus dem Kopf. Am Ende muß ich dann noch Gedichte vortragen, und das habe ich nicht drauf. Ich habe die Absicht, mich ins »rechte Licht« zu setzen, mich wichtig zu machen und, wenns geht, mich durchzuschmarotzen.

Es muß sich schon rumgesprochen haben, daß ein Wanderer mit Pferd angekommen ist, man verlangt von mir, Neues zu hören. Darauf habe ich gewartet, da sind sie an den Richtigen gekommen, und ich spule Band Nummer Eins ab.

Wieder einmal muß mein Benno als Zeuge für die Geschichten, die ich den Leuten auftische, herhalten. Benno spielt seine Rolle gut. Er widerspricht mir nicht, fällt mir nicht ins Wort. Ein sehr ehrlicher Kumpel. So muß es sein.

Frauen rücken enger an ihre Männer heran, geradeso, als ob im Fernsehen ein Gruselfilm läuft, die Serviererinnen vergessen zu servieren, während ich dick auftrage. Die Zeit vergeht, und kaum habe ich ausgetrunken, steht schon das nächste Bier für mich bereit.

Ein Nachtquartier zu kriegen, ist nun eine Kleinigkeit. Ich will am liebsten sitzen bleiben. Und noch ein Bier, noch eine

Geschichte, noch ein Blick tief in die Augen meines Gegenübers: Das ist aber nun das allerletzte Bier! Ich muß weg. Die Uhr geht auf elf, was soll der freundliche Pastor von mir denken? Unter dem Vorwand, ich müsse zur Toilette und nach dem Pferd sehen, reiße ich mich von der Tischrunde los. Mein Gegenüber wirft mir einen langen Blick nach, den ich erwidere. Auf der Toilette sehe ich mit hochrotem Kopf in den Spiegel und halte mit mir Zwiegespräch: Du bist ein echter Hochstapler und Lügner, und zum Heiratsschwindler ist es auch nicht mehr weit.

Trotzdem kann ich mit mir nicht böse sein. Ich habe keinem etwas zuleide getan, und wir haben alle unseren Spaß gehabt. Ich habe den Leuten eine Show geliefert, für Spiegelei mit Bratkartoffeln und ein paar Biere hatten sie einen unterhaltsamen Abend, morgen werde ich über alle Berge sein.

Nachtgespräch

Auch der Pastor freut sich, als ich endlich komme, er hat schon mein Nachtlager fertig und eine Flasche Wein bereitgestellt. »Wein auf Bier, das rat ich dir.« Wir sitzen bequem. Diesmal muß ich über eine Frage sprechen, die mir schon lange unter den Nägeln brennt, die Frage aller Fragen: Wer ist Gott und wo ist Gott?

Muß man Gott überhaupt als Gott bezeichnen? Besser vielleicht als unsichtbare Kraft? Philosophen und Denker haben sich schon den Kopf zerbrochen. Aber Denken und Forschen haben uns Gott nicht sichtbar gemacht. Ich muß daher meine Antenne auf Gott ausrichten, um seine Signale zu empfangen. Vor allem ist es wohl naiv von mir zu glauben, daß er alle meine Wünsche erfüllt, wie ich sie gerade habe. Bismarck sagte: »Hilf dir selbst, so hilft dir Gott.« Vertrauen muß ich haben und Gott zubilligen, daß er nur mein Bestes will.

Aber dann kommen auch wieder Zweifel auf. Die alte Frage, die schon immer gestellt worden ist: Wie kann Gott das zulassen: Krieg, Elend, Hunger, Seuchen, Naturkatastrophen, Leid und Tod? Eltern ihres einzigen Sohnes erhielten während des Krieges die traurige Botschaft, daß er gefallen sei. Der Pastor wollte ihnen Beistand leisten in ihrem Schmerz und besuchte sie. »Wo war Gott, als mein Sohn starb«, wollte der Vater wissen. Darauf konnte auch der Pastor keine schlüssige Antwort geben.

Gibt es ein Weiterleben nach dem Tod? Ist der Tod stärker als die Liebe Gottes? Er hat doch seinen Sohn Jesus Christus auferweckt vom Tode. Ist es so? Ich möchte daran glauben, habe aber meine Zweifel und warte auf ein Signal Gottes wie viele Menschen wahrscheinlich auch. Oder habe ich Gottes Signale überhaupt noch nicht wahrgenommen in meiner Hektik? Im Krieg und im Knast habe ich Gott jedenfalls um Beistand angefleht, habe ihm dann gedankt, wenn ich mal wieder mit einem blauen Auge davongekommen bin und tue es heute noch. So einer bin ich also! Der Mensch lebt nur kurze Zeit, Kriege und Grausamkeiten zerreißen die Welt. Hat da Gott seine Hand im Spiel? Ich weiß darauf auch keine Antwort, blicke da nicht durch.

Ich bin ein Suchender. Trotzdem weiß ich, daß Gott nicht unberührt ist vom Leid der Menschen. In der allergrößten Not treibt er sie an, sich gegenseitig beizustehen und Hilfe zu leisten, sich auf ihn zu besinnen, um zu überleben. Ein Stück seiner Macht wird darin sichtbar. Gottes Wege sind rätselhaft und unlogisch. Zweifelte auch Jesus Christus am Kreuz, als er ausrief: »Mein Gott, mein Gott, warum hast du mich verlassen?« Wenn das so war, dann brauche ich mich nicht zu wundern ob meiner Zweifel und Unwissenheit.

Auch der Pastor kann mir in dieser Sache nicht weiterhelfen, seine Erklärungen räumen meine Zweifel nicht ganz aus, so sehr er sich Mühe gibt.

Aber handle ich denn auch nach Gottes Geboten? Übe ich Liebe und Menschlichkeit gegenüber meinem Nächsten? Die »Diener Gottes auf Erden« haben mich jedenfalls immer aufgenommen, haben mich verpflegt, mir ein Nachtlager gegeben, und »Er« hat mich beschützt auf meinem langen Weg bis hierher. »Er« hat mich Wege entlanggeführt, die ich nicht geplant hatte. »Er« kann Wege führen, die anders verlaufen als die von Menschen geplanten. Vielleicht sind sie sogar besser, das merkt man oft erst hinterher.

Trotzdem kann ich mir unter Gott nichts Rechtes vorstellen. Ich kann ihn nicht fassen. Jesus Christus dagegen, ein Mensch, von Gott gesandt, der den Menschen das Gute vorlebte und für seinen Glauben starb, ist mir schon begreiflicher. Da kann ich Güte lernen.

Warum gehen eigentlich so wenige Menschen in die Kirche? Wahrscheinlich blicken viele auch nicht durch. Ich messe

Christ-Sein nicht nur daran, in die Kirche zu gehen. Ich beobachte, wie einer lebt und was einer tut, ob er seinem Nächsten hilft, wenn dieser in Not ist. Ich denke vor allem an das Elend in der Dritten Welt. Da sind meine kleinen Sach- und Geldspenden an die Hilfsorganisationen, nur um mein Gewissen zu beruhigen, nicht einmal ein Tropfen auf den heißen Stein. Nichts hören, nichts sehen, nichts wissen!

Am nächsten Morgen guckt mich Benno treuherzig an und zugleich schuldbewußt. Als ich zum Trainingsplatz komme, ist mein Gepäck auf dem Wagen durchgewühlt, auf dem Boden liegt die Thermostasche, in der Brot, Margarine, Wurst und Käse aufbewahrt werden. Die Tasche hat Benno zerbissen und das Brot aufgefressen. Aber ich kann nicht böse sein. Meinem Benno nicht. Er ist an sein Brot gewöhnt, und ich habe es ihm nicht rechtzeitig gegeben. Trotzdem, sein Stück Würfelzucker bekommt er heute zur Strafe nicht. Da kann er noch so lange meine Hände und Hosentaschen beschnuppern und mit dem Kopf stoßen. Strafe muß sein!

NACH THÜRINGEN

Heute ist ein großer Tag für mich. Ich will Thüringen erreichen, mein eigentliches Reiseziel. Gleich hinter Ringleben auf dem Damm eines Entwässerungsgrabens fahrend, mitten durch das Rieth, eine Wiesenlandschaft, erkenne ich im Morgendunst die sogenannte »Thüringer Pforte«, einen tiefen Einschnitt zwischen zwei Gebirgszügen. Die Unstrut hat sich hier ihren Weg durch das dreihundert Meter breite Tal gebahnt. Eine Eisenbahnlinie und zwei Straßen führen durch das Tal.

Für mich ist es ein imposantes Gefühl, daß ich jetzt gleich in Thüringen einrollen werde. Zunächst steht noch »Bezirk Halle« auf den Ortsschildern. Ich muß aber unbedingt »Bezirk Erfurt« lesen. Erst dann werde ich zufrieden sein.

Die Landesgrenzen konnten sich auch verschoben haben. Die Verwaltungsreform aus dem Jahre 1952 wird die Ursache dafür gewesen sein. Die fünf Länder wurden damals aufgelöst. Ich fand das nicht gut, weil dadurch das Heimatgefühl zum Teil verlorenging. Unsere Brandenburger Hymne »Märkische Heide« wurde auch abgeschafft. Das wurmt mich heute noch. Zuweilen singe ich sie dennoch.

In Hemleben halte ich an, um mich zu erkundigen, wie weit es noch bis Thüringen sei oder ob ich vielleicht immer im Kreis herum fahre. Ein Mann, so an die siebzig, Strohhut auf dem Kopf, steht vor dem Tor seines Gehöftes, braungebrannt im Gesicht, an Armen und Händen und im Kontrast dazu eine helle, fast weiße Stirn. Sofort erkenne ich in ihm den Bauern, einen Kollegen also.

Diese Blässe stammt vom breiten Hutrand, im Sommer Strohhut oder Mützenschirm. Der hält die Sonne ab und schützt die Augen. Eine Sonnenbrille gab es nicht. Ich kann mich nicht erinnern, daß ein Bauer eine Sonnenbrille getragen hat zu meiner Zeit. Die Frauen benutzen den sogenannten »Helgoländer«, ein leichtes Rohrgeflecht, mit dünnem Stoff bespannt. Diese Kopfbedeckungen trugen die Bauersleute und Landarbeiter während ihrer langen Arbeitszeit auf Acker und Wiese, wenn die Sonne auf sie herunter brannte, der sie schutzlos ausgeliefert waren.

Wo sieht man heute noch Menschen auf dem Feld Handarbeit verrichten außer bei der Rübenpflege? Alle Arbeiten werden ruckzuck mit Großmaschinen ausgeführt. Die Felder sind fast menschenleer.

»Ja, du bist schon auf dem richtigen Weg. Hemleben ist das letzte Dorf im Bezirk Halle.« Bis Beichlingen sind es noch rund vier Kilometer. Bevor ich mich auf dem Endspurt begebe, lege ich noch eine kleine Rast ein. Benno säuft zwei Eimer Wasser aus, und derweil höre ich mir die Geschichten des Bauern an.

Seine Kinder sind alle aus dem Haus. Der Sohn hat studiert und ist Direktor von einem volkseigenen Gut. Die Tochter hat einen Ingenieur geheiratet und wohnt in Halle. Seine Frau und er sind nun alt geworden und leben allein in dem großen Haus, in der Hoffnung, daß wenigstens eines von den Enkelkindern zurück ins Dorf kommt, um das Anwesen zu übernehmen. Er will es wenigstens so lange in Ordnung halten und hier mit seiner Frau ausharren bis zu ihrem Tode. Sie sind noch rüstig, betreiben eine kleine Landwirtschaft auf Rest- und Splitterfläche, die die LPG nicht bewirtschaften kann. Ein Schicksal vieler alter Bauern, denen ich oft begegne. Die Kinder wollen besser leben als ihre Eltern, und darum verlassen sie die Dörfer, in denen sie geboren sind. Sie haben mitangesehen, wie die Eltern sich abgerackert haben von früh um vier bis abends um sieben Uhr. Einen arbeitsfreien

Sonnabend gab es nicht, und das Vieh mußte auch am Sonntag versorgt werden.

Am Ortsrand von Beichlingen endlich das ersehnte Schild: »Bezirk Erfurt«. Gleich dahinter bringe ich mein Gefährt zum Stehen. Keinen Meter weiter! Geradeso, daß die Hinterachse meines Wagens mit dem Ortseingangsschild abschneidet.

Nun habe ich es geschafft, ich bin da! Der Höhepunkt meiner Reise, der absolute Höhepunkt! Ich recke die Arme gen Himmel. Ich bin der Größte! Die ganze Anspannung, mein Inneres, mein Gefühl zwingen mich dazu, sofort anzuhalten, sobald ich Thüringen erreicht habe, um diesen Augenblick zu erleben und festzuhalten. Für mich ist das gelbe Schild am Ortsrand von Beichlingen die magische Thüringer Landesgrenze. Schon bald hinter Hemleben sah ich Beichlingen liegen, und mit jeder Räderumdrehung wuchsen Anspannung und Erwartung.

Ich habe es geschafft! Ich bin da. Ich bin in Thüringen! Schon in der Thüringer Pforte habe ich angehalten, mich mit beiden Händen an den hochragenden Felsen gestützt, um diesen für mich historischen Moment zu ergreifen. Ich wollte Thüringen anfassen.

Wie lange bin ich eigentlich unterwegs? Ich weiß es nicht: vier Wochen, fünf Wochen? Und war das nun schlimm bis hierher? Schlimm war doch eigentlich nur, sich von zu Hause loszureißen. Alles andere hat sich fast von allein geregelt. Einfach losfahren! Das war alles. Und was hat man zu Hause noch auf mich eingeredet! Was hat mich das für Nerven gekostet und Überwindung, doch endlich loszufahren. Du mit deiner Zuckerkrankheit! Viermal am Tag mußt du dir eine

Spritze geben. Wie willst du das machen unterwegs? Wo willst du schlafen? Wenn dir was passiert? Wenn dem Pferd was passiert? Wo kriegst du Futter für dein Pferd her?

Und nun bin ich hier, habe mein Ziel erreicht, habe mal wieder meinen Willen durchgesetzt. Das muß gefeiert werden. Denen zu Hause habe ich es bewiesen. Die kennen mich noch lange nicht. Benno wird ausgespannt und kann auf einem Kleefeld fressen. Der LPG-Boß soll nur kommen, dem werde ich die Luft ablassen.

Ich packe die Bierflaschen, Jagdwurst und Weißbrot vom Oldesleber Konsum aus und lege mich in den Schatten der Straßenbäume. Ich bin also im Thüringischen und muß nun eigentlich zufrieden sein. Ich halte Rückschau. Bis jetzt ging doch alles ganz gut: Pferd und Kutscher gesund, Wagen in Ordnung, Geschirr nicht zerrissen, keinen Platten.

Wohin?

Doch was nun? Einen festen Reiseplan habe ich nicht. Rein in den Thüringer Wald, in das große Urlaubergebiet, will ich auf keinen Fall. Ich habe keine Lust, die Sensation und Abwechslung für die vielen Urlauber und Kinder zu sein. Das geht mir auf den Geist. Und mit Unterkunft ist es in den großen Feriengebieten natürlich schlecht bestellt. Da hätte ich wenig Chancen, gegen den FDGB anzutreten. Jedes Bett wäre belegt, jeder Stall, jede Scheune und jeder Schuppen wären als Unterkunft ausgebaut.

Aber nach Weimar fahren, das wäre doch was! Da wäre ich der Held des Tages, vielleicht wie der »Eiserne Gustav« in Paris. Einen großen Empfang vom Oberbürgermeister persönlich würde es geben. Presse und Fotografen würden anreisen, mich interviewen und fotografieren. Vor das Goethe- und Schiller-Denkmal müßte ich mit Benno ziehen. Die Leute würden sich um uns reißen. Unterkunft wäre für Tage hinaus gesichert. Vielleicht würde ich noch »Ehrenbürger« von Weimar. Ansprachen würden gehalten werden. »Da, den guckt Euch an, an dem könnt Ihr Euch ein Beispiel nehmen!«

Vor mir erstreckt sich Richtung Süden glattes, plattes Land, soweit das Auge reicht, das Erfurter Becken, ein fruchtbares landwirtschaftliches Gebiet. Für uns wenig einladend, da durchzuziehen. Auf der Karte ist kein Grün, kein Blau eingezeichnet, also kein Wald und Wasser. Und Ackerflächen kenne ich zur Genüge. Straßen durchschneiden das Land, betonierte Wege teilen es in große Parzellen auf. Ein Industrie-Agrarland, so scheint es mir, und mir graut davor. Meinem Benno auch, Benno braucht Wiesen, Feld- und Waldwege. Also lasse ich Weimar Weimar sein.

Ich könnte auch auf der Stelle umdrehen und den Heimweg antreten. Schließlich habe ich ja die Grenze nach Thüringen überschritten. Das müßte doch wohl ausreichen! Ich nehme meine Karte zur Hand, muß mich neu orientieren. Wohin, wenn nicht Richtung Heimat?

Im Südosten, im Raum Naumburg und Freyburg, gibt es viel Grün auf der Karte. Und dann das Weinbaugebiet, noch nie im Leben habe ich Weinberge gesehen, und das will ich jetzt. Auch an die Unstrut und die Saale zieht es mich.

UNSTRUT

Also auf gehts! Ich packe zusammen. »Die Schmücke ist militärisches Sperrgebiet«, erklärt man mir. »Du mußt immer am Fuße des Gebirges entlangfahren bis Schalau, und dann kannst Du die Straße bis Wiehe nehmen.« Das ist für uns ein Umweg, aber immer wieder versperren uns weiße Schilder »Sperrgebiet – Betreten streng verboten!« den Weg. Burgwenden, Großmonra, Ostramonra, Bachra lassen wir hinter uns. Die Ortsnamen haben für mich etwas Fremdartiges an sich. Wie das nur klingt: Bachra! Gleich muß ich an Bachara denken. Du bist doch wohl nicht in Asien? Aber die weißen Verbotsschilder erinnern mich daran, in welchem Land ich bin. Auch die Dörfer sind, wie hier in Thüringen üblich, eng bebaut und in Hügel eingebettet. Bäume und Sträucher ebnen den Übergang zu den Wäldern und Dörfern. In den Dörfern rekonstruierte Fachwerkhäuser mit viel Grün rundherum. Ein Bild, an dem ich mich wieder erfreuen kann. Das sind Dörfer zum Anschauen, mit alter Tradition hier in Thüringen. In Ostelbien, in der Mark Brandenburg, meiner Heimat, war es damals, Hunderte von Jahren vor uns, wohl noch wüst und leer, als hier schon Ansiedlungen und kulturelles Leben entstanden. »Wir hatten hier im Süden Deutschlands schon eine Kultur, als sich in Brandenburg-Preußen noch die Wildsäue die Ärsche an den Kiefern scheuerten«, sagte einmal der ehemalige bayerische Kultusminister Alois Hundhammer.

Der Wirt vom Gasthaus »Zur Tanne« in Wiehe ist ein gesprächiger und freundlicher Mann. Eilig bringt er das bestellte Essen und setzt sich zu mir an den Tisch. Ich bin der einzige Gast um diese Zeit am frühen Sonntagvormittag, und der Wirt hat Zeit für mich. Ich bin eine willkommene Abwechslung und muß seine Neugier befriedigen. Bereitwillig beantwortet er meine Fragen und gibt Auskunft über Land, Leute und die schöne Umgebung von Wiehe.

Schon von den Höhen der Ausläufer der Schmücke habe ich einen herrlichen Blick auf die Stadt und Umgebung. Wiehe, im Tal der Unstrut, und im Hintergrund die Burg Wendelstein liegen im Sonnenschein des Sonntagvormittags vor mir. Während ich die von Kirschbäumen gesäumte Straße bergab fahre, erfaßt mich ein wohliges, glückliches Gefühl. Außerdem wachsen mir die Kirschen direkt in den Mund hinein. Ich stelle mich auf den Wagen, und Benno muß immer wieder unter einem Kirschbaum haltmachen.

Auch er hat es gut. Der leichte Wagen schiebt ihn vorwärts beim Bergabfahren. Der Tannenwirt erklärt mir den Weg zur Burg Wendelstein und gibt mir die Adresse seines Bekannten, eines Winzers, in Dorndorf, den ich unbedingt aufsuchen und Grüße bestellen solle. Dann wünscht er mir »Gute Fahrt!«

Als ich die Burg im Visier habe, muß ich an einen längst vergessenen Schlager aus den vierziger-fünfziger Jahren denken: »Vis-à-vis vom Wendelstein gibts gar viele Mägdelein.« Das waren Zeiten, als man noch jung war! Wo ist bloß die Zeit geblieben? Oder habe ich mein Leben schon gelebt? Jetzt kann ich vom Leben nicht mehr viel erwarten. Jetzt kann ich nur von mir selbst etwas erwarten. Auch darum bin ich bis hierher gefahren und gelaufen.

Wieder stelle ich fest: Es hat sich gelohnt. Ich bin glücklich. Heute ist ein Sonnentag in meinem Leben, ein doppelter Sonntag – im Kalender, und die Sonne scheint dazu.

BURG

Zur Burg führt ein steiler Weg hinauf, und Benno muß sich tüchtig ins Zeug legen. Es dröhnt dumpf und schauerlich, als wir durch das Burgtor mit dem Holzbohlenbelag in den kopfsteingepflasterten Burghof einfahren. Ich habe ein Gefühl von Ehrfurcht und Demut dabei, obwohl sich hier bestimmt vieles verändert hat, nur Spuren noch sichtbar geblieben sind. Hunderte von Jahren haben abbröckeln und vergessen lassen. Wieviele sind hier wohl schon durchgefahren im Laufe der Jahrhunderte und haben hier ihre Spuren hinterlassen? Hinterlasse ich auch Spuren wie die Burgherren, Heerscharen und Kaufleute auf diesem Wege? Bestimmt nicht. Ich bin doch nur ein Nachvollzieher. Ich hinterlasse Hufabdrücke und Radspuren.

Die Zeit ist dahingegangen. Ihre Stürme haben vieles hinweggefegt. Wenig ist geblieben, und das wenige, das die Zeit überdauert hat, sollte gepflegt und erhalten werden für unsere Nachkommen.

Von hier oben habe ich einen schönen Ausblick ins Unstruttal. Im Innenhof stehen Baugerüste an den mächtigen Wänden. Das VEG Memleben baut in der ehemaligen Ritterfestung für die Betriebsangehörigen Wohnungen aus. Das finde ich gut. Die Burg wird auf diese Weise vor dem Verfall gerettet. Denkmalpflege wird in Memleben groß geschrieben.

Klosterruine

Einen tüchtigen, aufgeschlossenen Direktor muß das VEG Memleben haben. Der Ort glänzt vor Sauberkeit. Wahrscheinlich hat der Bürgermeister einen guten Paten im VEG gefunden, um mit dessen Hilfe das Dorf in Schuß zu halten.
Eintausendzweihundert Jahre ist Memleben alt. Das lese ich auf den Schrifttafeln vor der Klosterruine. Wahrscheinlich wurde es von Mönchen gegründet, und Kaiserpfalz war es auch. Die Reste des Klosters sind konserviert, wecken aber in mir Stolz und Gefühle für die gebaute Vergangenheit.
Ich binde Benno fest und besichtige Klostergarten und Ruine. Romantisch überwuchert von Efeu und Kletterpflanzen ist die Ruine der Klosterkirche inmitten eines gepflegten Parks. Ich bin tief beeindruckt und kann den Memlebenern in Gedanken nur gratulieren. Sie haben sicher viel getan, um dieses Kleinod zu erhalten und zu pflegen.
Der Pförtner am Eingang zum VEG klärt mich auf: »Ja, wir haben einen äußerst tüchtigen Mann als Direktor. Er unterhält nicht nur das Gut, er kümmert sich um einfach alles.«

Auf viele Verbündete des Ortes könne er zählen. Vieles soll neu entstehen oder wieder hergerichtet werden, das Mönchshaus zum Beispiel. Nach Aufhebung des Klosters wurde es als Lagerraum genutzt. Aus dem Alten soll Neues entstehen, der heutigen Zeit angepaßt werden. Nun soll es vierhundert Personen Platz für Theateraufführungen bieten, es sollen Kulturensembles und Volkskunstgruppen auftreten können. »In den Sommermonaten«, sagt der Pförtner, »finden im Park Konzerte und Theateraufführungen statt.« Als Kulisse diene die romanische Klosterruine.
Wieder bin ich tief beeindruckt von den aufgeschlossenen, tüchtigen Leuten hier. Warum kann es nicht überall so sein?
Ich will auf der Weiterfahrt an der Unstrut bleiben, auf der Suche nach dem nördlichsten Weinbaugebiet, fahre also die Schleife aus, durch Nebra mit den steilen, glatten, glänzenden Schlackensteinstraßen. Benno kann sich trotz seiner Spezialeisen kaum auf den Beinen halten. Ich muß ihn wieder am Zügel führen, muß ihm sogar den Kopf hochhalten, damit er nicht fällt. Bennos Beine sind schließlich unser Kapital. Davon hat er nur vier, Ersatz gibt es nicht.
Wir fahren an Karsdorf vorbei mit seinem häßlichen Zementwerk in der schönen Gegend. Die CDU-Parteischule Burg Scheidungen, ein gewaltiger Klotz, grüßt von jenseits der Unstrut herüber.

Reiterball

Abends kommen wir in Laucha an. Sofort fallen mir die jungen Leute im Reiterdreß auf. Weiße Reithosen in Langschäftern auf der Straße vor einer Gaststätte. Eigentlich kann ich die Kerle nicht leiden. Sie sind mir zu arrogant. Wir passen nicht zusammen. Ebenso wie Benno nicht zu ihren Rassepferden paßt. Was bei denen der Parcours ist, das ist bei uns die Straße.

Jedenfalls ist heute im Gasthaus von Laucha Reiterball, berichtet mir so ein Langschäfter, als ich wegen Nachtquartier nachfrage. Den Reiterball darf ich nicht verpassen. Der Langschäfter spricht mit dem Wirt, und ich kann Benno im Stall auf dem Hof unterbringen. Schlafen kann ich auf dem Heuboden.

Ich wasche und rasiere mich in der Toilette des Gasthauses. Ein Aufwischtuch zum Schuheputzen liegt unterm Waschbecken. Mit dem zugehörigen Schrubber bürste ich mir meine Jeans ab. Das großkarierte Hemd ist noch einigermaßen sauber. Zuletzt fahre ich mir mit dem sauberen Taschentuch »für alle Fälle« aus der linken Hosentasche – falls ich eine Verletzung schnell verbinden muß – über meine kurzgeschnittenen Haare. Fertig! Auf in den Kampf!

Knüppeldick voll sind Saal und Gastraum, als ich die Tür aufmache. Ein ohrenbetäubender Lärm, Schnaps-, Bier- und Tabakgeruch schlagen mir entgegen. Alles ist in Bewegung, schaukelt vor meinen Augen hin und her. Ich muß mich erst auf die neue Situation einstellen. Eine Band in bunten, schillernden Hemden spielt zum Tanz. Die Musik gefällt mir.

Musik für Alt und Jung, und ich beschließe, diese Nacht hier durchzumachen. Herrlich, so frei und unbeschwert zu sein, denke ich, keine Rücksicht auf die Ehefrau nehmen zu müssen. Die ist weit weg, und was sie nicht weiß, macht sie nicht heiß. An einem Tisch im Gastraum ist noch ein Stuhl frei. Es ist eine fröhliche Runde, die mich einlädt. Sofort verspüre ich wieder das leichte Kribbeln unterm Haaransatz im Nacken, und die Erwartungsstimmung stellt sich ein.

Ich brauche nicht lange zu warten. Alles geht seinen Gang. Der Ober bringt ein leeres Glas für mich, und nach dem ersten Schoppen Wein wird mir eine Frau in den besten Jahren mit lustigem Gesicht und in Sektlaune als Partnerin für den heutigen Abend vorgestellt.

Auf dem Tanzparkett wird es eng und warm. Der Wein tut seine Wirkung. Die Luft eine einzige dampfende Wolke. Der Schweiß steht mir auf der Stirn und läuft mir in den Kragen hinein. Man muß sich den schiebenden, tanzenden Paaren anpassen.

Aber Erika ist zufrieden mit mir. Ich könne gut tanzen, sagt sie, und das höre ich während der langen Nacht einige Male von ihr. Sie freut sich, einen Tänzer für die Ballnacht gefunden zu haben.

Erika kommt aus der Stadt und ist von ihren Verwandten zu diesem Ball eingeladen worden. Ihr gefällt es gut auf dem Dorf. Am liebsten würde sie herziehen. Die weiteren Worte ahne ich jetzt voraus – bestimmt geschieden. Ja, sie ist geschieden, und all und jeden wolle sie auch nicht wieder nehmen. Dann lieber ledig bleiben. Männer, die ihr gefallen, sind fast immer schon verheiratet, und eine Ehe auseinanderbringen, das paßt ihr nicht. Sie hat selbst erlebt, was das für Leid mit sich bringt.

Ich habe sie gleich im Verdacht, daß sie hier einen ledigen Mann fürs weitere Leben kennenlernen will. Oder will ihre Verwandtschaft sie verkuppeln? Mir soll das nur recht sein. Daß ich schon lange verheiratet bin, erzähle ich jedenfalls nicht. Auf ihre Anspielungen in diese Richtung reagiere ich nicht. Wir wollen uns doch erst mal kennenlernen, morgen ist auch noch ein Tag, da sieht die Welt ganz anders aus, da ist wieder der graue Alltag da, und du kannst in Ruhe und mit Abstand darüber nachdenken, sage ich zu ihr, um Zeit zu gewinnen.

Gegen Morgen, der Saal ist schon halbleer, drängt Erikas Verwandtschaft nach Hause. Bedrückt nehmen wir Abschied voneinander. Fest gibt sie mir die Hand. Verlegen schaut sie mich an. Wir haben uns so gut verstanden, sind beide fremd hier und brauchen keine Rücksicht auf andere Leute und deren Gerede zu nehmen. Ich hoffe im stillen auf ihre Einladung und ein weiches Bett für die Nacht. Aber stattdessen muß ich enttäuscht die Leiter zu meinem Heuboden emporklimmen. Erika hat mich wohl in letzter Minute durchschaut, oder ihre Verwandtschaft war nicht einverstanden mit »so einem«.

Ich kann noch nicht lange geschlafen haben, da werde ich durch Flüstern geweckt. Will mich hier jemand beklauen? Ich verhalte mich ganz ruhig. Dann Liebesgestöhne. Na, das ist ein Ding!

Verdammt nochmal, denke ich, das hättest du auch haben können hier oben im Heu. Wenn du dir doch nur etwas mehr

Mühe gegeben hättest dort unten im Saal! Aber gleich darauf fällt mir mein Versprechen ein, das ich meiner Ehefrau gegeben habe, mit der ich ja nun schon dreißig Jahre verheiratet bin. Auch nicht schlecht, ein Versprechen zu halten. Das andere wäre doch nur ein kurzer Rausch gewesen – und hinterher das schlechte Gewissen! Was solls, ich habe Familie, Enkelkinder und bin an meinen Besitz gebunden. Trotzdem: Alter schützt vor Torheit nicht. Und ich bin manchmal wankelmütig, vergesse meine guten Vorsätze, wenn mich Gefühle übermannen. Dann ist der Verstand ausgeschaltet.

Eine ganze Weile muß ich mir den Spaß anhören. Bestimmt einer von den Langschäftern aus Ringleben, der hier ein Mädchen von Laucha verführt.

Im Saal habe ich die Ringlebener Reiter wiedergesehen, wenn das die Lauchaer wüßten, dann käme es bestimmt zu einer Schlägerei, so wie es bei uns früher auf dem Dorf war, wenn Konkurrenten aus den anderen Dörfern uns die Mädchen ausspannen wollten. Wir treten unsere Hühner allein, hieß es damals bei uns. Wie dem auch war, mir wird es schließlich doch zuviel. Ich räuspere mich laut, und augenblicklich kehrt Ruhe ein. Ich kann den Schlaf des treuen Ehemannes fortsetzen.

Erst spät am andern Morgen bin ich wach. Normales Denken stellt sich wieder ein. Noch im Heu liegend, überschlage ich meine Lage. Die Lage ist ernst, aber nicht hoffnungslos. Dieser Spruch aus dem Knast fällt mir gerade jetzt wieder ein. Am besten, du ergreifst die Flucht, gehst damit allen unangenehmen Fragen aus dem Weg. Ich spanne schnell mein Pferd ein, und ohne Wiedersehen, ohne mich zu waschen, ohne

Frühstück und ohne Benno zu füttern, flüchte ich aus Laucha hinaus vor meinen Versprechungen letzte Nacht auf dem Ball und den Versprechungen zu Hause.

Weingegend

Mir fällt die Adresse des Bekannten vom Tannenwirt aus Wiehe ein. Auf dem Zettel steht: »Hermann Wittenbecher, Dorndorf-Laucha. Viele Grüße H.H., Wiehe, Zur Tanne.« Das ist ja ganz in der Nähe, keine Stunde Fahrzeit.
Hier also beginnt das nördlichste Weinanbaugebiet von Europa. Zisterziensermönche machten die Sonnenhänge urbar und pflanzten schon vor 1000 nach Christus die ersten Stöcke an. Die Berghänge sind verwildert, mit Buschwerk und Bäumen bewachsen. Erst später erfahre ich, daß diese Hänge tatsächlich Weinberge sind. Um die Jahrhundertwende hatte die Reblaus den Weinanbau fast in ganz Europa zum Erliegen gebracht, und erst um 1930 herum begann man mit der Neuanpflanzung im Saale-Unstrut-Gebiet.
Den größten Teil der Fläche bewirtschaften heute die LPG. Aber fünfhundert Freizeitwinzer gibt es noch, die ihren eigenen Weinberg besitzen und nutzen. Eine schwere Arbeit, Freizeit und Urlaub gehen dabei drauf. »Wen Gott strafen will, dem schenkt er einen Weinberg«, heißt es hier unten.
Hermann Wittenbecher hat seinen Weinberg geerbt, so wie sein Vater den Berg vom Großvater und der Großvater vom Urgroßvater, das ist Tradition in Dorndorf. Und Tradition ver-

pflichtet, Hermann Wittenbecher kann ein Lied davon singen. Zweitausend Stöcke von der Sorte Silvaner und Müller-Thurgau gehören ihm. Die wollen beschnitten und gedüngt werden. Der Boden muß fünfmal im Jahr gelockert und gehackt werden. Dafür hat er zwar eine Seilwinde, aber zwischen den Stöcken muß mit der Hand gehackt werden. Zehnmal im Jahr spritzt er Schädlingsbekämpfungsmittel. In diesem Jahr macht sich der Mehltau breit. Es ist ein zu kaltes und nasses Jahr. Wird eine schlechte Ernte geben, prophezeit Wittenbecher.

Auch die Stare machen den Winzern sehr zu schaffen. Nachtfröste treten auf und mindern die Erträge. Es fehlt oft genügend Sonnenschein. Das hat allerdings auch seinen Vorteil gegenüber Weinen derselben Sorten in klimatisch besseren Gebieten. Es entwickeln sich unter diesen Bedingungen besondere Bukettstoffe.

Wenn das alles gut überstanden ist und die Lese beginnt, braucht er dringend Helfer. Ohne Helfer geht gar nichts. Er hat seinen festen Termin für die Ablieferung an die Winzergenossenschaft in Freyburg. Nur sauber ausgelesene Trauben werden abgenommen. Fünfhundert Kilogramm Trauben kann er für sich selbst zu Wein keltern lassen. Das ergibt vierhundert Flaschen. Der Verarbeitungslohn liegt bei achtzig Pfennigen je Flasche.

Wenn das geschafft ist, kann er feiern. Und es wird gefeiert! Zuerst im Helferkreis, dann im Saal des Gasthauses in der dörflichen Gemeinschaft.

Dies alles erzählt mir der Freizeitwinzer inmitten der Weinberge auf seiner Parzelle. So schön es ist, so hart wird hier gearbeitet. Mir gibt das zu denken, und ich sehe es nun mit etwas anderen Augen. Hermann hat jetzt zu tun, er lädt mich aber zur Weinlese ein.

Eine Stunde auf dem Marktplatz in Freyburg genügt mir. Im nächsten Jahr werde ich mit dem Auto herfahren, die Ehefrau mitnehmen und dann gemeinsam in Ruhe alles besichtigen. Ein Auto kann man überall abstellen, ein Pferd nicht. Mich interessiert jetzt kein Weinkeller mehr, keine Sektkellerei, in der der berühmte DDR-Sekt, Marke »Rotkäppchen«, hergestellt wird, und auch nicht die Neuenburg über Freyburg. Der starke Verkehr, der über den Marktplatz ununterbrochen hinwegdonnert, macht mich verrückt. Zwei Fernverkehrsstraßen kreuzen sich ausgerechnet hier, reißen die Stadt auseinander in mehrere Teile. Ich habe Sehnsucht nach den stillen Wegen, auf denen ich gekommen bin.

Dabei war die Herfahrt mit hohen Erwartungen verbunden. Schon weit vor der Stadt leuchtete es weiß, so als ob große weiße Tücher oder Laken auf der Leine hingen. Ich konnte mir einfach keinen Vers darauf machen. Kann doch keine Wäsche sein? Und es war auch keine Wäsche, sondern es waren Weinterrassen, angelegt im Kalksteinberg, der mir weiß zwischen den grünen Weinstöcken entgegenleuchtete. So etwas hatte ich noch nie gesehen.

Aber so wunderschön und so herrlich dieser Anblick ist, so muß ich doch gleich wieder an die Plackerei denken, eine solche Parzelle am steilen Hang zu bewirtschaften. Ein Bauer denkt wohl immer an Arbeit. Das liegt ihm im Blut, damit ist er groß geworden. Alles hat also seinen Preis, und jede

Medaille hat zwei Seiten. Wenn wir beim Wein sitzen, dann sollten wir auch mal daran denken, daß in jedem Glas ein Tropfen Winzerschweiß steckt.

KARTEN

Am Zeitungs- und Zeitschriftenstand auf dem Marktplatz von Freyburg frage ich wieder mal vergeblich nach einer Reise- und Verkehrskarte der Bezirke Halle und Leipzig. Schon zu Hause hatte ich versucht, Karten von den südlichen Bezirken zu erhalten. Eine Karte des Bezirkes Magdeburg hatte ich schließlich aufgetrieben, und sie hat mir bis jetzt gute Dienste geleistet. Nun aber ist sie total zerfleddert, in zwei Teile zerfallen und steckt tief in der Tasche, in der sich Schreibzeug und andere Dinge befinden. Zwar ist sie für mich nun wertlos, aber ich will sie als Andenken mit nach Hause nehmen.

Jetzt benötige ich eine Halle-Leipzig-Karte, eine genaue Karte, in der jeder Feld- und Fahrweg eingezeichnet ist. Oft kennen selbst die Einheimischen in den Dörfern nicht alle Wege zu den benachbarten Dörfern.

Es sind vergessene, teilweise schon überwachsene Wege, diese alten Ortsverbindungen. Wer kennt sie noch in dieser motorisierten Zeit, wo sich der Verkehr mit Kraftfahrzeugen auf den Asphaltstraßen abspielt? Höchstens ältere Bauern und Forstleute, die diese Wege mit ihren Pferdefuhrwerken noch benutzen. Für Kraftfahrzeuge sind sie nicht geeignet wegen der vielen Löcher, Sandstellen und des teilweisen

Holperpflasters darin. Ein übriges haben die LPG mit ihrer schweren Technik, ihren Traktoren und Hängern getan. Sie sind oftmals einfach plattgemacht und umgepflügt worden.
Früher wurden solche Wege gemeinschaftlich jedes Jahr ausgebessert. Das war genauso Gesetz wie die Beräumung der Gräben, Fließe und Teiche. Jeder Bauer stellte ein Gespann und eine Arbeitskraft mit Gerätschaft.
Wenn ich junge Leute nach den nächsten Verbindungswegen frage, wollen sie mich immer auf Autostraßen schicken. Dann muß ich erklären, daß ich Autostraßen meiden will. Wenn ich dann meine bewährte Bezirkskarte ihnen unter die Nase halte und auf den eingezeichneten Fahrweg weise, sagen sie: »Ach ja, daran habe ich gar nicht mehr gedacht.« Ich als Fremder muß den Leuten ihre eigene Heimat erklären. Gut, daß ich wenigstens eine vollständige Touristenkarte in Atlasform bei mir habe. Dieser Atlas muß mir jetzt weiterhelfen.

Kohlegegend

Aus dem Unstruttal hinaus führt die Straße steil bergan zum fruchtbaren Hochland der Querfurter Platte. Schafstädt, ein größeres Dorf mit einer in der ganzen DDR bekannten LPG, ist der Mittelpunkt. Dann Bad Lauchstädt gleich nebenan und südlich dieser Orte Mücheln, bekannt durch den Braunkohleabbau.
Ich traue meinen Augen nicht, gleich hinter Mücheln stoße ich auf einen kleinen, intakten See. Inmitten dieser zerstörten,

ausgekohlten Gegend ein See, ein Auge der Landschaft, in dem man baden kann und in dem Fische leben. Das ist ein idealer Platz für das Nachtlager, bevor es weitergeht ins Industriegebiet.

Russische Offiziere finden sich mit ihren Jeeps ein, sitzen stumm am Ufer. Zigaretten im Mundwinkel, tauchen sie ihre Angeln ins Wasser. Hin und wieder zappelt ein Barsch am Haken. Als die Sonne schon lange hinterm Horizont verschwunden ist, packen sie ihre Utensilien zusammen, steigen in ihre Fahrzeuge und brummen davon.

Ich verkrieche mich in meinen Schlafsack. Mein Benno hält Nachtwache. Im Mondlicht kann ich ihn beobachten, wie er beim leisesten Geräusch den Kopf hochreißt und unruhig wird. Benno hat wieder Gespenster gesehen, oder eine Eule ist vorbeigestrichen auf der Jagd nach Mäusen.

Auf gut Wetter vertrau, beginnt der Tag nebelgrau, denke ich, als ich mit steifen Gliedern aus meinem klammen, feuchten Schlafsack herauskrieche. Gegen Morgen muß es stark getaut haben. Meine Haare sind naß, das Gesicht ebenso. Ich brauche nur mit dem Handtuch darüberzugehen und kann mir das Waschen ersparen. Mit nackten Füßen laufe ich im kühlen, nassen Wiesengras umher und erspare mir auch das Füßewaschen. Dicke Tautropfen am Gebüsch und an den Bäumen. Wenn die Sonne höherkommt, werden sie zuerst in ihrem Licht glitzern, bevor sie dann herunterfallen. Ein silberner Schleier liegt über dem See und der kleinen Wiese. Die ersten Vögel haben ihr Frühkonzert schon angestimmt. Der Buchfink hat sein Lied, den Finkenschlag, wohl bald hundertmal wiederholt, bevor ich in Gang komme mit meiner Arbeit am frühen Morgen.

Zuerst Benno versorgen! Der bekommt Wasser aus dem See und sein Brot. Den Eisenpflock mit der Kette schlage ich an anderer Stelle wieder ein, so daß er auch noch frisches Grün zu sich nehmen kann. Plane, Decke und Schlafsack ausschütteln, einrollen, auf dem Wagen verstauen und festzurren. Dann erst mache ich mir auf dem Spirituskocher einen Schnellkaffee. Wer weiß, wo und wann wir wieder so einen schönen Platz finden werden? Während ich frühstücke, studiere ich die Landkarte. Vor mir liegen Leuna und Merseburg – das berühmt-berüchtigte mitteldeutsche Industriegebiet, das »Ruhrgebiet« der DDR. Westlich von Merseburg ist ein großer weißer Fleck auf meiner Karte, das Geiseltal. Keine Straßen, kein Fahrweg führen dort hindurch, zumindest sind auf der Karte keine eingezeichnet.

Eine tiefe Wunde hat der Braunkohleabbau hier in die Landschaft geschlagen. Rohbraunkohle, wie sie hier gefördert wird, unbehandelt und ungepreßt, aus diesem sächsischen Industriegebiet, kenne ich von meiner Tätigkeit zu Hause im Kinderheim Kampehl. Sie ist sehr schwefelhaltig im Gegensatz zur Kohle aus der Lausitz im südlichen Brandenburg.

Schweren Herzens entscheide ich mich für die Landstraße, an Leuna und Merseburg in respektvoller Entfernung vorbei. Warum soll ich nicht einmal durch ein Industriegebiet fahren, das ich nur vom Hörensagen kenne? So tröste ich mich.

Viel Gutes hatte ich davon allerdings nicht gehört. Menschen aus diesem Gebiet, die im Sommer ihren Urlaub in unserer wald- und wasserreichen Gegend verlebten, haben mir von ihrer rußigen Heimat erzählt, von der schlechten Luft, dem Gestank und dem oft verdunkelten Himmel. Die vielen Schornsteine und Schlote verursachen die giftigen Dämpfe, den Rauch und den Ruß. Die Lebenserwartung soll um fünf bis sechs Jahre geringer sein als die eines Durchschnittsbürgers in der DDR, hat mir jemand aus Leuna erzählt. An Umweltschutz hat man weder bei der Errichtunng dieser Werke von Leuna im ersten Weltkrieg und von Buna kurz vor dem zweiten Weltkrieg, noch bei der Betreibung im sozialistischen Staat gedacht. Und trotzdem lieben die Menschen ihre Heimat und ihr Merseburg.

Merseburg liegt am linken Saaleufer, Dom und Schloß stehen auf einem Sandsteinfelsen und überragen die Saale. Kaiser Heinrich der Erste legte hier eine Pfalz an, und sein Nachfolger, Otto der Erste, gründete ein Bistum. Auch Reichstage fanden in Merseburg statt. Viel später, ab dem 19. Jahrhundert, wurde von hier aus die gesamte Provinz Sachsen verwaltet.

Mit der Entdeckung des Braunkohlevorkommens westlich im Geiseltal und der Gründung der Leuna- und Buna-Werke südlich und nördlich davon wurde Merseburg dann zu einer echten Industriearbeiterstadt. Im März 1921 lieferten sich die Arbeiter in Leuna mit der Polizei eine blutige Schlacht. Das Lied vom »Kleinen Trompeter« kommt mir in den Sinn, als ich Leuna mit den vielen rauchenden Schloten von ferne erblicke.

Chemie

Einen süßlich-dumpfen Geruch von Chemikalien weht der Wind von den ausgekohlten Tagebaurestlöchern, die als Müllkippen hochgiftiger Abfallprodukte aus den Chemiebetrieben dienen. Ich rieche nicht nur, ich schmecke, höre, sehe und fühle die Umweltbelastung hier. Zwischen den Zähnen knirschen Staub und Asche aus den Schloten von Leuna, den Kraftwerken und Brikettfabriken im Geiseltal.

Wenn ich zu Hause Feierabend habe und mein Heizhaus zuschließe, kann ich abschalten, aber hier werden die Menschen fortwährend mit ihrer Arbeitsstelle konfrontiert. Vielleicht verdienen sie mehr als ich, trotzdem möchte ich nicht tauschen. Gasometer, dampfende Kühltürme, unübersichtliches Rohrleitungssystem ziehen sich Kilometer um Kilometer in Richtung Merseburg. Hier werden Düngemittel für die Landwirtschaft hergestellt, Treib- und Kraftstoffe, Motorenöl, Phenole, die aus der benachbarten Braunkohle gewonnen werden.

Aber auch die Buna-Werke in Schkopau sind ein Begriff. Dort wird synthetischer Gummi produziert. Buna-Kalk als Abfallprodukt kenne ich als Düngemittel zur Gesunderhaltung des Bodens noch von der Landwirtschaft her. Aber hier scheint der Boden tot zu sein.

Leuna und Buna waren im Krieg Rüstungsbetriebe. In Leuna wurde der Treibstoff produziert, in Buna die Reifen der damaligen Wehrmacht.

Zu meiner Linken liegt das Geiseltal. So weit das Auge reicht, kein Dorf, keine Ansiedlung, kein Wald, kein Baum, kein

Strauch. Nichts! Der Tagebau hat das Landschaftsbild völlig verändert. Die Ortschaften sind verschwunden. Aus der bäuerlichen Kulturlandschaft ist eine regelrechte Mondlandschaft geworden. Grundwasserabsenkungen haben das ihre getan.

Der Mensch ist auf Kosten der Natur reich geworden. Er machte sie sich untertan. Am Anfang seiner Entwicklung war er arm. Nun wird die Natur arm. Reicher Mensch – arme Natur. Geht das? Wollen wir so unsere Zukunft gestalten, eine reine Konsumgesellschaft werden? Fortschritt kann nur im Einklang mit der Natur sein, mit der wir leben müssen. Quo vadis, wohin gehst du?

Die Menschen leben in großen Wohnsiedlungen, südlich am Rande des Geiseltals, durch das Benno und ich ziehen. Vielleicht wird man auch hier neue Chemieanlagen bauen. Die Bergarbeiter werden dann Chemiearbeiter. So einfach ist das. So etwas hält der Mensch für Fortschritt.

Nachdem das Land bis zu neunzig Meter Tiefe ausgekohlt wurde, beginnt man jetzt endlich mit der Rekultivierung der Landschaft. Das Geiseltal soll wieder grün werden. Erholungszentren sollen geschaffen werden. Aus mehreren Tagebaurestlöchern zwischen Mücheln und Großkayna soll ein riesiges Speicherbecken entstehen, Wasser für den rekultivierten Boden, der dann zum Teil wieder landwirtschaftlich genutzt werden soll, Wasser auch für neu anzupflanzende Gehölze. Wasser muß wieder her, ohne Wasser kein Leben.

Tierfreunde

In Bad Lauchstädt will man mich dem Tierschutzverein und dem Staatsanwalt übergeben. »Roher Kerl, Tierquäler«, höre ich von einigen Damen. »Pferdeschinder!« brüllt mich ein Bürger an. Eine von den Damen droht mir mit ihrem Spazierstock. Die Leute sind aufgebracht und bemitleiden mein Pferd. Benno läuft der Schweiß am Körper herab. Er hat Durst, säuft in einem Zuge zwei Eimer Wasser aus. Daß auch ich Durst habe, interessiert die Leute wenig.

Wir stehen im Schatten alter, großer Bäume vor den Kuranlagen von Bad Lauchstädt und haben einen anstrengenden Tag hinter uns in dem platten Land ohne Bäume an den endlos langen Fernverkehrsstraßen. Wo sind bloß die schattigen Bäume geblieben, frage ich mich immer wieder.

Der Autoverkehr rollte und rollte ununterbrochen an uns vorbei. Die Abgase verpesteten die Luft. Kein Wald, kein See, kein Bach, nicht einmal ein Tümpel, aus dem man Wasser holen konnte. Nichts von alledem. Das Land menschenleer. Die weiten, fruchtbaren Flächen mit Monokulturen bestellt. Der höchste Punkt war eine hochaufgeschossene Rübe. Die Hitze machte uns zu schaffen und Benno zusätzlich das Ungeziefer. Und nirgendwo ein schattiger Nebenweg.

So fuhren wir immer geradeaus auf dem schon weichen Asphalt, Bennos Hufeisen drückten sich wie Stempel hinein und hinterließen Spuren. Die Wagenräder rissen Muster in den Teer, nahmen den Teer auf und hatten schon eine zweite Lauffläche. Ich hockte trübsinnig auf dem Wagen, ließ mich von der Sonne braten und ärgerte mich über die heulenden Zweitakter, großen Lkw und Traktoren mit ihren klappernden Anhängern. Vollkommen erschöpft sind wir in Bad Lauchstädt angekommen.

Und nun stehen also die aufgebrachten Tierfreunde um uns herum. Alle meine Erklärungen sind zwecklos, führen zu nichts. Fast will ich mir schon den Weg bahnen und weiterfahren, doch ein Gedanke hält mich zurück: Das sieht nach Flucht aus und schlechtem Gewissen. Du hast doch Zeit, sage ich mir. Soll der Tierschutz kommen! Vielleicht kann ich vom Verein Futter für Benno abstauben, und vielleicht sorgt der Staatsanwalt für ein Nachtquartier.

Aber dann mache ich einen Fehler. Ich frage eine der Damen, ob sie mir vielleicht sagen könne, wie denn wohl der Herr Geheimrat Goethe nach Bad Lauchstädt gekommen sei. Vielleicht mit der Bahn? Oder mit dem Auto? Oder gar in einem Hubschrauber? Das gibt ihnen merkwürdigerweise zu denken. Gleich ist es aus mit dem Ruf nach Tierschutzverein und Staatsanwalt. Die ersten verdrücken sich wortlos, nur die Dame mit dem Stock beharrt auf ihrem Standpunkt. Noch beim Abfahren wirft sie mir böse Blicke zu, droht mir mit ihrem Spazierstock noch lange hinterher.

Eigentlich will ich ja in Bad Lauchstädt bleiben, »Lauchstädter Heilbrunnen« trinken und den Kurbetrieb ansehen, aber Lauchstädt trägt den Namen Bad wohl zu unrecht. Es findet jedenfalls kein Kurbetrieb mehr statt.

Früher war Lauchstädt ein beliebtes Modebad. Die Heilkraft des Lauchstädter Brunnens hatte der Medizinprofessor

Hoffmann schon vor zweihundert Jahren entdeckt. Außerdem war er der Erfinder der berühmten »Hoffmannstropfen«. Viele prominente Leute suchten hier Heilung und Genesung. Goethe ließ in den Kuranlagen ein Theater bauen und führte selbst Regie. Das war einmal. Das gibt es nicht mehr. Der Glanz ist verloschen. Jetzt ist Bad Lauchstädt nur noch ein durchschnittliches Landstädtchen, in dem zum großen Teil Landwirtschaft betrieben wird.

Kollegen

Es ist spät geworden. Eine Bauersfrau und ihr Mann mustern uns mißtrauisch. Ein Fremder, spätabends, mit einem Pferd. Das ist ja noch gar nicht dagewesen! Mein Gefühl sagt mir sofort: Hier mußt du nachstoßen, hier ist was zu machen. Ich habe die beiden fest im Griff. Ich suche fieberhaft nach einer glaubwürdigen Erklärung, einer, die bei Bauern gut ankommt.

Ich sage, ich sei mit Pferd und Wagen auf der Heimreise. Beides hätte ich von einem alten Onkel geerbt, der schon siebenundachtzig Jahre alt ist und das Tier nun nicht mehr pflegen kann. Der Transport mit einem Lkw wäre mir zu teuer, und außerdem gäbe es ja dafür auch keinen Dieselkraftstoff zugeteilt. Wohin ich denn wolle, fragt mich der Mann interessiert. Bis nach Mecklenburg, sage ich. Bin auch LPG-Bauer, also ein Kollege. Das Pferd kann ich gut in meiner individuellen Wirtschaft brauchen.

Ein Kollege also, das ist natürlich ganz etwas anderes. Es geht jetzt nur darum, wohin mit dem Pferd und wohin mit mir. Ob ich Raucher sei und wohl doch nicht etwa im Stroh rauchen würde? Na hören Sie mal, ich bin doch selbst Bauer und weiß, daß so etwas gefährlich ist! In der Waschküche will ich mir mein Abendbrot machen, aber die gute Frau läßt das nicht zu. Ich bin jetzt ihr Gast.

Sie tischt in der Wohnküche für mich auf. Ich muß essen, ob ich will oder nicht. Schäbig komme ich mir jetzt vor, die Leute belogen zu haben, zumal sie mir erzählen, daß sie durch ihre Gutmütigkeit und Leichtgläubigkeit erst vor kurzem Schaden genommen hatten. Sie sind beim Verkauf ihres Pferdes betrogen worden. Mir schmeckt das Essen nicht mehr. Ich will ihren Blicken ausweichen. Ihre Einladung, zum Fernsehen in die Wohnstube zu kommen und im Fremdenzimmer zu schlafen, schlage ich aus und verkrieche mich auf dem Heuboden.

Am nächsten Morgen ist mein Benno schon gefüttert und für mich der Frühstückstisch gedeckt. Ein Paket Stullen liegt eingewickelt bereit. Gemeinsam frühstücken wir, aber mein schlechtes Gewissen sitzt noch fest. Hast mal wieder anständige, hilfsbereite Menschen belogen, nur um dir einen Vorteil zu verschaffen!

Hoal över!

Ich habe es mir in den Kopf gesetzt, an diesem Tag über die Saale zu kommen. Aber als wir Salzmünde an der Saale erreichen, ist es schon später Nachmittag. Die Fähren verkehren nur bis achtzehn Uhr, das erzählt mir ein Lkw-Fahrer. Der hat gut lachen. Für ihn ist es bis nach Halle ein Katzensprung.
Meiner alten Karte nach müßte bei Salzmünde eine Brücke sein. Aber die Brücke gibt es nicht mehr. Die nächste Saalebrücke ist erst in Halle. Soll ich etwa bis nach Halle fahren? Das sind noch zwölf Kilometer. Die nächsten Fähren sind in Wettin, nördlich von Salzmünde, und in Brachwitz, östlich von Salzmünde, in Richtung Halle. Ich entscheide mich für Brachwitz.
Durch Halle hindurch mit dem starken Verkehr und eventuell für Fuhrwerke gesperrten Straßen – unmöglich! Ich sehe schon die Verbotsschilder mit dem Fuhrwerk als Emblem darauf. Das gibt bloß Ärger. Bis jetzt ging alles gut. In Salzmünde über Nacht bleiben oder Brachwitz noch vor Feierabend erreichen, überlege ich. Es kommt auf den Versuch an. Wenn nicht, schlage ich mein Lager am Saaleufer auf. Auch nicht schlecht.
Also bringe ich Benno in Trab, und schweißgebadet kommt Benno mit mir an der Fährstelle von Brachwitz an. Die Fähre liegt schon festvertäut am jenseitigen Ufer. Der Fährmann hat Feierabend, will sich gerade auf den Heimweg machen. Als er uns sieht, bleibt er stehen. Ich setze meine Hoffnung wieder einmal auf mein Pferd. »Fährmann, hoal över!« rufe ich aus

Leibeskräften in Prignitzer Platt, noch auf dem Wagen stehend, und winke mit ausgestrecktem Arm, die Mütze in der Hand.
»Hoal över!« das war bei uns der Ruf nach der Fähre, wenn sie am anderen Ufer lag und die Landleute und Bauern über Havel und Elbe wollten, um zu ihren Wiesen und Ländereien zu kommen. Die Bauern aus den Dörfern an Havel und Elbe hatten ihre Wiesen und Weiden oft am anderen Ufer. Im Frühjahr wurde das Vieh mit der Fähre hinüber-, im Herbst zurücktransportiert. Zum Melken der Kühe fuhr man täglich zweimal hin und her, entweder im eigenen Kahn oder mit der Fähre. Hochbeladene Heufuder, Mähmaschinen, Pferdegespanne, alles transportierte die Fähre. Sie war unersetzlich, denn die nächsten Brücken waren weit entfernt für die damalige, gering motorisierte Zeit. Heute sind die Ländereien zwischen den LPG diesseits und jenseits der Flüsse meistens ausgetauscht, damit die langen Transportwege entfallen.
Der Fährmann muß ein Tierfreund sein. Ich sehe es ihm von weitem an. Soll er uns noch rüberholen? Oder macht er es wie der berühmte Maurer in Otto Reutters Couplet, der, als es gerade Feierabend schlägt, auf der vorletzten Stufe der Leiter angekommen, den Mauerstein in der Hand, unschlüssig wird: Soll ich noch, soll ich lieber nicht?, sich dann doch schließlich für Feierabend entscheidet und den Mauerstein fallen läßt, dem Bauherrn gerade auf den Kopf.
Genauso mein Fährmann. Er ist noch unschlüssig, tritt von einem Bein aufs andere. Dann überwindet er sich doch. Bestimmt tut ihm das Pferd leid, denn wenn er uns nicht holt, müßte das Pferd bis zur nächsten Brücke sehr weit laufen. So

wird er wohl gedacht haben, als er die Leinen wieder losmacht und mit seinem Fahrzeug angetuckert kommt.
Im Gasthaus »Zur Fähre«, unmittelbar an der Saale gelegen, gebe ich dann einen aus. »Nach einem Auto hätte ich mich gar nicht umgeguckt. Nur dein Pferd hat dich gerettet«, sagt der Fährmann.
Nachts liege ich im frischbezogenen Bett bei den Pfarrersleuten von Brachwitz, und Benno grast den Kirchhof ab.

SALZSTRASSE

Wallwitz, Petersberg, Ostrau, Zörbig – wir ziehen durch ebenes, fruchtbares Land, soweit das Auge reicht. Eine Ausnahme ist das Landschaftsschutzgebiet Petersberg, eine kleine, bewaldete Berglandschaft, die aus der platten Gegend herausragt, so wie bei uns zu Hause die Rhinower Berge im Rhin- und Dosseluch.
Vor einem mächtigen Gewitterregen flüchte ich in die Ausflugsgaststätte auf dem zweihundertvierzig Meter hohen Petersberg. »Das ist ein Naherholungsgebiet für die Hallenser«, erfahre ich von einigen Leuten, die mit mir am Tisch sitzen. »Hier ist die Landschaft noch unzerstört und die Natur nicht geschunden und gequält wie bei uns in Leuna. Hier können wir wieder tief durchatmen.«
Salzfurtkapelle. Der Name gibt mir zu denken. Vorgestern erst Salzmünde. Salzfurtkapelle liegt an einem Fluß, der Fuhne, die sich durch breites Niederungsgebiet schlängelt. Vielleicht

hat es früher durch den Fluß eine Durchfahrt gegeben, eine kleine Furt für eine Handelsstraße, auf der vornehmlich Salz transportiert wurde. Und für die Fuhrleute stand hier vielleicht eine Kapelle zur Andacht und Einkehr auf ihrem langen Weg. In Salzmünde ist dann das Salz auf Kähne verladen worden, um auf der Saale weitertransportiert zu werden. Salzbergwerke gibt es wohl heute noch in dieser Gegend.
Der Ort Salzfurtkapelle jedenfalls ist ein großes, freundliches Dorf mit breiter Dorfstraße und großzügiger Bebauung. Auf den ersten Blick gefällt mir das Dorf und die ganz andere Bauweise, wie ich sie im Süden, bedingt durch die Enge dort, nicht angetroffen habe.
Im Konsum in Raguhn mache ich meinen letzten Zwanzigmarkschein klein und muß meinen Scheck aus dem Rucksack in der Sparkasse einlösen. Mißtrauisch mustert mich die Dame hinter ihrer Glaswand, als ich beim Ausfüllen des Schecks im Kassenraum jemand nach dem Datum frage. Ich lege den Scheck über dreihundert Mark und meinen Ausweis auf den Kassentisch. Aber sie mag mir nicht trauen, oder sie hat etwas gegen mich. Sie macht die Kassenklappe dicht. »Einen Moment bitte!« Ich muß warten, bis sie mit dem Herrn Direktor zurückkommt. Er mustert mich ebenfalls, prüft eingehend Scheck und Ausweis, nickt dann der Dame zu. Die blättert mir wortlos sechs Fünfziger hin. Wortlos quittiere ich.
Draußen blicke ich an mir herunter, ob vielleicht etwas nicht an mir in Ordnung ist. Aber es ist doch alles in Ordnung, finde ich. Schließlich bin ich schon seit Wochen unterwegs. Keine halbe Stunde später überqueren wir zwei Flüsse: Die

Fuhne, die ich schon von Salzfurtkapelle her kenne, und dann die Mulde. Tiefschwarz ist das Wasser der Mulde. Ein abscheulicher und undefinierbarer Geruch steigt mir in die Nase. Es riecht nach ich weiß nicht was, ich kann es nicht beschreiben. Ist die Mulde nun der dreckigste Abwasserkanal, oder gibt es noch furchtbarere? Ich weiß nur, daß Zwickau und Glauchau an der Mulde liegen und kann mir lebhaft vorstellen, daß sie schon dort im sächsischen Industriegebiet als Abwasserkanal dient und nördlicher auch für Wolfen und Bitterfeld.

Die Mulde, die den Dreck und den Abschaum aufnehmen muß, ist tot, ist gestorben für unseren Wohlstand, so wie die Saale und das Geiseltal. Warum läßt man ihr eigentlich noch den Namen, wenn man ihr das Leben schon genommen hat? Im Bewußtsein kommender Generationen wird sie dann wohl nur noch als geographischer Begriff existieren.

ÜBERZOGEN

Vier Tage Wörlitz. Ein kleines, mickriges Männchen will mir einfach kein Quartier geben, so sehr ich mich auch anstrenge, all meine Redekunst anwende. Unter der bedachten Toreinfahrt seines Hofes, gleich am Stadtrand von Wörlitz, stehen wir uns gegenüber. Auch meine Story vom alten Onkel, geerbten Pferd, Nichtraucher, bringt mich hier keinen Schritt weiter.

Ich halte ihm meinen Ausweis unter die Nase, will ihm den als Pfand und Sicherheit überlassen, um nur im Stroh seiner

Scheune ein Plätzchen zu bekommen. Das Männlein in seinen Knobelbechern mit weit abstehenden Schäften reagiert einfach nicht, schaut mich nur mißtrauisch und stumm an. Kein Wort bringt es mir gegenüber heraus, glotzt mich an und bekommt einen roten Kopf. Ich gerate in Rage.
Kann der nicht sprechen oder will er nicht sprechen? Ich muß ihn herausfordern, wenigstens zum Sprechen bringen. Ich mustere ihn eingehend, taxiere ihn. Wie kann ich dem beikommen, wo ihn einordnen? Seinem Aussehen, seinen Händen und Armen, seinem gegerbten Gesicht und der kleinen, gebeugten Gestalt nach, hat er bestimmt schon viel gearbeitet in seinem Leben, ist er doch ein früherer Berufskollege von mir, ein ehemaliger Bauer, nun schon im Rentenalter. Mir ist diese Sorte Mensch gut bekannt. Ich gehöre ja selbst dazu. Unser Leben besteht nur aus Arbeit, wenn man Vieh hält und zu versorgen hat.
»Sag mal, gehst du auch in die Kirche?« frage ich schließlich scheinheilig. »Ja«, kommt es plötzlich über seine Lippen. Der kann ja sprechen! Aber ich will ihm eine Lektion erteilen, ich, der Penner.
»So, und was machst du in der Kirche?«, frage ich, »schläfst du da? Du Heuchler, du Pharisäer! Kennst du nicht Gottes Gebot? Ich werde jetzt zu deinem Pfarrer fahren, werde ihm von dir erzählen, daß du einen ehrlichen Wanderer nicht aufgenommen hast, obwohl du einen großen Hof hast. Ich werde deinen Pfarrer um Quartier bitten, und ich sage dir jetzt schon, daß er mich bestimmt aufnehmen wird. Aber dich soll er aus der Kirche rausschmeißen!«

Das muß reichen. Ich habe Dampf abgelassen und ihm meine Meinung gesagt, ihn an seine Christenpflicht erinnert. Das Wort Kirche muß ihn aus seiner Erstarrung gerissen haben. Vielleicht ist er ein gläubiger Mensch und will seinen Gott nicht verleugnen. Vielleicht ist er religiös und hat Schwierigkeiten, seinen Glauben ins tägliche Leben zu übertragen? Er ist wohl nie in die Lage versetzt worden, in seinem Leben und Glauben Praktisches für seine Mitmenschen zu tun, ist als Christ noch nicht mündig genug. Was mit ihm ist, das werde ich wohl kaum jemals erfahren. Wahrscheinlich habe ich ihn schockiert durch meine aufdringliche Art, habe ihn gleich mit dem kumpelhaften »Du« angeredet und ihm Angst eingejagt. Dieses Mal habe ich bestimmt überzogen.

Unterwegs zum Pfarrer kommen mir Zweifel wegen meines Auftretens. Wie sollen die Leute eigentlich dazukommen, mich aufzunehmen? Wie komme ich dazu, die Leute zu belästigen? Wie komme ich dazu, mich auf Gott zu berufen? Bin ich etwa in Not? Brauche ich dringend Hilfe? Ich bin doch nur aus Abenteuerlust unterwegs. Mir geht es wohl zu gut? Da erwarte ich, daß wildfremde Menschen mir praktisch die Reise mitfinanzieren, indem sie mir Unterkunft gewähren und Essen geben. Es wird Zeit, daß ich nach Hause komme.

ZUHÖREN

Der junge Pastor von Wörlitz ist ein ganzer Kerl. Hier brauche ich keine Erklärung abzugeben. Schon beim ersten Wort winkt er ab, reißt das Hoftor auf, und mit einer Armbewegung stellt er Benno den Garten und mir das Gartenhäuschen zur Verfügung. Ich könne auch oben auf dem Kirchturm schlafen, da sei immer Platz für Durchreisende, sagt er. Eine ältere Frau wohne da schon sechsundzwanzig Jahre lang in sechzig Metern Höhe. Morgen früh würde er mich anmelden und mich der Türmerin vorstellen.

Ich habe jetzt durchaus keine Lust, die vielen Treppenstufen hochzusteigen, zumal der Pastor nun eine Flasche Wein herbeiholt und ich schon meine Beine unter seinen selbstgezimmerten, roh zusammengehauenen Tisch im Garten unterm Apfelbaum gestreckt habe. An diesem Abend bis spät in die Nacht hinein höre ich mal zu. Heute bin ich beeindruckt. Die Rollen sind diesmal vertauscht. Meine Landstreicherei läßt den Pastor kalt. Stattdessen erzählt er mir von seinem Bergvagabundenleben in der Tatra und den Karpaten.

Schon als Student ist er mit gleichgesinnten Freunden dorthin getrampt oder mit der Bahn zum Billigtarif für Schüler und Studenten gefahren. Dort waren sie wochenlang allein, nur auf sich selbst gestellt in der Bergwelt, der Einsamkeit, und sind Gott ein Stück näher gewesen. Er erzählt mir von der wunderbaren Stille dort oben, vom Auf- und Untergehen der Sonne und von den Gefühlen, die sie da überkamen, vom spartanischen Leben, das sie führten, von den Strapazen, die sie aber gerne auf sich nahmen, um so etwas unbeschreiblich Schönes zu erleben. Alles mußte auf dem Rücken geschleppt werden, was sie zum Leben brauchten: Zelt, Schlafsack, Verpflegung, Kocher, Trinkwasser, Geschirr, die Bergausrüstung.

Still und stumm höre ich zu. Das ist doch etwas! Das erfordert einen ganzen Mann. Da bin ich doch ein kleines Licht dagegen. Was ist das schon, von Dorf zu Dorf ziehen, abends nach dem nächsten Kirchturm Ausschau halten und um Quartier betteln? Ich bin bequem geworden, oder macht das schon das Alter? Die Leute nehmen mich auf und bewirten mich, und aus »Dankbarkeit« erzähle ich ihnen Lügengeschichten!

Ja, wenn ich nochmal jung wäre, vieles würde ich in meinem Leben anders machen. Und jetzt? Ob ich mich wohl verändert habe? Oder holen mich der Trott und die Gewohnheit ein, wenn ich wieder zu Hause bin? In meinem Wohnzimmer hängt seit zehn Jahren ein Spruch an der Wand: »Man wird zu früh alt und zu spät gescheit.«

Die Reise hat ihr Gutes! Ich komme dazu, über mich selbst nachzudenken.

Den Rest der Nacht verbringe ich im Schlafsack draußen unterm Apfelbaum, den Sternenhimmel über mir.

REISEGRUPPE

Die LPG will mit den Mitgliedern den alljährlichen Betriebsausflug machen: Wo fahren wir diesmal hin? Nach vielem Hin und Her, Wenn und Aber ist Wörlitz im Gespräch, genauer, der Wörlitzer Park. Die Mehrheit hat entschieden. Es herrscht wieder Ruhe im Saal. So war es wahrscheinlich auch bei der letzten Vollversammlung dieser LPG, das kommt mir jetzt in den Sinn, als ich am Parkplatz Menschenmassen aus zwei Reisebussen mit Schweriner Kennzeichen aussteigen sehe.

Ich fühle und wittere Menschen vom Lande, von einer LPG, ich sehe es den Leuten an. Nicht allen, aber einem großen Teil von ihnen. Ich gehöre ja zu ihnen, kenne ihr Benehmen, ihr Aussehen und ihre Bewegungen. Mir sind sie sympathisch, es sind meine »Schwestern und Brüder«. Einige meiner »Brüder« sind schon leicht alkoholisiert. Die Flasche hat im Bus bestimmt die Runde gemacht während der langen Fahrt. Auch das kenne ich.

Am Parkeingang ist »Sammeln«, der Reiseleiter und »Anführer« der Truppe steht mit dem Rücken zu Tor und Park, das Gesicht seiner im Anmarsch befindlichen, weit verstreuten Gruppe zugewandt. Als die letzten Nachzügler, einige ältere Frauen, Strickjacken überm Arm, Handtaschen in der Hand, das Ziel erreicht haben, erhebt der Reiseleiter den Arm. Sofort herrscht Ruhe. Die zuvor laut geführten Gespräche verstummen. Selbst die Angesäuselten verhalten sich mucksmäuschenstill. Alles lauscht den Ausführungen des »Anführers«:

Alle schön zusammenbleiben, nicht vom Weg abweichen, nichts abpflücken, nichts verunreinigen!

Dann die Geschichte des Parks: Im achtzehnten Jahrhundert als fürstlicher Sommersitz in der Niederungslandschaft der Elbe angelegt, – eine Einheit von Mensch, Kultur und Natur sollte der Park sein – , heute ein Anziehungspunkt für viele in- und ausländische Besucher. Das Schloß und die anderen Bauwerke fügen sich harmonisch in die Parklandschaft mit den vielen seltenen Gewächsen und ihren Seen und Wasserarmen ein und so weiter und so weiter.

Ich stehe in einigen Metern Abstand von der Menschentraube, höre mir alles an und beschließe, an der Führung teilzunehmen. Kostenlos, versteht sich! Der Zug setzt sich in Bewegung. Eintritt muß wohl schon bezahlt worden sein. Jedenfalls fragt mich niemand nach einer Eintrittskarte, als ich, die Hände in den Hosentaschen, als Schlußlicht hinter der Gruppe herlatsche. Es geht einen schönen, glatten, schattigen Weg am Ufer des Sees entlang.

Hin und wieder stoppt die Spitze des Zuges, dann rücke ich mit dem immer länger werdenden, auseinandergezogenen Verein wieder auf. Der »Anführer« wartet geduldig, bis er seine Schäflein um sich versammelt hat, dreht sich uns zu und gibt seine Erklärungen ab. Einmal weist er mit dem Arm nach rechts, alle Köpfe drehen sich nach rechts, dann wieder nach links, alle Köpfe drehen sich nach links. Leider kann ich von weit hinten nicht verstehen, worum es dabei geht. Außerdem läßt die Disziplin meiner »Brüder und Schwestern« sehr zu wünschen übrig. Es scheint sie nicht sonderlich zu interessieren, was ihnen der »Anführer« zu sagen hat. Wenn die Unterhaltungen der Frauen und der alkoholisierten Männer zu laut werden, brüllt jemand aus unmittelbarer Nähe des Reiseleiters um Ruhe. Bekleidet ist dieser Jemand mit einem grünen Joppenanzug und Schaftstiefeln, aus denen die dicken Waden hervorquellen. Wahrscheinlich ist er als Ordnungshüter eingesetzt, vielleicht ist es der LPG-Vorsitzende höchstpersönlich. Eine Respektsperson muß er auf alle Fälle sein.

Nur die beiden älteren Frauen mit den Strickjacken überm Arm und den altmodischen Handtaschen setzen ihre Unterhaltung im Flüsterton fort. Wäre der eifrige Ordnungshüter am Ende, statt an der Spitze der Gruppe, würde er die zwei bemerken, die sich auf einer Parkbank niederlassen, eine angefangene Flasche Wodka aus der Tasche ziehen und mir gleich einen Schluck anbieten.

Die beiden interessiert der Park herzlich wenig, Landschaft haben sie alle Tage auf der Viehweide, beim Melken, beim Kühetreiben und Weidenabstecken mit Plastepfählen und Elektrodraht. Außerdem ist ihnen der Weg um den ganzen See zu weit. Hauptsache, sie sind mal von zu Hause weggekommen. Eine willkommene Abwechslung, so ein Betriebsausflug.

Frühstück gab es in der Autobahnraststätte, Mittagessen gibt es in Wörlitz, und Abendessen ist auch schon in einer Potsdamer Gaststätte bestellt. Zwei Stunden sind in Potsdam für einen Stadtbummel vorgesehen. Sie sind zufrieden. Und vor allem wollen sie ihrer LPG nichts schenken. Da wären sie schön dumm, wenn sie zu Hause bleiben würden. Ich stimme ihnen zu. Auch das kenne ich.

Um die Mittagszeit, ich habe mir zur Feier des Tages ein Essen im Hotel geleistet, begegnen mir wieder die zwei älteren Frauen, diesmal schwere Einkaufstaschen in den Händen, den Bürgersteig von Wörlitz entlangzockelnd. Sie haben eingekauft, benutzen den Betriebsausflug auch zum Großeinkauf. »Wo kommen wir sonst schon hinaus unserem Dorf?« Der Bus fährt wohl täglich früh in die Kreisstadt, aber abends erst zurück. Und stundenlang bis zur Abfahrt des Busses in einer Gaststätte sitzen, das wollen sie nicht. Also kommt auch ihnen der Ausflug sehr gelegen.

Viel brauchen sie ja nicht mehr, sie sind schon Rentner. Aber die Enkel haben Wünsche. So kaufen sie auf Vorrat Geschenke für Geburtstage und andere Anlässe wie Jugendweihe und Konfirmation sowie in weiser Voraussicht auch für Weihnachten. Sie haben alles bekommen, was es in ihrem Dorfkonsum, der ja nur Lebensmittel, Reinigungsmittel und Kurzwaren führt, nicht gibt. Außerdem gibt es in Wörlitz mehr zu kaufen als in ihrer Kreisstadt in Mecklenburg. Wörlitz ist Tourismusort. Viele ausländische Gäste kommen nach Wörlitz, ein Aushängeschild der DDR. Daher wird die Stadt besser mit Waren versorgt als anderswo.

Auf dem Turm

Mein lieber Scholli, nimmt denn das kein Ende, denke ich mir, als ich, meinen Rucksack auf dem Rücken, die schier endlose Wendeltreppe im Kirchturm hinaufsteige. Den Rucksack schleppe ich jetzt das erste Mal auf meiner Reise. Bisher lag er immer auf dem Wagen, den Benno zog, und ich wanderte ohne Gepäck nebenher. Schweißgebadet, außer Atem, komme ich oben an. Die Türmerin lacht, sie ist eine Frau in den Siebzigern und empfängt mich freundlich. Diesen Weg geht sie täglich. Das hält sie jung und elastisch, stärkt den Kreislauf.

Für Gepäck, Einkaufstaschen, Wasser, Holz und Kohlen hat sie eine Winde, die mit einer Handkurbel betätigt wird. Ein langes Seil wickelt sich beim Aufwärtskurbeln um einen waagerecht liegenden Rundbaum auf, beim Abwärtskurbeln wieder ab. Das ist das erste, was sie mir auf meine Frage zeigt, wie sie die lebensnotwendigen Sachen heraufschafft.

In ihrer Wohnung ist es urgemütlich. Sofort fallen mir die alten Möbel aus Großmutters Zeiten auf, zum Teil noch aus der Biedermeierzeit, ein altes Sofa, viele Nippsachen, Decken und Deckchen auf Tisch und Beistelltisch, ein Ohrensessel, ein alter Schaukelstuhl und die Fransengardinen an den Fenstern ihres Zimmers.

Mein erster Gang ist sofort zum Fenster. Von hier oben habe ich einen herrlichen weiten Blick über Stadt- und Parklandschaft. Es hat sich gelohnt, hier heraufzusteigen.

Ich werde zum Tee eingeladen. Mir zu Ehren serviert die alte Frau den Tee in einem Teeservice aus hauchdünnem Porzellan. Sie freut sich, einen Wanderer bewirten und bedienen zu können. Von ihrem hohen Ausguck hat sie Benno und mich gestern abend schon in des Pastors Garten beobachtet. Ich muß nun erzählen und berichte ihr wahrheitsgemäß. Ich bin nicht der erste, der im Kirchturm außer ihr übernachtet. Sie zeigt mir eine Turmwohnung, eine Etage tiefer, die mit Matratzen ausgelegt ist und Wandergruppen als Unterkunft und Nachtquartier dient.

Mich aber betrachtet sie als persönlichen Gast; ich soll im Nebenraum schlafen. Mir ist das recht. Ich fühle mich sehr wohl bei der alten Dame und lasse mich gern von ihr bemuttern nach dem langen Herumvagabundieren. Wie zu Hause, als ich noch Kind war.

SCHLAFSTÖRUNG

In der Nacht allerdings schlafe ich schlecht, so hoch oben zwischen Himmel und Erde. Mir fehlt der Boden unter den Füßen. Wie ein Gefangener in einer runden Gefängniszelle komme ich mir vor.

So ähnlich war es damals nachts im Knast, als das Scheinwerferlicht durch das Zellenfenster fiel und die Fenstergitter, sieben lang, zwei quer, an die Zellenwand projizierte. Hier oben scheint der Mond durch das Fenster, taucht den Raum in ein silbernes Licht.

Was hat mich nur hier heraufgetrieben? Ich bin nicht schwindelfrei. Zu Hause traue ich mich kaum auf die Leiter. Schwankt der Turm? Ich habe einmal gehört, Türme sollen nach jeder Seite pendeln laut physikalischen Gesetzen. Wie dem auch ist, jedenfalls kann ich nicht mehr liegen. Barfuß tappe ich zum Fenster. Den Lichtschalter brauche ich nicht zu suchen, der Mondschein hilft mir, mich zu orientieren.

Unter mir liegt die vertraute Mutter Erde, die mich bis hierher getragen hat, jetzt eine fremde Welt. Der volle, silberne Mond hat Pfarrhaus und Garten verzaubert. Alles sieht ganz anders aus, unwirklich, fast unheimlich. Eine Theaterkulisse im mehlig-grauen Licht: Benno der Hauptdarsteller. Ich kann ihn gut beobachten. Er schläft mal wieder im Stehen. Auf drei Beinen steht er unterm Apfelbaum, da, wo ich ihn angebunden habe. Den Kopf läßt er hängen. Hin und wieder wechselt er das hintere Standbein.

Fast will ich ihn anrufen von meinem Turmfenster aus. Doch das friedliche, märchenhafte Bild und die Stille ringsherum verschließen mir den Mund. Darf ich diese Stille unterbrechen, diese Zauberwelt zerstören? Mein kleiner Wagen sieht wie ein Spielzeug aus. Ein Fenster im Pfarrhaus ist noch erleuchtet. Wahrscheinlich arbeitet der Pastor noch.

Ich stehe und stehe am Fenster und kann mich nicht losreißen von diesem Anblick. Unmöglich, sich jetzt ins Bett zu legen. Ich muß meine innere Ruhe finden, muß mich sattsehen. Erst dann kann ich auch wieder schlafen.

Am nächsten Morgen, wir sitzen am Frühstückstisch, meint meine Gastgeberin, ich solle noch bleiben, ich hätte doch noch gar nicht alles von Wörlitz gesehen: das Gotische Haus, das Museum, die Fenster mit der Schweizer Glasmalerei aus der Zeit von Leopold Friedrich Franz von Dessau, dann die Ausstellung des Weltreisenden Georg Forster und die Ausstellung einer bekannten Keramikerin.

Sie erzählt mir auch die Geschichte von Fürst Leopold Friedrich Franz von Anhalt-Dessau, der von 1740 bis 1817 regierte. »Vater Franz«, wie ihn seine Untertanen liebevoll nannten, hat für sein Land viel getan. Er baute Armen- und Krankenhäuser, baute Schulen und Straßen, förderte die Pressefreiheit, denn nach dem Siebenjährigen Krieg lag vieles im argen. Nebenbei gestaltete er den Park und die Gärten mit den Kanälen, über die Brücken führen nach venezianischem Vorbild. Also bleibe ich, um mir alles genauer anzusehen, schon aus Höflichkeit dieser gebildeten Dame gegenüber.

Nach zwei Tagen reicht es mir. Von Kunst habe ich nun genug. Mich lockt wieder die Straße, Benno hat sich ausgeruht. Meine Wirtin schenkt mir zum Abschied eine Wanderkarte vom Fläming. Am kommenden Morgen machen wir uns früh in Richtung Elbübergang auf.

Bei Coswig setzen wir mit der Fähre über und machen Rast. Ich blicke in die Landschaft, aus der wir gekommen sind, beobachte das Hin und Her der Fähre und den Schiffsverkehr. Lastkähne, Sportboote jeder Art und Größe ziehen an uns vorbei. Ein bißchen Wehmut überkommt mich, da ich nun die Elbe hinter mir lassen muß. Ich habe wieder eine schöne Zeit gehabt, und ein weiterer Abschnitt meiner Reise geht mit diesem zweiten Elbübergang zu Ende.

HOCHZEIT

Langausgestreckt liege ich im Gras und schaue den Wolken nach, als mich lautes Lachen aus meinen Gedanken reißt. Eine Hochzeitsgesellschaft von vierzig bis fünfzig Personen steht bei Benno und hat ihren Spaß. Ich beobachte die Gesellschaft erst einmal durchs hohe Gras, bevor ich mich erhebe. Daß es so etwas heutzutage immer noch gibt, grenzt an ein Wunder.

Ich habe schon viele Hochzeiten gesehen und mitgefeiert. Vor dem Krieg als kleiner Junge die Hochzeiten in der Verwandtschaft mütterlicherseits in der Prignitz, große Bauernhochzeiten, auf denen es drei Tage lang hoch her ging. Und wo waren die Ehemänner geblieben? Was war aus ihnen geworden? Sie liegen in fremder Erde, sind »auf dem Feld der Ehre gefallen, für Führer, Volk und Vaterland«.

Meine eigene Hochzeit haben wir mit zwei Freunden gefeiert. Meiner konservativen Mutter war die Schwiegertochter nicht standesgemäß. Später habe ich die Hochzeit meines Sohnes ausgerichtet, auch die war noch eine richtige Bauernhochzeit: Mit Musik ging es in die Kirche. »Jesu, geh voran auf der Lebensbahn«, spielte die Kapelle. Mir standen dabei die Tränen in den Augen. Ich mußte an meine Cousins denken, die vor Stalingrad und Leningrad verscharrt liegen.

Und was passiert heute? Sollte den Sohn etwa das gleiche Schicksal ereilen? Vielleicht für fremde Ideologien in den Krieg ziehen? Bis jetzt hat der Friede gehalten, aber die Decke ist dünn, auf der wir stehen. Warum können sich die einfachen Menschen nicht näherkommen und die Rüstung stoppen? Wozu Soldaten? Im atomverseuchten Europa ist doch jegliches Leben erloschen, wenn die Mächtigen dieser Erde auf den Knopf drücken.

Und die vielen Probleme, denen die jungen Leute heutzutage gegenüberstehen und die sie kaum meistern können: das Wohnungsproblem, die hohen Ansprüche, alles soll doch gleich da sein. Hohe Scheidungsraten und der Griff zur Flasche sind das Resultat.

Aber was geht mich das jetzt an? Im Gegenteil, sofort wittert der Vagabund Morgenluft, und mir kommt ein toller Gedanke: Hier könnte ich wieder mal abstauben und eventuell sogar mitfeiern. Übernachtung wird sich schon finden. Also klopfe ich mir den Staub von den Hosen, fahre mit den Fingern durchs Haar und nähere mich dem Brautpaar.

Alles guckt mich neugierig und erwartungsvoll an. Einige Männer haben schon glasige Augen. Sie empfangen mich mit Hallo und klopfen mir gegenüber auch gleich ihre Sprüche. Ich lasse mich nicht beirren, reiche dem Brautpaar die Hand, verbeuge mich artig und gratuliere zur Hochzeit, wünsche ihnen alles Gute im weiteren Zusammenleben und eine reiche Kinderschar. Das hat bei den Umstehenden gesessen. Das haben sie nicht von so einem erwartet.

Einer von den angesäuselten Gästen, mir ist der Mann sofort sympathisch, hat eine großartige Idee: Ich solle Braut und Bräutigam aufladen und in die Gaststätte zum Festsaal fahren. Dazu bin ich natürlich sogleich bereit und mache mein Gefährt klar. Die Sache läßt sich gut an. Hier bin ich mal

wieder goldrichtig. Unter Gejohle und Gelächter werden die Braut mit ihrem weißen Spitzenkleid und der Bräutigam verladen. Ich klemme mich auf den Sitz, und Benno setzt sich in Bewegung. Hinter uns der übrige Hochzeitszug.
In der Gaststätte ist die Kaffeetafel gedeckt. Mittagessen ist schon vorüber, erklärt mir der Bräutigam. Sie haben nur einen Spaziergang gemacht nach dem üppigen Essen. Aber ich bin herzlich eingeladen zum Kaffee. Später werden auch die Musiker kommen, alles Laienmusiker, die am Tage arbeiten. Für mich wird die Sache immer interessanter. Einige Damen sind ohne Männer da, und ich tanze doch so gerne! So ziehen wir in den Festsaal ein. Ich werde ans Ende der Tafel plaziert zu den Kindern und bin für sie eine Sensation.
Fette Cremetorten, Obsttorten, Napfkuchen und auch einige Sorten Blechkuchen stehen auf der Tafel. Schwere Kaffeekannen werden herumgereicht. Anschließend gibt es Kognak, man prostet mir pausenlos zu.
Kaffeezeit ist vorüber, aber ich will gern bleiben. Ich spiele mal wieder den Scheinheiligen, sage, daß es Zeit wäre, mich auf die Socken zu machen, ich wolle doch die Feier nicht stören. Und das erlösende Wort kommt: Du bleibst hier. Du bist unser Gast. Das Brautpaar nickt mir von der Tafel aus zu. Schnell überdenke ich meine Lage. Das gibt es nicht alle Tage. Also mitgemacht!
Ich finde auch gleich zwei männliche Partner meines Schlages. Wir schlagen uns in die Hände. Wir verbrüdern uns, bieten uns gegenseitig das »Du« an. Ich bin in ihren Kreis aufgenommen. Als die Musik einsetzt, sind meine letzten Hemmungen

verflogen. Mich juckt es in den Beinen, und schon halte ich Ausschau nach einer passenden Tänzerin.

Meine Auserwählte bekommt einen roten Kopf, als ich sie um einen Tanz bitte. Ich mit meinen Wanderschuhen, in Jeans und mit einem allerdings sauberen Hemd. Aber sie gibt mir keinen Korb, und der Bann ist gebrochen. Einige alte Damen an der Tafel stecken die Köpfe zusammen, und ich fühle ihre Blicke im Nacken. Ich nicke ihnen freundlich zu, als wir dicht an der Tafel vorbeitanzen.

Kleider sollen heute abend nicht Leute machen, ist jetzt meine Devise. Also wende ich mich den alten Damen zu, immer wenn ein Walzer gespielt wird. So kommen wir uns näher, und bald sind sie einfach entzückt.

Schon werde ich gebeten, an der Tafel Platz zu nehmen. Ich muß erzählen, spiele meine Lieblingsrolle, verliere dabei meine Auserwählte aber nicht aus den Augen. Unsere Blicke kreuzen sich gelegentlich. Alle wollen mit dem Vagabunden anstoßen. Ich lasse keinen Tanz aus, schon um der Wirkung des Alkohols etwas entgegenzusetzen. Auch die Braut bringe ich in Schwung. Die Stimmung erreicht ihren Höhepunkt mit der Polonaise »Von Hamburg nach Wuppertal«. Es geht über Stühle und Tische. Es wird gelacht, geküßt, und die Sektkorken knallen. Und ich immer mittendrin. Heut ist heut, nur nicht an den nächsten Morgen denken! Morgen bist du wieder einen Tag älter. An meiner Kleidung nimmt kein Mensch mehr Anstoß. Die anderen Männer haben ihre Jacketts ausgezogen, die Ärmel hochgekrempelt. Keiner trägt mehr eine Krawatte. Ich gehöre zu ihnen.

Weit nach Mitternacht ist alles vorüber, die Kinder sind längst verschwunden, und die ersten älteren Leute rüsten zum Aufbruch. Auch das Brautpaar sehe ich nicht mehr. Die schönen Stunden sind wie im Fluge vergangen.

In dieser warmen Sommernacht schlafe ich im Freien. Unter meinem Wagen mache ich mir mein Nachtlager zurecht. Eigentlich will ich nur ein wenig abruhen, komme aber nicht mehr hoch und schlafe tief und fest den Rest der Nacht durch.

Am Vormittag wecken mich die Reinigunskräfte des Lokals. So etwas haben sie noch nicht erlebt: Penner mit Pferd im Garten. Bevor die übliche Fragerei wieder losgeht, mache ich mich schleunigst mit meinem Brummschädel davon.

ABSTECHER

Was hat mich bloß nach Hundeluft im Fläming getrieben, frage ich mich, als wir den Ort hinter uns gelassen haben. Der Name Hundeluft auf meiner Karte hat mich angezogen wie ein Magnet. Unbedingt wollte ich dorthin. Das mußte doch ein besonderer Ort sein. Weit bin ich dafür von meinem Nordkurs abgewichen. Jetzt bin ich enttäuscht: Hundeluft ist ein piekfeines Dorf, sauber und gepflegt. Ich hatte etwas anderes erwartet. Namen sind also doch Schall und Rauch.

Zwei Pastoren gibt es in Hundeluft, einen katholischen und einen evangelischen. Aber zur Nachtquartiersuche ist es noch zu früh. Die Gaststätte hat geschlossen. Also ziehen wir weiter, und ich gerate mal wieder ins Sinnieren. Dazu trägt wohl meine geistige Verfassung nach wochenlanger Wanderschaft bei. Ich entwickle mich zum Grübler auf meinem Kutschersitz mit mir allein.

Was hättest du besser machen können im Leben? Was bleibt dir noch? Was ist noch drin? Was hast du für Fehler gemacht durch Gleichgültigkeit, Trägheit und Unbedachtsamkeit, Hektik, Nervosität, Streit im Betrieb, mit der Frau? Das Nachdenken über vergangene Torheiten ist jetzt die Beschäftigung auf meinem Wagen.

An Vater und Mutter muß ich denken, die doch schon lange tot sind. Mir ist dabei sehr wehleidig zumute, und Tränen rinnen mir ins Gesicht. Hast du deine Eltern immer richtig behandelt? Was hättest du mehr Gutes tun sollen an ihnen? Du sollst Vater und Mutter ehren! Daran habe ich mich allerdings immer gehalten und trotz gelegenlichen Streits die Eltern respektiert. Meine Frau hat allerdings mehr für ihre Schwiegereltern getan. Sie hat meine Mutter bis zu ihrem Tode gepflegt. Vater verstarb im Krankenhaus. Einen Tag vorher hatte ich ihn noch besucht. Heute tut mir manches sehr leid, doch nun ist es zu spät. Jetzt bin ich schon Großvater.

Wo ist bloß die Zeit geblieben, frage ich mich immer wieder. Ich würde sie gern zurückdrehen. Dafür drehe ich mich mit meinen Gedanken im Kreise, mache mir das Leben schwer mit meinem Hätte, Wenn und Aber. Was bin ich doch für ein Blödmann, Energie und Zeit sinnlos zu verbrauchen! Das Leben ist einfach zu kurz, sich über Vergangenes aufzuregen. Es schadet nur meiner Gesundheit. Auch diese Erkenntnis sollte ich mitnehmen nach Hause und beherzigen.

Ich sollte alles doch mehr mit Gelassenheit ertragen und die Dinge so nehmen, wie sie sind, allenfalls das Beste daraus machen, unwiederbringlich Vergangenem nicht nachtrauern und mir auch um die Zukunft keine großen Sorgen machen, den Tag einfach leben. Angst und Sorgen machen krank. So sollte es sein. Aber ich kenne mich. Ich kann wohl verzeihen, aber nicht einfach so vergessen. Immer wieder kommt es hoch in mir, und ich mache mir damit das Leben schwer. Zweifel, Selbstvorwürfe und Schuldgefühle plagen mich dann. Ist es das Alter?

Vor Jahren wäre es mir nicht in den Sinn gekommen, darüber nachzudenken. Dafür hatte ich keine Zeit, und das war auch gut so. Arbeit vertreibt böse Gedanken, Angst und Sorgen, die die Menschen krank machen können. Das Leben ist einfach zu kurz, sich über Nebensächlichkeiten und Vergangenes aufzuregen.

Ein alter Mann, Stellmachermeister und Wagenbauer aus Wusterhausen, sagte einmal zu mir: »Das Schlimmste, was mir passieren könnte, wäre, mir die Arbeit wegzunehmen.« Er ist noch einer von den wenigen Alten, die vom Wagenbau etwas verstehen. Viele Acker- und Kutschwagen hat er schon gebaut in seinem Leben. Wer kann heutzutage noch ein hölzernes Wagenrad anfertigen mit Nabe, Speichen und Felge, um das der Schmied dann einen Eisenreifen zieht? Seinen Stellmacherbetrieb hat er längst an seinen Sohn abgegeben. Der hat sich umgestellt und eine Karosseriewerkstatt daraus gemacht. Der Alte aber hat sich eine kleine Werkstatt auf dem Betriebsgelände eingerichtet und ist den Bürgern der Stadt und Umgebung gefällig, repariert Handwagen, Paddel- und Ruderboote für die Angler und Wassersportler auf dem nahegelegenen See, macht Stiele auf Harken, Schippen, Beile, Forken. Für mich hat er erst vor kurzem eine Wagendeichsel angefertigt, auch meinen Kutschwagen schon repariert. Gut, daß es solche Menschen noch gibt in der heutigen Zeit!

Und wieder nehme ich mir vor, von jetzt an umzudenken, bewußter zu leben, nur an heute zu denken, nicht an gestern und morgen, einfach den Tag leben und erleben. Das muß ich noch lernen, daran festhalten und mich immer wieder daran erinnern – auch ein Grund meiner Reise.

Mit jeder Umdrehung der Räder meines Wagens nimmt die Lebenserwartung ab. Vielleicht sind es noch zehn Jahre, wenn es hoch kommt, zwanzig. Schon wieder ist bald ein Sommer vorbei, auf den ich sehnsüchtig gewartet habe.

Ich habe jetzt jedes Zeitgefühl verloren. Ich weiß nicht einmal, welchen Tag wir haben, nur, daß es Sommer ist überm Land. In der Ferne ein Traktor bei der Bodenbearbeitung, eine große Staubwolke nach sich ziehend, und ganz weit, mit dem bloßen Auge gerade noch erkennbar, eine dicht mit Bäumen bestandene Landstraße. Autos huschen zwischen den Baumlücken hin und her.

Dörfer

Gemächlich zuckeln wir durch verschlafene, verkommene Dörfer. Es riecht nach Mist und Jauche, Heu und Stroh. Bauerngehöfte längs der Dorfstraße. Sie sind funktionslos geworden durch die Zentralisierung des Viehs in LPG-eigenen, barackenähnlichen Großviehställen. Einige Scheunen und Ställe auf den Höfen, schon verfallen, warten auf den baldigen Abriß. Von anderen ist der Dachstuhl abgerissen und mit einem Flachdach aus Wellasbest versehen worden.
Sie dienen nun teilweise als Bergeräume für Heu und Stroh, Futtermittel für die individuelle Viehwirtschaft und als Unterstellmöglichkeit für alte Technik aus der früheren Einzelbauernwirtschaft, landwirtschaftliches Gerät aller Art, den zusammengebastelten Minitraktor mit Trabantmotor, Alttechnik, die man günstig von der LPG erworben, wieder instandgesetzt und so vor dem Verschrotten gerettet hat. Alles unentbehrliche Dinge für die individuelle Wirtschaft mit Feld und Wiese.
Die Fassaden der Häuser sind schmutzig-grau. Fast vor jedem Haus gibt es eine Treppe, die zur Haustür hinaufführt. Links und rechts der Tür zwei Fenster. Die Größe des Hauses läßt auf die Größe des Hofes schließen. Ein Haus mit acht Fenstern in der Front mußte bestimmt einem reichen Bauern gehört haben, denke ich mir im Vorbeifahren. Was macht der wohl heute in der LPG? Oder seine Kinder, die Erben des Hofes? Vielleicht hat er damals das Weite gesucht, als die sozialistische Umgestaltung kam, und sitzt jetzt im Westen.

Ich fahre immer geradeaus, Richtung Norden. Von einem Dorf zum anderen immer im Schrittempo, die Füße auf das Spritzbrett meines Wagens gestützt, die Zigarre im Mundwinkel, die Mütze in die Augen gezogen, so liege ich halb auf meinem Sitz. Mir ist schläfrig. Mit halb geschlossenen Augenlidern betrachte ich meine Umgebung, die langsam an mir vorüberzieht.

Ich komme an ehemaligen Gutsarbeiterkaten vorbei, die noch bewohnt sind. Dahinter, abseits der Straße, das als Kindergarten umfunktionierte Schloß. Ich erkenne es an den buntbemalten, alten Autoreifen, die Spielplatz und Rasenfläche »zieren«. Es liegt in einem verwilderten Park, und seine Fassade schimmert durch Gebüsch und Baumkronen hindurch.

Jede Menge Kleinvieh auf der breiten Dorfstraße, von der nur ein schmales Band befestigt ist und dem spärlichen motorisierten Verkehr als Fahrbahn dient. Auf den unbefestigten Flächen links und rechts schnattern und baden Herden von Enten in den Abwässern der Höfe und den Pfützen vom letzten Regen. Gänse weiden auf breiten Grasstreifen zwischen den Einfahrten der einzelnen Gehöfte. Hühner scharren im vorjährigen trockenen Laub und Gras auf der Suche nach Käfern und Würmern.

Flügelschlagend ergreifen sie die Flucht bei unserem Näherkommen. Nur die Hunde, hinter Maschendraht und Bretterzäunen eingesperrt, stören die dörfliche Ruhe und den Frieden, bellen uns an, bellen noch lange hinterher. Aber kein Mensch zu sehen. Die Welt muß hier stehengeblieben sein.

KRÖPFWEIDEN

Schon einige Zeit fahre ich auf einer Feldsteinpflasterstraße, wahrscheinlich schon im Mittelalter angelegt, eine historische Wegverbindung aus längst vergangener Zeit, von Kröpfweiden links und rechts weithin eingerahmt. Für die Nachwelt sind derartige Straßen und Wege erhaltenswert, geraten aber in Vergessenheit. In der heutigen motorisierten Zeit zählt nur noch die Asphaltstraße, auch wenn sie einen Umweg macht. Wer benutzt diese Wege noch außer Forstleuten, Bauern und Meliorationsarbeitern?

Auch die Weiden sind schützenswert und sollten gepflegt werden. In gewissen Zeitabständen müssen die starken, langen, emporstrebenden und auswuchernden Äste abgesägt, abgeschlagen, also gekröpft werden, um ein Auseinanderbrechen des meist hohlen Stammes zu verhindern. Im Moder der hohlen Weide verbirgt sich ein reges Innenleben von Käfern, Kerbtieren und Insekten. Vögel nisten darin, andere Tierarten finden Unterschlupf, zum Beispiel der Marder.

Früher, als wir noch selbständige Bauern waren, waren Feldwege, Feldraine und Gräben mit diesen Weiden bestanden. Die großen, starken Äste dienten uns zur Brennholzgewinnung, schwächere, gut gewachsene als Stiele für Gabeln, Schippen, Forken. Diese Stiele sind leicht, aus Weichholz, liegen gut in der Hand und verursachen keine Schwielen an den Händen. Weiden sind frohwüchsig, treiben immer wieder neu aus. Junge Triebe werden auch als Flechtwerk für Körbe und dergleichen benutzt. Sie wachsen meist auf feuchten, nassen Böden und entziehen somit das überschüssige Wasser.

Für mich waren sie oft auch richtungsweisend, wenn ich auf dem Feld arbeitete, zum Beispiel mit der Hand aus der Molle vor dem Bauch künstlichen Dünger streute. Wenn sie dann vereinzelt an den Feldrändern standen, konnte ich mich beim Laufen an sie halten. Entweder geradedrauflos oder links oder rechts vorbei. So eine Weide hatte sehr viel Gutes und war in das Leben des Bauern eingebunden.

Heute sind sie von den Feldern fast verschwunden, in der Großraumwirtschaft mit der starken Mechanisierung nicht mehr gefragt. Sie stören nur, behindern die Maschinen. Also weg damit! Die pflegende Hand des Bauern, wo gibt es die noch? Interesselosigkeit hat sich breit gemacht.

Es ist eine grüne Straße, auf der ich entlangfahre. Grasbüschel, Huflattich, wilde Kamille zwängen sich zwischen den Steinen hindurch zum Licht. Meterhoher Beifuß links und rechts steht wie eine Wand und engt sie ein. Mir wird es ungemütlich auf meinem Sitz. Der Wagen mit den prallen Reifen stuckert und schaukelt hin und her auf dem Kopfsteinpflaster.

Steifgeworden vom langen Sitzen, springe ich in Fahrtrichtung ab, derweil Benno seinen gleichmäßigen Schritt fortsetzt. Ich muß erst wieder Tritt fassen, meine Glieder in Bewegung bringen. Das fällt schwer, vor allem bei schlechter Wegstrecke. Ich lasse mich dann von Benno mitziehen, halte mich mit einer Hand am Wagen fest oder hake die Krücke meines Wanderstockes irgendwo hinten am Wagen ein. So laufe ich hinter dem Wagen her, in einer Hand das Stockende.

Diese Art zu laufen, sich ziehen zu lassen, spart Kraft und ist weniger anstrengend. Wenn mir jetzt ein Gefährt aus dem letzten Jahrhundert begegnete, würde ich mich nicht im mindesten wundern. Wie ein kleiner König komme ich mir vor, der seine Besitzungen inspiziert.

Doch schon bald lassen mich moderne landwirtschaftliche Traktoren mit aufgesattelten Ackergeräten, Traktoren mit großen Hängern, beladen mit Grünfutter, die Idylle vergessen, reißen mich in die Wirklichkeit zurück. Sie haben es alle eilig. Ich fahre im Schrittempo, muß ja, das Pflaster zwingt mich dazu.

AUSSTEIGER

Hinter den letzten Häusern eines Dorfes an dieser Kopfsteinpflasterstraße steht ein in die Erde gerammter Holzpfahl, und an diesem Pfahl weist ein glattgehobeltes, angespitztes Brett den Weg zu einem abgelegenen Gehöft. »Zur Töpferei« steht in schwarzen Buchstaben darauf geschrieben.

Vor einem langen, niedrigen Haus mit liebevoll restaurierter Fachwerkfassade springe ich vom Wagen. Mitten im Grünen liegt das Grundstück, arrondiert von einem Derbstangenzaun. Zwei Esel, eine Milchziege mit prallem Euter und ein Dutzend Schafe glotzen uns durch die Stangen an. Die Hühner ergreifen vor Benno die Flucht. Ein irrer Duft von frisch gebackenem Brot und Obstkuchen liegt in der Luft.

Vor zehn Jahren haben Karl und Maria dieses Grundstück übernommen und fünf Jahre daran gebaut. Zuerst wurden das Dach und die Regenrinnen erneuert, um das Haus vor weiterem Verfall zu schützen. Innen blieb im großen und ganzen alles beim alten. Im Fachwerk wurden teilweise die vermoderten Balken durch neue ersetzt, das alte Gemäuer neu verfugt und die Giebel des Hauses oberhalb der Zimmerdecke mit Brettern verkleidet, die alte Haustür und die Fenster überholt. Die Dielung wurde ausgeflickt und aufpoliert. Zwei große, neue Heißluftkachelöfen wurden gesetzt und rings um einen dieser verzierten Öfen eine Ofenbank gebaut.

An Urlaub war hier nicht zu denken, von den Rennereien nach Handwerkern ganz zu schweigen. Jetzt ist das Haus eine Augenweide, und die beiden halten es so in Schuß, daß alle Dorfbewohner nur lobend von ihnen reden.

Als nämlich fließendes Wasser, Bad und WC während der sechziger-siebziger Jahre in die alten Häuser eingebaut wurden, glaubten viele, auch die bröckelnde Fassade erneuern zu müssen. Große Fenster wurden eingebaut, der Stuck von den Fassaden abgeklopft, dafür Rauh- oder Spritzputz aufgebracht. Fachwerk wurde herausgerissen oder überputzt mit Hilfe von Drahtgeweben. Oft wurden auch noch häßliche Vor- und Anbauten errichtet. Heute strahlt alles grau in grau. Ich habe da auch keine Ausnahme gemacht an und in meinem Bauernhaus in Kampehl, errichtet 1884, ärgere mich heute noch über meine Dummheit in den sechziger Jahren und mache mir Vorwürfe.

Karl, der jetzt fünfzigjährige Berliner, war früher Schreibtischarbeiter. Er wollte sein bisheriges Leben verändern, wie das oft bei Männern in den mittleren Jahren so ist, seinen Wohnsitz verlegen, sich beruflich verändern, einfach etwas Neues machen. Und vor allem wollte er am Feierabend sehen können, was er den Tag über getan hatte. Er war unzufrieden mit sich selbst. Nie hatte er ein Erfolgserlebnis bei seiner Büroarbeit. Jetzt sieht er jeden Abend, was er durch seiner Hände Arbeit geschaffen hat, und er kann erleben, wie er dadurch anderen Menschen Freude bereitet. Einmal in der Woche ist Verkaufstag in der Töpferei, und die Leute kommen in Scharen.

Doch viele von Karls und Marias Vorstellungen vom Landleben haben sich als Illusionen erwiesen: Die Abgeschiedenheit, Unabhängigkeit und das alternative Leben haben ihren Preis. Nebenbei Bauern zu sein und sich von ihrem natürlichen Umfeld zu ernähren, dafür reicht die Zeit einfach nicht aus. Ihre Töpferei nimmt beide in Anspruch. Dazu kommt ihre Unkenntnis vom Ackerbau. Von ihren hochfliegenden Plänen wurde lediglich ein Gemüsegarten verwirklicht.

Sie sind bescheidener geworden und versuchen, anspruchsloser zu leben. Der Garten liefert Gemüse und Obst. Die Ziegen geben Milch, aus der Milch wird Butter gemacht. Ein Teil der Magermilch dient zum Trinken, den Rest bekommt das Schlachtschwein. Die Schafwolle, die Maria eigentlich im Winter auf der Ofenbank verspinnen wollte, wird verkauft. Die Schaflämmer werden verkauft oder der Herde zugeführt. Eins wird zu Ostern geschlachtet. Die Esel, die den Pflug und den Wagen ziehen sollten, sind störrisch und werden deshalb als nächstes verkauft.

Also wurde der zum Gehöft gehörende Acker zu Grünland umgewandelt und dient nur noch als Weide und zur Heugewinnung. Im Sommer haben sie viele Gäste aus Berlin. Nur im Winter läßt sich keiner sehen, klagt Maria. Brennofen, Tonaufbereitungsmaschinen und Töpferscheibe sind Eigenbau aus Schrotteilen.

Karl ist zufrieden mit sich und der Welt. Maria ist es auch. Und bis zu meiner Wohnung in Berlin sind es ja nur hundert Kilometer, gibt sie mir bei der Kaffeetafel augenzwinkernd zu verstehen. Es gibt frischen, selbstgebackenen Pflaumenkuchen. Der Backofen auf ihrem Grundstück hinterm Haus ist noch intakt.

BACKOFEN

So ein Backofen gehörte zur dörflichen Kultur vergangener Zeiten und stand bis in die Nachkriegsjahre hinein fast auf jedem Bauernhof im gehörigen Abstand von den Gebäuden wegen des Funkenfluges, meist im Gemüsegarten hinter der Scheune. Bei uns in Kampehl jedenfalls auf allen Höfen. Es war schon eine Kunst, und es gehörte eine reiche Erfahrung dazu, richtig zu heizen. Meistens taten es die Altsitzer oder Altenteiler. Sie hatten Erfahrung darin und gaben ihre Erfahrung an die Nachkommen weiter. In einigen Dörfern gab es auch Gemeinschaftsbacköfen, am Rande des Dorfplatzes gelegen, und man konnte beobachten, daß die Frauen mit ihren zu Hause vorbereiteten Brotlaiben und Kuchenblechen durchs Dorf gingen.

Wenn der Ofen erst einmal geheizt war mit in Strohbändern gebündeltem Backbusch, wurde nach gut einer Stunde die Temperatur gemessen. Einen Temperaturanzeiger gab es nicht. Stattdessen hielt der Heizer eine lange Stange mit angebundenen Roggenähren in den Ofen hinein. Färbten die Körner sich braun, war die richtige Temperatur erreicht, zirka fünfhundert Grad. Nun mußte alles schnell gehen, damit keine Hitze entweicht durch die geöffnete Ofentür. Mit einem in Wasser getauchten Sackleinen, an einem Stiel angebunden, oder einem nassen Strohwiepen, auf den Stiel aufgesteckt – dem »Feudel« auf Priegnitz-Platt –, wurde die Backfläche auf den heißen Steinen von Asche und Holzkohle freigefegt, an die Ofenseiten hinan. Dann erst wurden mit geübtem Schwung auf langem Schieber die gewalkten und geformten Fünf-Pfund-Brotteiglaibe eingeführt. Wieder mußte alles blitzschnell gehen, bis von den mehlbestreuten Brettern die mit Tüchern bedeckten Teiglaibe im Ofen verschwunden waren. Schon nach einer Viertelstunde machte sich im Heizhaus ein betörender Duft bemerkbar, der bis zu den Nachbarn drang.

Eine Stunde lang dauerte das Brotbacken, und die Bauersfrauen waren gespannt und voller Erwartung, ob die Brote auch gut geraten waren und ihre Mühe sich gelohnt hatte. Sie hatten ja die meiste Arbeit, schon einen Tag vorher beim Teigmachen und Durchwalken.

War das Brotbacken beendet, kam der Kuchen dran. Der brauchte nicht so viel Hitze, und der Ofen war nun einmal geheizt. Im Herbst, nach der Ernte, wurden auch noch Pflaumen, Äpfel und Birnen darin gedörrt. Die sogenannten Backpflaumen sind mir noch gut in Erinnerung: »Mehlsupp mit Plum un Klüten« hieß ein Gericht auf Platt. Es waren Mehlklöße mit getrocknetem Obst, in Milch gekocht. Das schmeckte uns, und es blieb nie etwas übrig fürs Vieh.

Schließlich diente der große Backofen auch noch zur Ungezieferbekämpfung. Gerupfte Gänsefedern, die zunächst in Getreidesäcken aufbewahrt wurden, steckte man in den Ofen, um eventuelle Milben abzutöten, bevor die Federn dann ins Inlett gestopft wurden.

Das sogenannte Bettenstopfen erfolgte im geschlossenen Kellerraum wegen der herumfliegenden Federn, und die Frauen banden sich vorher große Kopftücher um. Dieses passierte immer nach dem Gänseschlachten im Spätherbst, bevor dann das Schweineschlachten begann und nach jedem Schlachttag ein riesiger Schweinebraten in einem großen Tiegel im Backofen mitgegart wurde.

Auch zur Entlausung unserer Kleidungsstücke diente uns der große Backofen in der ersten Nachkriegszeit. Die Hitze darin tötete die Läuse und Nissen ab.

HAUSSCHLACHTEN

Es gab bei uns Bauern nur warmes Essen zum Abendbrot - drei bis vier Gerichte, die sich regelmäßig abwechselten in der Woche. Pellkartoffeln mit Stippe, Pellkartoffeln mit Specksauce oder mit Quark und Leinöl, Kartoffeln mit Hering. Wenn sich genug harte Brotkanten angesammelt hatten, gab es einfach gesüßte Brotsuppe. Dies alles, um den Brotbelag einzusparen: Wurst, Schinken und Butter. Es wurde selbst gebuttert, und da fiel viel Buttermilch an für »Pelltüffeln un Stipp«.

Wir schlachteten damals vor dem Krieg vier fette Schweine. Die mußten das Jahr über ausreichen. Schinken und Speck wurden eingesalzen, gewässert und geräuchert. Vieles wurde eingepökelt in Pökelfässern. Alles andere wurde zu Wurst verarbeitet, zu Mettwürsten, im Darm gestopft. Ein Schwein ergab etwa fünfzig Würste. Die Kochwurst, aus Wellfleisch und Schweinekopf gemacht, wurde auch in Darm gefüllt.

Wir Kinder waren damals auf Wellfleisch ganz scharf und verschwanden immer wieder im Schlachtekeller, bis der Schlächter uns endlich aus dem Kessel die besten mageren Stücke fischte und sie für uns mit seinem Schlachtemesser mundgerecht zuschnitt.

Übrig blieb die Wurstsuppe, die es zu Mittag als Vorsuppe gab. Ein Teil davon wurde mit dem Blut beim Abstechen des Schweines zusammen mit Graupen zu »Plunderwurst« verarbeitet. Das in Schüsseln aufgefangene Blut mußte sofort pausenlos gerührt werden, so daß sich keine Klumpen bilden konnten.

Nachdem Blut- und Leberwurst, die wir in Gläser füllten, in speziellen Einwecktöpfen gekocht waren, kam zuletzt die »Plunderwurst«, wie wir die lose Wurst hier nannten, dran. Sie wurde im Kessel unter kleinem Feuer und ununterbrochenem Rühren mit der »Muskelle« gekocht. Das war ein langer Stiel mit rechtwinklig angebrachtem Rührstab. Sie sah aus wie ein Galgen. Wir lösten uns dabei ab, denn das ging ganz schön auf die Arme. »Plunderwurst« gab es natürlich im Winter zwei- bis dreimal in der Woche zu Mittag oder zum Abend – mittags mit Kartoffeln, abends mit Brot.

Während des Krieges herrschte die von den Nazis propagierte »Erzeugungsschlacht« in der Landwirtschaft. Anderswo gab es den Slogan: »Räder müssen rollen für den Sieg!« oder: »Pst, Feind hört mit!«. Im Sprücheklopfen waren sie sich gleich mit der SED.

Hin und wieder wurde auch »schwarz« geschlachtet. Das war streng verboten während der Kriegszeit und wurde mit hohen Haftstrafen geahndet. Einige Schwarzschlächter landeten im KZ. Für jedes Tier, das man schlachtete, benötigte man eine Schlachtgenehmigung vom Bürgermeister und Ortsbauernführer. Wurde man beim Schwarzschlachten erwischt, redete man sich zuerst mit »Notschlachtung« heraus. Das Schwein wurde die steile Kellertreppe hinuntergestoßen, so daß es sich ein Bein brach und sofort abgestochen wurde. So hatte man wieder frisches Fleisch. Dies passierte aber nur, wenn die Schlachtgenehmigung versagt wurde.

Bei meinen Eltern habe ich das allerdings nicht erlebt. Aber ich kenne jemanden, der deshalb im KZ Sachsenhausen war.

Musterdorf

Ein paar Kilometer weiter neben dem Ortseingangsschild eine Tafel: »Schönstes Dorf, ausgezeichnet vom Nationalrat der Nationalen Front«. Ein Hauptdorf also. Ich bin gespannt, was jetzt kommt. Zunächst sehe ich nur ausgeschachtete Gräben links und rechts der Straße, daneben in langen Reihen die aufgeworfenen Erdmassen. Verlegen die nun Kabel oder Rohre? Wahrscheinlich Rohre, denn zu jedem Grundstück führt wiederum ein Graben für den Hausanschluß. Wahrscheinlich bauen sie sich ein zentrales Trinkwasserversorgungsnetz. Doch die Erdarbeiten tun dem erfreulichen Anblick keinen Abbruch. Sauber verputzte oder gestrichene Häuserfassaden in geschmackvollen Farben, einige Vorgärten wetteifern miteinander in der Gestaltung, leider zu viele Koniferen.

Die alten Bauerngärten, wie ich sie noch in Erinnerung habe, gibt es kaum noch, die schönen, mit Kies bestreuten Wege, links und rechts mit Buchsbaum begrenzt. Nun haben die Laubbäume kurzgeschorenen Rasenflächen und Koniferen Platz gemacht.

Vor Grundstücken ohne Vorgärten wachsen Rosensträucher und Büsche an den Hauswänden, zwischen Bürgersteig und Straße Weiß- und Rotdornbüsche, tadellos gestutzte Ebereschen. Die alten Bäume mußten wohl den Stromleitungen weichen, die sich beiderseits der Straße, getragen von hohen, runden Betonmasten, hinziehen.

Durch die Mitte des Dorfes führt eine feste Straße, daran gelegen der Dorfanger, ein großräumiger Platz mit alten Bäumen, darunter Bänke zum Ausruhen. Im Hintergrund der Dorfteich, sauber eingefaßt mit Feldsteinen inmitten einer Rasenfläche. Das Gras könnte schon wieder gemäht werden, das wäre doch was für Benno.

Eine weitere Visitenkarte ist die Bushaltestelle, umgeben von Blumenrabatten. Ringsherum alles sauber geharkt; kein Papier, keine Plastetüten, keine Pappbecher, keine zerknüllten Zigarettenpackungen liegen herum oder werden vom Wind verweht. Das Buswartehäuschen ist frisch gestrichen, hat verglaste Fenster, keines ist eingeworfen, keine Scheibe fehlt.

Gegenüber eine Gaststätte, »Clubgaststätte« steht in schmiedeeisernen Buchstaben an dem barackenähnlichen Gebäude. Kaum habe ich die Tür aufgemacht, da denke ich, ich bin in einem Wartesaal. Ein ungemütlicher, mit Steinholzboden ausgelegter Gastraum, große, genormte Fenster, genormtes Mobiliar aus Aluminiumrohr und Sprelacartplatten erwarten mich. Besitzer oder Trägerbetrieb ist die LPG oder der Rat der Gemeinde.

Hinter der Theke spült der Wirt Gläser. Kurz blickt er von seiner Arbeit auf. Von nebenan kommt aus der Küche Geschirrklappern. Die Küchenfrauen waschen Berge von Mittagsgeschirr ab. Träge zieht der Wrasen durch die offene Tür in den Gastraum mit anschließendem Speisesaal für die LPG-Mitglieder.

An einem der Tische neben der Theke sitzt einsam ein Mann vor einem Glas Bier. Argwöhnisch beobachtet er mich aus den Augenwinkeln heraus, als ich am Nebentisch Platz nehme. Der will doch was von dir, denke ich. Vielleicht ist es der

ABV in Zivil? Es kommt, wie es kommen muß: Unsere Blicke treffen sich. Ruhig halte ich seinem durchdringenden Blick stand und grinse freundlich.

Mein Kopfnicken muß er wohl als Aufforderung verstanden haben, an meinem Tisch Platz zu nehmen, denn nun kommt er und stellt sich als Bürgermeister vor. Er ist neugierig, wo ich mit meinem Pferd hinwolle, woher ich käme. Er bestellt für mich ein Bier, und der Wirt muß mir die Essenreste zusammenkratzen. Nach dem zweiten Bier weiß der Bürgermeister gründlich über mich Bescheid. Doch nun ist er dran.

Auf sein Dorf ist er mächtig stolz. Zu allen Anwohnern hat er ein gutes Verhältnis und schwört auf den persönlichen Kontakt. Steht ein Arbeitseinsatz zur Dorfverschönerung an Wochenenden oder nach Feierabend bevor, geht er von Tür zu Tür. Wen er nicht antrifft, den fängt er hier im Speisesaal oder in der Gaststätte ab. Keiner sagt nein, traut sich gar nicht, nein zu sagen.

Ich glaube, auch ich könnte ihm nichts abschlagen, so wie er jetzt vor mir sitzt, beleibt, der Bauch quillt über die engen Hosen. Die halb zugekniffenen Augen blicken mich verschmitzt an. Er scheint eine Führungspersönlichkeit zu sein in seinem Dorf, einer von den wenigen in unserem Land, die sich echt engagieren und Verantwortung übernehmen, so schätze ich ihn ein. Er ist der Organisator, drückt beim Kreis alles durch, was der Gemeinderat beschließt, besorgt Baumaterial, Bau- und Schachtgenehmigungen und so weiter.

Was haben sie schon geschaffen in ungezählten Wochenend- und Feiertagsschichten: eine Sportstätte, Kindergarten,

Arztsprechzimmer, Buswartehäuschen, Konsumlebensmittelladen renoviert, Bürgersteig angelegt! Nun ist man also dabei, eine zentrale Wasserleitung zu bauen. Das Grundwasser wurde knapp, denn jedes Haus hatte jetzt sanitäre Anlagen. Neue Häuser wurden gebaut. Alle verbrauchen viel Wasser. Daran hatte man zu spät gedacht, und nun muß zusätzlich Wasser herangeführt werden.

Auch die Geselligkeit kommt nicht zu kurz. Statt vor dem Fernseher, sitzt man öfter in der Gaststätte zusammen. Da ist immer was los. Wenn nicht, wird was losgemacht. Skat gespielt, Billard, Musik, meint er.

Die Jugend hat er voll hinter sich. Mit seiner Hilfe haben sie in einer Gutsarbeiterkate einen Klubraum ausgebaut, der sich sehen lassen kann. Zweimal im Monat findet in der Gaststätte Jugendtanz statt, und von weit und breit strömen hier die Jugendlichen zusammen. Alles geht friedlich zu. Keiner will das Dorf verlassen. Alle fühlen sich wohl in seinem Dorf, erzählt er mir.

Die LPG tut das ihre dazu durch gute Lohnzahlung und Naturalien für die individuelle Viehwirtschaft. Heiratswillige LPG-Mitglieder, die ein Eigenheim bauen wollen, bekommen vom Betrieb fünfzehntausend Mark geschenkt, sofern sie sich verpflichten, der Genossenschaft die Treue zu halten.

Auch die Frauen trauen sich schon mal allein hierher. Hin und wieder finden für die ältere Generation Wein- und Tanzabende statt, von der Volkssolidarität veranstaltet, sowie Handarbeitszirkel vom DFD. Ein reges Kulturleben hat der Genosse Bürgermeister hier in seinem Dorf auf den Weg gebracht.

Streitigkeiten in der Gemeinde regelt er kraft seiner Autorität. Der mischt sich bestimmt sogar in Familienangelegenheiten ein, zuzutrauen ist ihm das, denke ich.

Dieser Bürgermeister und seine Gemeinde sind dem real existierenden Sozialismus weit voraus. Wie erklärt er es sich sonst, daß die anderen Dörfer dagegen in der Entwicklung so weit zurückliegen? Er erklärt sich das so, sagt der Bürgermeister: Oftmals werden Bürgermeister von »oben« eingesetzt. Sie haben nicht den richtigen Bezug zur Gemeinde und werden von den Bürgern nicht angenommen. Einige halten nicht einmal ihr eigenes Grundstück in Ordnung, wie sollen sie da anderen ein Beispiel geben?

Ja, hier gefällt es mir, nur die Gaststätte gefällt mir nicht. Der reine Zweckbau. Da fühle ich mich dem Dorfkonsum enger verbunden, und wenn er noch so klein und verkommen ist.

ALKOHOL

Viele Dörfer haben überhaupt keine Gaststätten mehr. Da versammelt man sich eben vor den Läden, auf einer Bank sitzend oder im Gras liegend, die Flasche in der einen Hand, Zigarette in der anderen, oder bei schlechtem Wetter im Buswartehäuschen.

Sehr gern geselle ich mich dazu und höre mir die Gespräche an. Das sind die Leute in den kleinen Dörfern, die kein schmuckes Eigenheim besitzen und in heruntergekommenen Häusern leben. Auch mit der Arbeit sind sie oft im Verzug. Teufel Alkohol hat da seine Hand im Spiel.

Drei-vier Fahrräder lehnen an Wand und Baum, Verpflegungsbeutel am Lenker. Die Besitzer machen verlängerte Mittagspause und warten hier die Hitze ab im Schatten der Bäume. Sie sind ausgerissen von dem trostlosen, langen Zuckerrübenfeld, wo man das Ende kaum noch sieht, auf dem sie in gebückter Haltung Reihe für Reihe Rüben hacken und mit den Fingern Unkraut zupfen, das mit der feinen Rübenwurzel verwachsen ist, während die Sonne unbarmherzig auf sie niederbrennt. Rücken, Arme und Hände künden davon. Außerdem übermannt sie der Durst. Höhere Gewalt! Ich habe volles Verständnis.

»Hälfte Arbeit, Hälfte Geld«, sagt gerade einer von den vor der Konsumverkaufsstelle im Grase Liegenden, als ich dort ankomme, um einzukaufen. Er hat sich mit dem Feldbaubrigadier zerstritten, wie sich bald herausstellt. Seinen Morgen Rüben soll er nicht ordentlich gepflegt haben und hat nun nur die Hälfte des vereinbarten Geldes dafür erhalten. Seine Philosophie ist: Hälfte Geld, Hälfte Arbeit, die des Brigadiers: Hälfte Arbeit, Hälfte Geld. Das ist natürlich ein Grund, sich erst einmal eine Flasche zu kaufen, um den Ärger zu ertränken. Es gibt Leute, die wissen nichts mit sich anzufangen. Arbeit, schlafen, trinken. Sie schaffen es nicht, aus dem Teufelskreis auszubrechen, sich von dieser Suchtkrankheit zu befreien. Immer wieder begegne ich diesen Menschen auf meiner Tour. Ich selbst muß mich schon kontrollieren. Die Versuchung zu trinken ist groß. Überall, wo ich hinkomme, bietet man mir Bier, Schnaps und Wein an, und ich führe auf meinem Wagen stets einige Flaschen Bier mit.

GÜLLE

Auf der Weiterfahrt komme ich oft an großen, industriemäßigen Viehanlagen vorbei. Ich rieche sie schon von weitem. Stinkende Felder kündigen sie an.
Die Gülle aus diesen großen Viehställen wird in der weiten Umgebung von Traktoren mit Tankwagen auf die Felder und Wiesen verregnet. Wohin mit dem Zeug? Das ist ein großes Problem. Die Transportwege werden immer länger, das ist die Kehrseite der Großanlagen. Doch die Felder müßten mit Humus versorgt werden!
Es muß wieder dezentralisiert werden, es müssen kleinere Anlagen in den Groß-LPG geschaffen werden, damit die langen Transportwege wegfallen, ist meine Meinung. Bloß, was kann ich schon tun? »Die da oben« sind ja schlauer.
So soll man aber nicht denken. Eigenes umweltbewußtes Verhalten bietet noch immer die beste Berechtigung, es auch von »denen da oben« zu fordern. Die haben das Problem leider nicht im Griff, und die Bevölkerung, die hat in unserer Planwirtschaft zu viel mit sich selbst zu tun, wartet auf Anordnungen, wie das im Sozialismus nun einmal so ist. »Es geht alles seinen sozialistischen Gang!« Das ist in unserem Staat ein geflügeltes Wort.

Unwetter

Schon nachmittags wird die Luft schwül und drückend heiß. Immer wieder muß ich Benno vom Ungeziefer befreien, das vom Schweißgeruch des Tieres angezogen wird. Also immer und immer wieder vom Wagen springen und mit der flachen Hand die Pferdebremsen, Mücken und Fliegen totschlagen. Blutig und klebrig sind die Hände. Benno kann sich gegen diese Plage kaum wehren und hat mir fast das Geschirr zerrissen und die Wagenschere zerbrochen bei seinen Versuchen, das Ungeziefer loszuwerden.

Ein schweres Gewitter liegt in der Luft. Weit und breit kein Dorf, so sehr ich auch danach ausschaue. Wir brauchen dringend ein Dach über dem Kopf, einen Melkerstand, eine Scheune, Hauptsache ein Dach, bevor die ersten Tropfen fallen.

Ich bringe Benno in Trab, stehe auf dem Wagen, um einen besseren Ausblick zu haben. Der Himmel färbt sich schon schwarz, und in der Ferne ist das erste Grollen zu hören. Immer dunkler wird es. Gerade noch im letzten Licht finden wir eine Bretterscheune vor einem Dorf.

Die Scheune muß schon lange nicht mehr benutzt worden sein. Ein Tor ist aus den Angeln gerissen und steht offen. Das Dach ist stark beschädigt durch Sturm und Wind, teilweise abgedeckt. Aber sie ist gerade richtig für uns als Zufluchtsstätte, denn die ersten schweren Regentropfen fallen, als wir einfahren. Hätte ich das Tor erst öffnen müssen, wären wir naß geworden.

Ein herrliches Gefühl, ein Dach über dem Kopf zu haben, wenn draußen der Regen schüttet und das Unwetter tobt! Lange stehe ich unter dem schützenden Dach und blicke durch das offene Tor den Naturgewalten zu.

Die Scheune muß in letzter Zeit als Viehfutterstand gedient haben. Kein Halm Stroh, nur getrocknete Kuhfladen auf dem festgestampften Lehmboden. Benno binde ich so am Torbalken an, daß er raus und rein gehen kann. Gras wächst genug vor der Scheune. Er ist also versorgt.

Eine große Pfütze hat sich vor der Scheune gebildet: Bennos Tränke. In einer Ecke finde ich eine zerrissene Plane, die mir als Unterlage für mein Nachtlager dient. In meiner Scheunenecke prasselt der Regen nur so aufs unversehrte Dach. In der Mitte und am anderen Ende regnet es durch die Dachlatten. Was hättest du bloß gemacht, wenn du die Scheune nicht in letzter Minute erreicht hättest? Mit dieser Frage schlafe ich schließlich ein. Immer wieder habe ich Glück. Es grenzt bald an ein Wunder.

Erst spät am Morgen wache ich auf. Die Sonne scheint durch das zerlöcherte Dach. Ich bleibe liegen und freue mich an ihrem Schein. Benno hat sein Terrain abgeweidet. Die Welt sieht jetzt im Sonnenschein wie neu aus. In der Ferne liegt das Dorf mit seinem Kirchturm in der strahlenden Sonne. Dieser Anblick ist mir wohlvertraut.

Wenn ich auf Feld und Wiese arbeite und mein Dorf mit der Kirche von weitem sehe, überkommt mich ein wunderbares, heimatliches Gefühl. Die Kirche als Mittelpunkt und Wahrzeichen des Dorfes hatte schon immer viele Aufgaben. Sie war ja nicht nur Gotteshaus, sondern auch richtungweisend. Fernstraßen führten oft auf sie zu. Im Mittelalter war sie Schutz und Wehr der Einwohner. Der Turm diente früher dem Ausblick auf den herannahenden Feind und auch heute noch wegen der Waldbrände.

In Jeber-Bergfrieden will ich Frühstück machen. Wir halten vor der Gaststätte. Ich habe großen Hunger. Seit gestern mittag habe ich nichts mehr gegessen. Zum Einkauf im Konsum bin ich nicht mehr gekommen.

Im Fenster der Gaststätte hängt ein Schild: »Sonntag ab 16 Uhr geöffnet«. Da dämmert es bei mir: Heute ist ja Sonntag! Die Ruhe im Dorf kam mir gleich verdächtig vor. Keine Menschenseele auf der Straße. Keinem Traktor bin ich begegnet. Was jetzt? Bald Mittag und noch nichts im Magen.

Gegenüber, auf der anderen Straßenseite, auf ihre Harke gestützt, steht eine Frau im Vorgarten und schaut neugierig zu uns herüber. Sie hat ein Lächeln im Gesicht, strahlt Kraft und Freundlichkeit aus. Am Gartenzaun steht ein Schild: »Staatliche Tierarztpraxis«. Mit Tierärzten bin ich bis jetzt immer gut ausgekommen, und so eine Tierarztfrau hat doch bestimmt Bildung und Verständnis.

Also nehme ich den Eimer vom Wagen und bitte um Wasser für mein Pferd. Ich erzähle vom Unwetter gestern nachmittag, vom weiten Weg, der hinter und noch vor mir liegt, und daß ich nicht zum Einkaufen und Essen gekommen wäre. Die Gaststätte, auf die ich mich verlassen habe, sei ja leider geschlossen. Wenig später sitze ich am reich gedeckten Frühstückstisch.

»Nun essen Sie sich erstmal richtig satt«, sagt die Frau Doktor, »heute, am Sonntag, sind die Einkaufsläden geschlossen. Wo wollen Sie da etwas zum Essen bekommen? Auf eine Gaststätte können Sie sich hier bei uns nicht verlassen.« Ich weiß gar nicht, wo ich zuerst zulangen soll, so hat sie aufgetischt.

Ein wenig später kommt ihr Mann, der Tierarzt, von einer Visite aus einem LPG-Stall zurück. Er hat heute Sonntagsdienst. Außerdem ist er noch Jäger, und er zeigt mir mit Stolz seine Geweihsammlung, darunter viele preisgekrönte Stücke, alles im Fläming selbst geschossen. Ich bin beeindruckt.

Trotzdem ist ein Jäger nicht mein Freund, der die poussierlichen Tiere, die mir unterwegs begegnen, die ich beobachte, an denen ich meine Freude habe, heimtückisch abknallt und sich noch damit brüstet. Up Platt: »Dat Scheeden alleen makt den Jäger nich ut. Wer wierer niks kann, blivd better to Hus.« Aber der Herr Doktor vet. med. klärt mich auf: Ein Jäger muß vor allem Heger und Pfleger sein, laut Jagdgesetz alte und kranke Tiere aussondern, bevor sie verenden, Raubwild und Wildschweinrotten, die Schaden anrichten, kurz halten. Der Fuchs, der »die Gans gestohlen hat«, ist außerdem Seuchenüberträger.

In strengen, langanhaltenden Wintern muß der Jäger Heu, Hafer und Eicheln auf die Futterplätze bringen. Er darf die zahlenmäßige Kontrolle über den Wildbestand in seinem Revier nicht außer acht lassen. Großen Ärger bereitet ihm das Raubtier Mensch, das Schlingen legt und Fallen stellt. Oft findet er Hasen, Kaninchen, Rehe, die sich darin verfangen haben und lebendig verrecken. Ein tierischer Räuber hingegen tötet sein Opfer in kurzer Zeit, frißt es, um zu überleben. Das ist Naturgesetz.

Den Wassereimer kippe ich vor der Abfahrt heimlich hinter dem Wagen aus. Benno hat keinen Durst mehr. Er hat sich ja am Regenwasser vor der Scheune sattgesoffen.

Dieser Trick mit dem Wassereimer und meine schon nach wenigen Tagen Fahrt angenommene Schlitzohrigkeit haben mir mancherorts immer weitergeholfen. Wenn das meine Frau wüßte! Sie hätte ja nachkommen können – mit unserem Auto mir Furage und Verpflegung bringen können – ist sie aber nicht. Also muß ich mich an andere hilfsbereite weibliche Wesen heranmachen.

Verirrt

Zufrieden, mit vollem Bauch und einem Stullenpaket im Rucksack, fahre ich in die Wälder des Hohen Flämings hinein, des kleinsten Mittelgebirges Deutschlands. »Sperrgebiet! Betreten verboten! Fotografische und bildliche Darstellung verboten!« steht mit schwarzer Schrift auf einem weißen Schild an einem Betonpfahl. Wieder so ein Scheißspiel! Auf meiner Wanderkarte sieht der Weg harmlos aus, schön dick eingezeichnet. Von militärischem Sperrgebiet ist nichts vermerkt. Was nun? Soll ich den ganzen weiten Weg zurückfahren? Ich bin sauer und fluche wie in alten Zeiten, als ich noch Bauer war.

Ein Bauersmann ist gewohnt zu fluchen. Das gibt Luft, vertreibt den Ärger. Verfluchte Sauerei! Alle Tiernamen eignen sich zum Fluchen. Mistvieh, verdammtes! Schweinehund! Blöde Gans! Und so weiter. Das ist die Musik des Tages. Hinterher fühlt man sich erleichtert und beschwingt, wenn man seinen Frust abgelassen hatte.

Ich kannte einen Bauern, der fluchte schon am frühen Morgen beim Viehfüttern. »Dämlicher Hund!« war sein Standardfluch. Er fluchte über seinen Traktor, der ständig kaputt war, mit seinen Leuten und über alles, was im Wege stand. Auch heute wird im Dorf noch geflucht, vor allem, wenn die Kneipen Ruhetag haben, über die LPG-Bosse und die Brigadiere.

Fluchend fahre ich also zurück, eifrig nach einem abbiegenden Waldweg ausschauend, um das Sperrgebiet zu umfahren. Totenstille im Wald, kein Waldarbeiter mit Moped begegnet mir, auch keiner der in Stein gehauenen Wegweiser, auf die ich sonst öfter gestoßen bin.

Über diese alten steinernen Wegweiser habe ich mir oft Gedanken gemacht. Wer hat sie aufgestellt und wie lange stehen sie schon? Oft ist die eingemeißelte Inschrift verwittert, nur der Richtungspfeil ist noch schwach zu erkennen.

Wir nehmen den nächstbesten befahrenen Weg. Und es fährt sich gut auf ihm durch Tannen, Buchen und Lärchen. An der ersten Wegkreuzung will Benno rechts abbiegen. Mein Gefühl sagt mir aber: geradeaus. Wir sind schon eine gute Stunde unterwegs. Ich werde langsam unruhig, sehe keine Fahrspuren mehr.

Du hast dich verfahren, dämmert es mir. Wo steht die Sonne? Ich will nach Norden. Mir fällt mein Kompaß ein. Norden ist rechts von uns. Ob Benno wohl doch recht hatte? Ob er was

gewittert hat? Wären wir bloß am Sperrschild weitergefahren. Andererseits hätte uns das teuer zu stehen kommen können. Vielleicht ist die Rote Armee im Wald, nimmt mir meinen Benno weg, und ich kann womöglich acht Tage Kartoffeln bei den »Iwans« schälen, so wie es einem Bekannten ergangen ist, der in gesperrten Wäldern Pilze suchen wollte. Der Mann war einfach verschollen und tauchte erst nach einer Woche wieder auf. Das gibt mir zu denken. Dieser Preis ist mir zu hoch.
Geradeaus weiterfahren ist sinnlos. Mit Mühe und Not wende ich den Wagen auf dem schmalen Weg. Ich muß Benno ausspannen, ihn an einem Baum festmachen. Der Wagen steht mitten im Weg, keinen Meter links und rechts vom dichten Wald. Mit einem Pferd davor – unmöglich zu wenden. Also spanne ich mich in die Wagenschere ein. Vor – zurück, vor – zurück. Ich schlage dabei mit der Schere immer die Vorderachse in die entgegengesetzte Vor- und Rückwärtsrichtung ein. Die Wagenschere muß ich dabei hochhalten, damit sie mir nicht in die Bäume gerät. Es kostet Kraft, aber der Wagen steht schließlich wieder in der Gegenrichtung.
An der Kreuzung beobachte ich Benno. Die Leine hängt lose am Haken, ich laufe ein paar Schritte hinter dem Wagen her. Benno spitzt die Ohren. Ich bin gespannt: Geht er denselben Weg zurück oder biegt er links ab? Schon ist er am Ende des Kreuzweges, da biegt er ohne langes Besinnen und ohne seinen Schritt zu verlangsamen links ein.
Ich rufe ihm ein »Brrr« hinterher, aber Benno hört nicht. Erst als ich nach der Leine greife, kann ich ihn zum Stehen bringen. Sein Urinstinkt, der Richtungsinstinkt, sein Geruchssinn

und sein feines Gehör leiten ihn. Das hat er von seinen Urahnen, die aus der Wüste Gobi in Zentralasien stammen, ererbt. Um dort, in der Wüste, überleben zu können, haben sich die Urinstinkte dieser Wildpferde entwickelt. Immer bewegen sich seine Ohren. Einmal sind sie hochgestellt, nach vorne ausgerichtet, dann zurückgelegt, nach hinten ausgerichtet. Wenn er aber schlechte Laune hat, nicht so will wie ich und ich ihm eines überziehen muß, dann legt er sie ganz zurück, fast bis zum Halse an.

Es gibt Pferde, Beißer und Schläger, da sind zurückgelegte Ohren ein Warnsignal. Da ist Vorsicht geboten. Mein Benno gehört nicht zu dieser Sorte. Er ist nicht überzüchtet, hat noch viel von einem Natur- und Wildpferd in sich, von seinem Vater geerbt, einem Norwegerhengst, da sind seine Sinne wohl besonders ausgeprägt. Benno, das Halbblut.

Zwei Frauen

Mein Kompaß zeigt Norden. Nur eine kleine Weile, da sehe ich quer zum Weg ein Auto fahren. Ich bin erleichtert. Die Straße nach Wiesenburg. Gleich am ersten Grundstück erfahre ich, daß es in Wiesenburg keinen Pfarrer gibt; der alte ist weggezogen, der neue noch nicht da. Was nun? Eine kleine Frau mit einem Fahrrad gibt mir diese Auskunft, bietet mir aber gleich ihre Hilfe an. Ihre Freundin wohne am Ortsausgang und habe wohl Platz für uns. »Fahren Sie man immer hinter mir her! Ich bringe Sie schon hin.«

Es geht kreuz und quer durch Wiesenburg, dann eine abschüssige Straße hinunter, und am letzten Grundstück werde ich von den beiden Frauen erwartet. Die Frau mit dem Fahrrad hat ein mächtiges Tempo vorgelegt und schon alles geregelt. Ich hätte Galopp fahren müssen, um mit ihr mithalten zu können. Manchmal habe ich sie schon aus den Augen verloren.

Die Freundin kann ihre Herkunft nicht verleugnen: Sie spricht mit polnischem Akzent und klagt mir ihr Leid über ihren Mann, der keiner geregelten Arbeit nachgeht, einen ehemaligen Strafgefangenen, der sich umhertreibt, sie ausnutzt, über ihre vergebliche Mühe, ihn auf den rechten Weg zu bringen, über ihre Arbeit im Betrieb und nach Feierabend auf dem Grundstück mit dem vielen Vieh. Schon als ich Benno ausspanne, wundere ich mich über das viele Viehzeug auf dem Hof. Schafe, Schweine, Hühner, Enten, Gänse, ein großes Durcheinander.

Die Frau kennt nur Arbeit und Kummer. Als sie mir davon erzählt, hat sie Tränen in den Augen. Ich bin verlegen, wage nicht, sie anzusehen und würge an meinem Wurstbrot. Auf dem Hochzeitsbild, das sie mir zeigt, sehe ich einen um Jahrzehnte jüngeren Mann. Das konnte ja nicht gutgehen, denke ich. Meine Radfahrerin macht auch ein trauriges Gesicht. Manchmal nickt sie mit dem Kopf oder macht eine mißbilligende Handbewegung. Sie hat auch ihr Leid zu tragen, schon als Kind. Ein Bein hat sie während des Krieges im Osten verloren. Ihr Sohn sitzt im Gefängnis. Sie lebt mit einem Mann zusammen, der wenig spricht, dafür aber gerne trinkt. Die beiden Frauen halten fest zusammen und trösten sich gegenseitig.

In mir haben sie nun jemanden gefunden, dem sie ihr Herz ausschütten können. Sie haben großes Vertrauen in mich gesetzt, reden ohne Unterbrechung auf mich ein, und ich bin geduldig. Schon aus Dankbarkeit für die freundliche Aufnahme und Hilfsbereitschaft höre ich zu. Nur helfen kann ich ihnen nicht. Das verstehen sie.

Schlafen soll ich im Nebenzimmer auf der Couch, mich aber ruhig verhalten, falls der Mann in angetrunkenem Zustand nachts nach Hause käme. Er sei gewalttätig. Vorsichtshalber stelle ich einen Stuhl unter die Türklinke, öffne einen Spalt breit das Fenster und lege meinen Dolch zurecht. Lange kann ich nicht einschlafen. Doch die Nacht vergeht ruhig, nichts geschieht. Der Mann ist nicht gekommen. Bei der Auseinandersetzung mit ihm hätte ich zur Not schnell durch das Fenster türmen können. Fast bin ich ein wenig enttäuscht. Niemand hat sich in mein Zimmer verirrt.

Zu einem gemeinsamen Frühstück ist meine Radfahrerin auch wieder zur Stelle. Die beiden tischen mir kräftig auf. Sie haben extra frische Brötchen geholt. Heißer Kaffee, Vierminuteneier, Schinken, Wurst und Käse stehen auf dem Tisch. Sie bemuttern mich. Und kein Wort der Klage mehr. Für sie bin ich wohl eine Abwechslung in ihrem schweren Leben, ein Mann, dem sie einfach Gutes tun wollen und ihm Vertrauen schenken trotz ihrer Enttäuschungen und des vielen Kummers mit ihren Männern.

Gut Mann

In Wenzlow kommt uns ein Trabi entgegen und stoppt kurz vor Benno. Ich will ausweichen, aber mit unglaublicher Schnelligkeit springt ein dicker Kerl aus dem Wagen und fährt Benno in die Zügel. Ich bin sprachlos. Aber dann erkenne ich in dem Dicken den »Pferdehändler«. Seine beiden Begleiter steigen ebenfalls aus. Es sind seine »Koppelknechte« oder »Jagdhunde«, wie ich diese Typen im stillen nenne, die für ihren Boß die Geschäfte ausfindig machen oder anbahnen. Geld haben sie nicht, bekommen aber hinterher meistens ihre Provision.

Die drei versperren uns den Weg. »Was willst du für den Schwarzen haben? Ich gebe dir drei Mille auf die Hand«, sagt der Dicke. Einen »Guten Tag!« oder »Guten Weg!« zu wünschen, hält er nicht für nötig. Für den zählt nur das Geschäft. Mir macht der Dicke Spaß, und ich beschließe, das Spiel mitzuspielen.

Der Handel geht los. Die gebotenen drei Mille lehne ich ab. Er legt noch fünfhundert drauf. Auch für den Wagen will er mir »großzügig« fünfhundert geben. Aber ich kann mich noch nicht entschließen, rede von Wenn und Aber. Der Dicke zerstreut alle meine »Bedenken«, reißt mir fast meinen rechten Arm ab und schlägt mir mit seiner Pranke laufend in die Hand. Nur mit Mühe kann ich mich freimachen.

Da holt er einen Packen Geldscheine aus seiner Jackentasche und läßt die Enden der Scheine zwischen Daumen und Zeigefinger sausen. Es klingt wie Maschinengewehrfeuer.

Herausfordernd sieht er mich dabei an. Aber ich kann mich noch immer nicht entscheiden. Ich rede jetzt vom Havelberger Markt und daß ich auf dem Weg dorthin sei. Da stoßen die drei ein wieherndes Gelächter aus. »Was, bis Havelberg willst du noch mit dem alten Bock? Der fällt dir doch schon vorher um. Solch Angebot wie von uns kriegst du nie wieder.« Höchstwahrscheinlich halten mich die drei für einen »Gut Mann«. Das ist einer, den man beim Pferdehandel übers Ohr hauen kann, der den geforderten Preis beim Kauf eines Pferdes aus Unkenntnis zahlt oder beim Verkauf seines Pferdes an den Händler den gebotenen niedrigen Kaufpreis akzeptiert. »Gut Mann«, der Koppelknecht, der den Händel anbahnt, flüstert es seinem Boß unter Augenzwinkern zu. Ob beim Kauf oder Verkauf eines Pferdes – »Gut Mann« ist einfach ein Begriff.

Der eine Koppelknecht bietet sich an, mich kostenlos mit dem Trabi nach Hause zu fahren. Nur meine persönlichen Sachen solle ich vom Wagen nehmen. Alles andere sei »verkauft«. »Überleg es dir nicht zu lange!« So geht es hin und her. Ich aber beharre auf meinem Havelberger Markt. Da lassen sie endlich von mir ab und geben unter abfälligen Bemerkungen den Weg frei. »Also in Havelberg auf dem Markt unter der dicken Eiche!« rufe ich beim Abfahren den dreien zu. Nur mein Freund Benno ist bei der ganzen Handelei nicht gefragt worden, obwohl es ihn doch hauptsächlich betraf.

LANDPFARRER

»Sie haben es gut hier, leben wie ein Mensch.« Mit diesen Worten begrüße ich den Pastor bei meiner abendlichen Quartiersuche. Ich habe mir etwas Neues ausgedacht und will ihn mit diesem Spruch gleich bei der ersten Begegnung überrumpeln. Er guckt mich verdutzt an. »Da haben Sie es bestimmt besser«, gibt er schlagfertig zurück. Mit einem Blick hat er mich durchschaut. Solche Typen sind ihm nicht unbekannt, die von Pfarrer zu Pfarrer ziehen und sich durchschlauchen.

»Wissen Sie überhaupt, wie das Leben eines Landpfarrers in der heutigen Zeit aussieht? Ich wohne zwar in einem geräumigen Pfarrhaus mit großem Garten, aber daneben steht die Kirche in einem großen Kirchhof. Alles will erhalten und gepflegt sein. Da kommen Sie schon richtig mit Ihrem Pferd. Das kann wenigstens das Gras auf dem Kirchhof abfressen. Von meinem Gehalt kann ich mir Leute, die alles in Ordnung halten, nicht leisten. Und die Kirche hat kein Geld. Es ist auch gar nicht mehr selbstverständlich, daß man immer Hilfe in der Gemeinde findet. Also, selbst ist der Mann. Das Kirchendach muß repariert, Fensterscheiben müssen eingesetzt werden. Der Kalk rieselt von den Wänden, die Farbe platzt ab. Falls Sie Handwerker sind, können Sie bleiben, solange Sie wollen.«

Aber ich bin kein Handwerker. Ich will nur eine Nacht bleiben, dem guten Pastor seine Zeit stehlen, ihn belästigen, mich von seiner Frau bedienen lassen und dann am anderen Tag weiterziehen. Jetzt bin ich doch kleinlaut geworden und

sehe die Sache mit anderen Augen. So ein Pfarrer ist auch von
Streß und Hektik nicht verschont.

Arbeit und Bürokratie haben sprunghaft zugenommen. Es
geht nicht nur um sein Dorf, in dem er lebt. Zu seinem Bereich gehören sechs bis acht Gemeinden, und überall soll es
kirchliches Leben geben. Eine Katechetin zur Hilfe hat er oft
nicht. Da muß dann die Ehefrau einspringen.

Die Zahl der Gemeindemitglieder beträgt höchstens fünfzig
Prozent der Dorfbewohner. Er steht oft vor nur fünf oder
sechs Personen in der Kirche, meistens alten Menschen. Freude macht das nicht. Aber die paar Leute wollen in ihrem Dorf
in ihre Kirche gehen. Und daher muß er wohl oder übel von
Dorf zu Dorf ziehen, denn nicht überall, wo ich auf der Fahrt
einen Kirchturm erspähte, gab es auch einen Pastor dazu.

Das Kirchengebäude gehört zum Dorfbild und ist Zeugnis
der Leistungen der Vorfahren. Das sollte nicht verfallen. Das
sollte erhalten bleiben. Hier sind sie getauft worden, konfirmiert, und hier haben sie geheiratet. Viele haben hier auch
auf ihrem letzten Gang Zwischenstation gemacht. Ob Atheisten oder Christen, alle gehen wir diesen Weg.

Dieses neuerliche Interesse am Erhalt der Kirchen gibt Hoffnung, auch für das Leben in der Kirche. Der Pfarrer muß
natürlich immer vorangehen, muß Beispiel sein. Dann findet
er einen tatkräftigen Gemeindekirchenrat und kann auch die
Jugend gewinnen. Erst vor einigen Wochen habe ich in
Schwarz an der Saale selbst erlebt, wie die Freiwillige Feuerwehr des Ortes und andere Dorfbewohner an einem Sonntagvormittag einen Arbeitseinsatz für ihre Kirche starteten.

Oft ist der Pfarrer der Motor der Gemeinde, wenn andere gesellschaftliche Kräfte versagen. Er bemüht sich um die Dorfgemeinschaft und wirbt dadurch indirekt für seine Kirche. Sonntagsgottesdienst, Christenlehre für die Kinder, Gemeindeabend für alle, Rentnertreff bei Kaffee und Kuchen, mit einigen Getreuen setzt er sich für den Umweltschutz in der näheren Umgebung ein und pflegt Kontakt zum Bürgermeister und LPG-Vorsitzenden. Das ist Arbeit in Hülle und Fülle.

MÄRKISCHE HEIDE

»Märkische Heide, märkischer Sand« – dieses Lied aus meiner Schulzeit und Kindheit kommt mir urplötzlich in den Sinn, als ich auf einem Dorfeingangsschild »Bezirk Potsdam« lese. Die Mark Brandenburg hat mich wieder in ihren Bann gezogen.

Schön ist sie ja, die Mark, die »Streusandbüchse des Deutschen Reiches«, wie sie früher oft verächtlich genannt wurde. Fontane schreibt in seinen Wanderungen: »Es ist mit der märkischen Natur wie mit den Frauen. »Auch die Häßlichste hat noch sieben Schönheiten.« Man muß Liebe zu Land und Leuten mitbringen, keine Voreingenommenheit, und den Willen, das Gute zu finden.

Seit Tagen marschieren wir nun schon im Brandenburger Land umher. Jetzt entdecke ich wieder Neuland. Bereits im Fläming haben wir die Mark und die Sandwege erreicht, die wir zuvor oft vermißten. Hier kann Benno wieder auf dem weichen Untergrund ausschreiten. Und ich singe aus voller Kehle: »Märkische Heide, märkischer Sand sind des Märkers Freunde, sind sein Heimatland.«

Dieses Lied ist bei uns in der Mark so gut wie vergessen. Außer den älteren Menschen, die Text und Melodie vor 1945 in der Schule gelernt und auch viel gesungen haben, kennt es kaum jemand noch. Ich weiß nicht, ob »Märkische Heide« verboten ist oder unter die »ungeschriebenen Gesetze« fällt. Ich jedenfalls singe es, habe es oft für mich allein gesungen. Es stärkt das Heimatgefühl.

Ich fühle mich immer noch als Brandenburger, obwohl es in der DDR keine Länder mehr gibt aufgrund der Gebietsreformen von 1952. Zuerst gab es noch die Länderkammer bei der Regierung, aber auch die wurde später abgeschafft.

FLÄMING

Was dem Bundesbürger die Lüneburger Heide, ist mir hier in der DDR der Fläming. Nur an Wasser fehlt es im Hohen Fläming. Wegen des durchlässigen Bodens versickert es schnell in der Tiefe. Keinem See, keinem Tümpel begegnen wir, stattdessen versteppten Tälern, vielen Steinen, darunter großen Findlingen.

Der Hohe Fläming ist ein Zeugnis der Eiszeit, und warum der Fläming Fläming heißt, das erfahre ich endlich: Im Mittelalter wurde diese Gegend von Flamen besiedelt, und Städtenamen wie Brück und Niemegk künden noch heute von den flämischen Einwanderern. Sitten und Gebräuche, Sagen und Trachten haben sich erhalten. Imker, Köhler, Kerzenzieher, Töpfer und Schäfer sind hier noch zu Hause.

Den Ortsnamen Lichterfelde gibt es gleich mehrere Male in der Mark Brandenburg. In Flandern gibt es nämlich ein Lichtervelde. Außer ihren Ortsnamen brachten die Flamen natürlich auch Sitten und Gebräuche mit. Auch viele Familiennamen künden heute noch von den Einwanderern, zum Beispiel Fleming und Brabandt.

Meine Vorfahren haben im Nachbarort Wusterhausen an der Dosse vom ehemaligen Wassermühlenbesitzer Brabandt eine Mähwiese zur Heugewinnung gekauft. Diese Wiese liegt unmittelbar am Klempowsee, und bei der Hitze während der Heuernte badeten wir oft da im See.

Nach jeder aufgeladenen Fuhre, mit Vorder- und Hinterreep festgezurrt, damit auf dem Nachhauseweg, der durch die Stadt Wusterhausen-Dosse mit den engbebauten Straßen führte, nichts abrutschte, denn das wäre ein Chaos geworden auf der F 5, auf der auch der Interzonenverkehr Berlin – Hamburg rollte, sprang ich also schnell ins Wasser und spülte mir Staub und Schweiß ab. Hinterher fühlte ich mich wie neugeboren, und der nächste als Heu- und Erntefahrzeug umgebaute Kastenwagen mit seinen langen Sprossenleitern und Lynstaaken konnte wieder beladen werden. Vier Fuhren waren die Norm am Nachmittag in der prallen Sonne. Zum Feierabend wurden dann immer zwei Wagen mittels der Deichselstange und einer langen Kette zusammengekoppelt und je ein Pferdegespann davorgespannt. Das fünfte Pferd, der Einspänner, zog Heurechen und Wender.

Ich denke heute gerne daran zurück, an meine Jugendzeit als mithelfender Sohn in der Landwirtschaft meines Vaters und dann als Einzelbauer bis zu meiner ersten Verhaftung und der späteren Kollektivierung, trotz des langen Arbeitstages, der Knochenarbeit und Schinderei.

Die Planwirtschaft tat das übrige. Alles war vorgeschrieben, und ich als Großbauer wurde streng kontrolliert. Ich unterlag dem Anbauplan für landwirtschaftliche Produkte, dem Viehhalteplan und der Pflichtablieferung tierischer und pflanzlicher Erzeugnisse – das alles monatlich oder in Quartale aufgeteilt und unter Androhung von Strafen bei nicht termingemäßer Erfüllung.

Es gab Bauern, die diesem Druck nicht standhielten, nicht die Nerven und ein dickes Fell hatten so wie ich. Ein Onkel, der schon seinen einzigen Sohn im Krieg verloren hatte und sein Ablieferungssoll nicht erfüllen konnte, weil er schlechten Boden hatte, nahm sich das Leben. Auch er war sogenannter Großbauer, nur weil er etwas mehr als zwanzig Hektar Nutzfläche besaß. Man beließ ihm nicht einmal genügend Hafer für seine Pferde. So erging es den Bauern in Rußland schon in den zwanziger Jahren während der Stalinherrschaft.

BRANDENBURG

Nun liegt Brandenburg-Kirchmöser, eines der märkischen Schwerindustriegebiete, vor mir. Schon von weitem zähle ich elf hohe Schornsteine der Siemens-Martin-Öfen. Aus einigen steigt rostroter Rauch.

Wenn ich an Brandenburg denke, denke ich nicht nur an die Landschaft, sondern auch an das Stahlwerk und auch an die berühmten Brennabor-Werke, die früher die bekannten Brennabor-Fahrräder herstellten, später auch Autos. Heute werden auf dem Werksgelände Traktoren gebaut.

Und ich denke an das berüchtigte Zuchthaus Brandenburg, in dem während der Naziherrschaft viele aufrechte Menschen ihr Leben lassen mußten. Unser Staatsratsvorsitzender hat dort Jahre seines Lebens mit vielen anderen Widerstandskämpfern verbracht. Vor diesen Leuten ziehe ich den Hut.

Ich will mich mit dem Herrn Staatsratsvorsitzenden Erich Honecker nicht vergleichen. Vielleicht hat er Schlimmeres durchgemacht. Er war länger in Haft als ich. Er wurde von den Nazis eingesperrt. Ich wurde von den Kommunisten eingesperrt unter der Herrschaft von Herrn Walter Ulbricht, der damals Erster Sekretär der Einheitspartei im Arbeiter-und-Bauern-Staat war. Das ist das Kuriose daran.

Auf den Vollversammlungen und der Jahreshauptversammlung der LPG mußte ich mir die Lobhudelei auf den Ersten Sekretär der SED und Staatsratsvorsitzenden mit anhören, besonders wenn noch Funktionäre vom Rat des Kreises und Altkader der SED-Kreisleitung anwesend waren. Dann zog mein Boß seine Pflichtübung ab. »Unser hochverehrter Herr Staatsratsvorsitzender« kam mehrere Male in seiner Rede zum Ausdruck sowie »Dank der Partei und Regierung!« oder »Unser Dank: Einhundert Prozent Planerfüllung!« und so weiter und so fort.

Ich mußte oft grinsen, hielt mir die Hand vor Augen und Gesicht und erntete böse Blicke vom Vorstandstisch. Wenn die Show vorüber und die Höhe der Restauszahlung jedem Mitglied bekannt war, ging es ans Fressen und Saufen. So klatschten wir uns gegenseitig Beifall. Alles in Butter, obwohl der Plan oft nur auf dem Papier erfüllt war! An Selbstverpflichtungen zur Planerfüllung mangelte es jedenfalls nicht. Die »Deutsch-Sowjetische Freundschaft« kam auch nicht zu kurz.

Bei meiner nächsten Arbeitsstelle, dem Spezialkinderheim, liefen die Versammlungen ähnlich ab. Ich als Heizer wurde zum »Energiebeauftragten« des Betriebes befördert: achtzehn bis einundzwanzig Grad Zimmertemperatur laut Betriebskollektivvertrag!

Das war schon eine Freude, vor allem, wenn ich den Genossen und Gewerkschaftern eine Lampe abschaltete. Ich berief mich stets auf den Betriebskollektivvertrag. Zur Strafe wurde ich dann bei der Prämienausschüttung zum Ersten Mai übergangen oder erhielt die niedrigste, denn ich war nicht in der Gewerkschaft und in der Deutsch-Sowjetischen Freundschaft schon gar nicht. Erst auf Drängen und Bitten unserer Betriebsgewerkschaftsleiterin und der hübschen Parteisekretärin gab ich schließlich nach und trat der Gewerkschaft bei. Nun, nachdem alle Werktätigen dem FDGB angehörten, konnte eine »Sozialistische Brigade« gebildet werden. Das war eine Voraussetzung dafür.

Aber vorher mußte noch ein Subbotnik geleistet werden. Dafür wurde ein arbeitsfreier Sonnabend geopfert – ohne Bezahlung. Einige Tage zuvor war bei der Betriebsversammlung im Essenraum der letzte Tagesordnungspunkt: Was machen wir und wann? Jeder macht einen Vorschlag, und dann wird demokratisch abgestimmt durch Handheben.

Die Frauen, sie waren in großer Mehrheit, verpflichteten sich, den Holzlattenzaun, der das Heimgelände zur Straße hin begrenzte, neu anzustreichen. Der Hausmeister bekam den Auftrag, Farbe und Pinsel einzukaufen. Er hatte das Recht, den betriebseigenen Pkw »Skoda« zu benutzen, einen alten Schlorren, der mehr kaputt als heil war. Deshalb verpflichtete er sich auch, an diesem Sonnabend daran herumzubasteln. Ich verpflichtete mich, die Dreckecken aufzuräumen und den Müll mit meinem Pferdegespann abzufahren.

So ein Subbotnik sollte nun jedes Vierteljahr stattfinden, und auf den monatlichen Versammlungen hagelte es wieder Selbstverpflichtungen. Ich als »Energiebeauftragter« verpflichtete mich, sparsam mit Heizmaterial umzugehen, von Rohbraunkohle bis Brikett schlechtester Qualität, und außerdem Ordnung und Sicherheit zu wahren. Weiterhin ging es um die Verteilung von Urlaubsplätzen, um Betriebsausflüge, Ferien aller Art und Zuwendungen dafür, Vermeidung von Alkohol am Arbeitsplatz und so weiter und so weiter.

Für mich waren auch diese Versammlungen sehr lustig. Ein Haufen leeren Strohs wurde da gedroschen. Mein Betriebsleiter trank gern. In der Dorfkneipe hielt er mir einmal seine Faust unter die Nase mit dem denkwürdigen Ausspruch, daß mich eines Tages die Faust der Arbeiter-und-Bauern-Macht treffen würde.

Wieder einmal, wie oft denn noch, dachte ich im stillen: »Armer Irrer, was weißt du schon? Mich hat die Faust deiner Arbeiter- und Bauern-Macht schon des öfteren getroffen. Da bist du damals noch in die Schule gegangen. Ich habe nur ein Lächeln übrig für deine Sorte Genossen, die mich mit ihrem Haß verfolgen. Die können mir nichts mehr anhaben. Ich habe Erfahrungen gesammelt und gehe auf ihre Provokationen nicht ein. Nicht einmal ärgern werde ich mich darüber. Den Gefallen tu ich denen schon gar nicht!«

So war das bei uns im Kinderheim. Viel Spaß gab es und allerdings auch Ärger über zwei unberechtigte Verweise in meiner neunjährigen Tätigkeit. Man wollte mich damit treffen. Ich habe es schlucken müssen.

Ob Brandenburg oder Brennabor, der angeblich slawische Ortsname hat auch mit anderem aufzuwarten. Mit der Eroberung Brandenburgs oder Brennabors und des Havellandes im Jahre 928 durch Heinrich den Ersten wurden die slawischen Stämme unterworfen. 948 wurden die Bistümer Brandenburg und Havelberg gegründet. Doch erst 1157, nach Zerschlagung der letzten slawischen Aufstände, konnte das Gebiet endgültig ins deutsche Herrschaftsgebiet eingegliedert werden. Die Mark Brandenburg entstand, aus der der preußische Staat später hervorging und auch das Deutsche Reich.

Was jetzt? Ich starre auf meine Karte. Rechts liegt Brandenburg, links Kirchmöser, mitten in einem großen Seengebiet: Plauer See, Breitlingsee. Und die Havel fließt hindurch.

Durch die Stadt Brandenburg will ich nicht, also muß ich das Seengebiet umfahren, um nach Plaue zu kommen und von dort die Havel aufwärts bis Pritzerbe.

Auf meiner Flämingkarte ist ein Fahrweg von Plaue nach Pritzerbe eingezeichnet, immer an den Havelseen entlang. Bei Pritzerbe gibt es eine Fähre, und dann läge das Havelländische Luch vor mir, durch das ich ziehen will. In spätestens einer Woche könnte ich also zu Hause sein.

Bis jetzt aber habe ich noch gar keine Lust, nach Hause zu kommen. Vielleicht telefoniere ich in Plaue, gebe meiner Familie ein Lebenszeichen und frage, ob alles in Ordnung und noch alles gesund ist und was die Enkelkinder machen, überlege ich.

Ein alter Bekannter, ein Installateurmeister, wohnt in Plaue, der wird mich bestimmt für eine Nacht aufnehmen. Der Gedanke, bei Rudi und seiner sympathischen Frau einzukehren, läßt mich nicht mehr los. Ich bringe Benno in Trab, zumal es schon Abend wird und ich weiß, daß die Eckerts ein Wochenendhaus haben. Sie könnten ja abends dorthin fahren, und dann stünde ich vor verschlossener Tür.

Kurz vor Plaue der Elbe-Havel-Kanal. Hier mündet der Kanal in den Plauer See und damit auch in die Havel, derselbe Elbe-Havel-Kanal, den ich bei Niegripp an der Schleuse überquert hatte. Dort begann er, hier endet er. Die Havel dient nun als weiterer Schiffahrtsweg nach West-Berlin.

Wie lange ist das schon her, daß ich damals übersetzte? Wo ist bloß die Zeit geblieben? Was habe ich alles schon erlebt, und wo habe ich überall schon mein Quartier aufgeschlagen! Und ich habe Glück: die Eckerts sind zu Hause. Sie und ihr Besuch laden mich ein, noch einige Tage zu bleiben. Wahrscheinlich ist mein Benno wieder schuld daran. Ich merke es schon, er ist sofort der Mittelpunkt.

WESTBESUCH

Drei Tage und vier Nächte verbringe ich in Plaue. Eckerts haben Westbesuch. Im Hof steht ein dickes Auto.
Gerade zum Abendbrot komme ich an, und es wird eine lange Nacht. Weit nach Mitternacht suche ich das Gartenhäuschen auf und falle in einen todesähnlichen Schlaf. Noch vor dem Frühstück um zehn Uhr liege ich im Swimmingpool und denke, ich bin in St.Tropez oder in Sotschi am Schwarzen Meer.
Gartenhäuschen und Swimmingpool befinden sich in einem prächtigen Garten: Palmen, Blattpflanzen, Laub- und Nadelbäume, Blumenrabatten, Rasen mit Rosenbeeten, dazwischen kleine Fußwege. Ein kleiner Teil ist mit Obstbäumen bepflanzt und mit verschiedenem Gemüse zum Hausgebrauch. Es würde heute warm werden, viel zu warm, um weiterzufahren. Herz, was willst du mehr, denke ich. So gut wie hier habe ich es bisher noch gar nicht angetroffen. Das will ich ausnutzen.

Die Westler sind ganz verrückt nach meinem Pferd. Sie streicheln es, klopfen ihm den Hals, schleppen Grünfutter heran und Wasser, verjagen das Ungeziefer, kratzen sogar mit Handfeger und Müllschippe die Pferdeäpfel zusammen, willkommener Dung für Rudis Rosen. Jede Stunde sind sie dran, beschäftigen sich fast den ganzen Tag mit Benno. Mir kann das nur recht sein. Ich liege derweil im Pool oder auf der Hollywoodschaukel und lasse mich obendrein bedienen und bewirten. Drei herrliche Tage verlebe ich hier.

Eckerts Verwandte sind aufgeschlossene Menschen. Sie kennen die Verhältnisse in der DDR. Sie kommen jedes Jahr nach Plaue in die herrliche, wasserreiche Gegend, verleben einen für sie billigen Urlaub. Unterkunft und Verpflegung haben sie frei.

Der Pflichtumtausch an der Grenze eins zu eins von DM-West in Mark-Ost ist für sie ärgerlich, aber unvermeidlich. Oft können sie das Geld kaum ausgeben, außer für Benzin und einige Kleinigkeiten des täglichen Bedarfs. Essen in der Gaststätte ist noch nicht einmal halb so teuer wie bei ihnen drüben. Dafür mangelt es wiederum bei uns am Service. So diskutieren wir hin und her, stellen Vergleiche an über die Verhältnisse in der BRD und in der DDR, über den Alltag und das Leben hier und dort.

Einen ehemaligen Bauern und Fahrensmann wie mich lernen sie allerdings das erste Mal kennen. Mein Lebenslauf interessiert sie sehr. Viele Fragen muß ich beantworten, und ich tue es wieder einmal gern. Ich bin so recht im Fahrwasser bei Kognak, Kaffee westlicher Produktion und Zigarren Marke

»Handelsgold«, die bei uns nur im Intershop oder Delikat-Laden für DM oder zum überhöhten DDR-Mark-Preis zu haben sind. Der Besuch kauft im Intershop zusätzlich ein, falls die West-Sachen zu Ende gehen, die mit viel Glück über die Grenze und durch den Zoll gebracht worden sind.

Ein Westbesuch muß »gepflegt« und jeder Wunsch von den Augen abgelesen werden. Meine Frau zu Hause tut es auch. Am meisten freut sie sich immer über die mitgebrachten Textilien. Dann veranstalten die Frauen eine Modenschau. Ich trage die Anzüge meiner guten Bekannten aus dem Westen auf, frisch gereinigt wie neu von der Stange. Unsere Kleiderschränke sind schon übervoll. Vieles verschenkt meine Frau wieder an Bekannte, die keine Westverbindungen haben. So kommen wir gut über die Runden.

Der Geldumtausch von eins zu fünf unter der Hand tut das übrige. Oft läßt der Westbesuch das nicht ausgegebene Ostgeld zurück. Ein Rücktausch an der Grenze ist nicht möglich. Das gibt uns natürlich zu denken. Was ist die Ost-Mark wert?

Jedenfalls ist so ein Westbesuch immer sehr willkommen. Der Tisch biegt sich von gefüllten Tellern und Schüsseln. Meine Frau bringt sich bald um, und der Besuch vergißt alle guten Vorsätze, hier bei uns in der DDR seine Diät einzuhalten, bewußt zu essen und auf die Figur zu achten. So viel Fleisch, Butter, Wurst und so weiter können wir uns nicht leisten, höre ich oft von unserem Besuch zu Hause in Kampehl.

Ich mache mir da meine eigenen Gedanken über die Stöhnerei: Dicke Autos fahren, große Auslandsreisen machen, sechs

Wochen Urlaub im Jahr, zehn Prozent Zinsen und mehr vom Ersparten, krisensicher angelegt, kassieren und jedes Jahr eine Gehaltserhöhung abfangen, das können sie. Da muß ich natürlich passen und sperre nur Maul und Nase auf.

DIE HAVEL

Bei Plaue macht die Havel einen rechten Winkel, biegt, aus dem Plauer See kommend, sofort nach Norden ein. Überhaupt hat sie einen äußerst merkwürdigen Verlauf.
Aus ihren Quellenseen bei Kratzeburg in Mecklenburg, östlich der Müritz, dem größten Binnensee der DDR, fließt sie in südliche Richtung und gerät immer wieder von einer Seenkette in die andere, so daß sie auf der Landkarte oft nicht auszumachen ist. Sie durchfließt West-Berlin und Potsdam. Von dort biegt sie auf einmal in westliche Richtung ab, durchfließt im Zickzack die vielen Seen zwischen Potsdam und Brandenburg, durchfließt die Stadt Brandenburg, den großen Breitlingsee, den Plauer See und wendet sich dann, wie schon gesagt, gen Norden in die Richtung, aus der sie gekommen ist. Hinter Havelberg mündet sie in die Elbe. Dreihundertfünfzig Kilometer lang ist ihr Lauf.
Von Plaue bis zur Fährstelle in Pritzerbe sind es höchstens fünfzehn Kilometer, und fast ebenso lang ist auch die Seenrinne, durch die die Havel fließt.
Vom Fluß Havel sehe ich gar nichts, nur eine buchtenreiche Seenkette. Am gegenüberliegenden Ufer einige Ortschaften:

Briest mit dem Kirchturm, Krahnepuhl und Tieckow. Ein Trampelpfad führt am Seeufer durch Erlenbruch, Eichen- und Birkenbestand. Doch der Pfad wird bald zu schmal, um am Seeufer weiterzufahren. Wir müssen wieder zurück zum Hauptweg, der in fünfhundert bis achthundert Metern Entfernung vom Ufer nach Pritzerbe führt. Da aber ist freies Feld, ist der Waldgürtel zu Ende. Und die Sonne brennt.

Ich beschließe, an den Seen unter Blätterdächern die Abendkühle abzuwarten. Ich ziehe mich aus, steige an einer Badestelle zwischen Schilf und Röhricht ins Wasser, lege mich auf den Rücken und lasse mich mit geschlossenen Augen treiben. Das tut gut. Ich denke jetzt an gar nichts. Ich lasse einfach alles mit mir geschehen und fühle mich wohl und unbeschwert. Den Rest des Sommers könnte ich hier verbringen, bei diesem Wetter und in der Stimmung, in der ich mich jetzt befinde. Das Leben kann auch schön sein, stelle ich mal wieder fest.

Mittags gibt es Tütensuppe, die ich mir auf meinem Kocher zubereite, am Spätnachmittag mache ich mir Wasser heiß für meinen Nescafé und esse die Brote von Frau Eckert aus Plaue. Gegen Abend geht es dann doch weiter in Richtung Fähre.

Ich weiß nicht, was mich auf einmal treibt, mich hat eine leichte Unruhe befallen. Mit dem Auto könnte ich in einer guten Stunde zu Hause sein! Wenn ich die Nacht durchfahren würde, dann könnte ich morgen spätestens um acht Uhr früh zu Hause sein. Merkwürdig, woher kommt auf einmal diese Eile? Ist es die engere, vertraute Heimat, in die ich nun komme?

Da ist die Fähre Pritzerbe. Den letzten großen Fluß, die Havel, überquere ich jetzt. Weiter geht es durch märkische Heide nach Seelensdorf. Seelensdorf ist ein kirchliches Waldgut mit Wirtschaftsgebäuden, Verwaltungsgebäude und Arbeiterhäusern. Es liegt abgeschieden mitten im Wald, am Rande des Havelländischen Luchs.

Es fängt schon an zu dämmern, die Sonne steht tief im Westen, wirft lange Schatten. Unsere Richtung ist Norden, die Sonne der Wegweiser. Also immer geradeaus und immer darauf achten, daß die Sonne links von uns bleibt.

NACHTFAHRT

Eigentlich ist es höchste Zeit, sich nach einem Nachtlager umzusehen. Aber nun will ich ja weiter, die Nacht hindurch fahren. Ich könnte ja das letzte Ende des Weges auf dem Kutschersitz während der Fahrt im Sitzen schlafen. Bennos Spürsinn würde mich schon nach Hause bringen.

Früher ist es öfter vorgekommen, daß die Bauern, Fuhrleute, Viehhändler auf ihren Pferdewagen eingeschlafen sind. Manchmal waren sie übermüdet, oft auch blau. Die Pferde haben sie immer wieder sicher nach Hause gebracht. Wenn ein Pferd erst einmal einen schon bekannten Weg erreicht hat, läuft es todsicher auch nach Hause. Ist es noch abseits des Weges, noch in einer fremden Gegend, schlägt es einen großen Halbkreis, bis es den bekannten Weg erreicht hat. Darauf vertraue ich. Vor allem auf meinen schlauen Benno.

»Was, du willst nachts durchs Luch, da wissen wir ja kaum Bescheid«, meinen zwei junge Forstarbeiter, die gerade an ihrem Trabant herumbasteln, »es gibt nur einen festen Weg aus Seelensdorf heraus, und der führt in Richtung Rathenow zur Fernverkehrsstraße 102.« Die Fernverkehrsstraße nutzt mir wenig. Ich habe kein Licht am Wagen. Also kann ich sie nicht nehmen. Ich will am Ende meiner Reise nicht noch einen Unfall verursachen. Bis jetzt ist alles so gut gegangen, kein Unfall, keine Polizei, mit allen Leuten immer gut ausgekommen, bis auf ganz wenige Ausnahmen.

Mir bleibt eigentlich nur die Möglichkeit, hier mein Lager aufzuschlagen. Aber ich will, wie immer, meinen Kopf durchsetzen. Außerdem reizt mich so eine Nachtfahrt, und die kann ich nur auf Feld- und Wiesenwegen machen, abseits vom Straßenverkehr. Auch Waldwege kommen nicht in Frage, da kann man sich nicht orientieren. Man muß die Gestirne sehen können, den Sternenhimmel über sich haben. Meinen Kompaß richte ich nach Norden und suche mir einen markanten Stern, auf den ich zufahren und an den ich mich halten kann.

Ich bin guter Dinge. Kopfschüttelnd blicken mir die beiden Forstarbeiter nach, als ich auf meinen Wagen springe. Benno scheint nicht erfreut zu sein, daß es weitergeht. Nur schwer läßt er sich vorantreiben. Ich muß zur Rute greifen und ihm eins überziehen.

Tausend Meter hinter dem Dorf endet der Wald plötzlich. Das weite Havelländische Luch liegt vor mir, unter mir. Noch auf der Höhe, am Waldesrand unter den letzten Kiefern, halte ich, überblicke die Weite. Ganz hinten am Horizont erkenne ich gerade noch in der Dämmerung ein rotes Ziegeldach, eine Reihe hoher Pappeln, Erlen und Kröpfweiden, wahrscheinlich schon im achtzehnten Jahrhundert oder immer wieder neu angepflanzt. Sie dienten wohl auch als Markierungen für die Kolonisten in der ständig von Überschwemmungen bedrohten Gegend. Eine Rinderherde weidet im Abendlicht. Die Landschaft, die vor mir liegt, ist von einer magischen Lautlosigkeit.

Ein bedrückendes Gefühl besonderer Art, Furchtsamkeit, Demut, auch Andacht, überkommt mich. Hier gibt sich mir die Mark Brandenburg preis, die sich dem flüchtigen Auge oft verschließt. Schön ist es, das Land der Stille und Melancholie, des Wechselspiels der Seen und Wälder, der kargen Böden, des weiten Himmels und weiten Blickes. »Dieses Land ist meine Heimat, und ich bin sein Kind«, diese Zeile aus einem Gedicht ist mir in Erinnerung und spricht mir aus dem Herzen. Hier also willst du heute nacht hindurch.

Ein wenig befahrener Wiesenweg führt vom hohen Waldesrand in das Luch hinein. Es geht steil hinunter. Ich muß wieder die Handbremse betätigen. Durch den Schub des Wagens beim Hinunterfahren könnten die schon sehr strapazierten Riemen, mit denen die Wagenschere an Bennos Sielengeschirr befestigt ist, reißen. Benno könnte den Wagen nicht mehr aufhalten, und der würde ihm dann in die Hinterbeine laufen. Benno könnte stürzen, ein schwerer Unfall wäre perfekt. Bloß das nicht noch am vorletzten Ende unserer Fahrt! Bis jetzt ging alles gut.

Der Weg führt auf das rote Ziegeldach zu, und die Sonne ist längst hinterm Horizont verschwunden, als wir dort ankommen. Das Gehöft ist unbewohnt, verlassen, alles Brauchbare abmontiert. Nur die Haustür ist noch da, hängt schief in den Angeln. Ansonsten Schutthaufen, wohin ich blicke. Fensterhöhlen starren mich an. Ich gehe ums Haus herum, stolpere im verwilderten Garten über Mauerbrocken, vermoderte Zaunpfähle, verrostete Ackergeräte und allen erdenklichen Unrat – Überreste menschlicher Behausung.

Mond und Sterne tauchen meine Umgebung in ein silbernes Licht. Allein könnte es einem hier schon ein bißchen unheimlich werden, aber mein Benno ist ja bei mir.

Was mochten das wohl für Menschen gewesen sein, die hier einmal gelebt haben, mitten im Luch? Sind sie gestorben? Haben sie keine Kinder hinterlassen, oder sind die Kinder weggezogen? Vielleicht in die großen Hauptdörfer am Rande des Luchs, wo es feste Straßen gibt und auch sonst alle Annehmlichkeiten des Lebens?

LUCHBAUERN

Früher siedelten sich die Luchbauern oder Kolonisten, wie man sie auch nannte, in dieser Einöde an, gingen also freiwillig ins Luch und blieben unter sich. Das hatte Folgen. Ein junger Bauer hatte es schwer, eine Frau zu sich ins Luch zu bekommen. Wer wollte schon in diese Einsamkeit, wo sich Fuchs und Hase gute Nacht sagten? Also heiratete man auch zwangsläufig untereinander, die Cousine den Cousin, der Cousin die Cousine. Ich kenne Familiennamen, die vier- bis fünfmal in nur einem kleinen Luchdorf auf den Sandschellen oder Horsten vorkommen.

Erst die Völkerwanderung 1945 brachte wieder frisches Blut in die Familien hinein. Ins Luch zu ziehen, sich da womöglich noch zu verheiraten, war unter der Würde. Das duldeten die Eltern der wohlhabenden Bauern nicht. Im Gegenteil! Die Töchter und Söhne sollten in größere Wirtschaften einheiraten und nicht in die kleinen Wirtschaften der Luchbauern von höchstens dreißig bis fünfzig Morgen Größe.

Auch die unmittelbare Umgebung war den Luchbauern feindlich gesonnen, machte ihnen das Leben schwer. Stets hatten sie im Frühjahr mit Hochwasser zu kämpfen. Elbe, Havel, Dosse, Rhin konnten das viele Wasser nicht mehr aufnehmen, und der sogenannte Rückstau war die Folge. Das Wasser kam oft über Nacht, schloß die Ansiedlungen auf den Horsten und Sandschellen von der Außenwelt ab.

Adolf Wels, ein ehemaliger Bauer aus Schwarzwasser, im Dosse- und Rhinluch zu Hause, kann wohl im Namen aller Kolonisten ein Lied davon singen, wenn das Wasser über Nacht kam und er durch Gurgeln und Rauschen aus dem Schlaf gerissen wurde. Dann schwammen die Holzpantinen schon vor dem Bett, und Adolf hatte zu tun, in den Stall zu seinem Vieh zu kommen. Das ging vor. Das war das Wichtigste. Gleich neben der Haustür und dem Treppenpodest zum Hauseingang im Balken seines Fachwerkhauses war ein stabiler Ring angebracht, an dem der Kahn festgemacht wurde.

Dieser Kahn war die Verbindung zur Außenwelt, wenn Wiesen und Felder unter Wasser standen. Die Wintersaat auf dem ohnehin kärglichen Boden wurde vernichtet. Die Frühjahrsbestellung konnte nicht durchgeführt werden. Armut machte sich breit.

Es erging ihnen so ähnlich wie den Bauern an der Nordseeküste, die auch im steten Kampf mit den Naturgewalten standen, dem Meer Land abzugewinnen trachteten und schon urbar gemachtes Land schützen mußten. »Der erste tot, der zweite Not, der dritte Brot!« Diese alte Pionierweisheit ließ sich auch auf den Luchbauern vergangener Zeiten übertragen. Zu ihrem schweren Los traf sie Spott und Hohn ihrer besser gestellten Kollegen. Der Standesdünkel unter den Bauern brachte dieses hervor. Große, reiche Bauern blickten oft mit Verachtung auf ihre kleinen, armen Kollegen herab.

Ein armer Luchbauer und ein Ackerbauer treffen sich nach längerer Zeit. Da sagt der Luchbauer: »Du hest joa so 'n schlechtes Tüch an!« Darauf der Ackerbauer: »Joa, det hev ick woll, oaber dat is ook betoalt!«

»Gott schuf Menschen und Christen, aber schütze uns vor Kolonisten!« Diesen Spruch habe ich als Kind irgendwo aufgeschnappt.

Erntegut konnte nur transportiert werden, wenn der Weg trocken war, oder bei Frost, wenn der Boden gefroren war.

Heute sieht das alles anders aus. Das Luch ist trocken. Wirtschaftswege aus dicken Betonplatten, noch tiefere Gräben und Kanäle durchschneiden jetzt das Land. Aber es kann auch zu trocken werden. Dann weht der Wind den schwarzen

Luchboden und den leichten, sandigen Boden von den Horsten, den hochgelegenen Äckern, übers weite, ungeschützte Land und trägt somit die Bodenkrume ab. Windschutzstreifen braucht das Land. Und man muß rechtzeitig wieder Wasser hinzuführen, die Staue und Wehre bei Bedarf öffnen.

Aber auch die Menschen haben sich verändert. Nur die wenigsten kennen die Geschichte ihrer Heimat, in der sie wohnen. Was wissen sie schon von ihren Vorfahren, die im Luch lebten, von den Torfstechern zum Beispiel, von dem preußischen Adel, der hier ansässig war, denen von Quast, von Bredow, von Ziethen und so weiter, über die Theodor Fontane geschrieben hat. Ich kann es ihnen auch nicht verübeln. Viele sind neu hinzugezogen, kamen aus dem Osten Deutschlands oder aus südlichen Bezirken der DDR. Die sozialistische Umgestaltung auf dem Lande hat auch vieles verändert. Da interessieren nur »hohe Erträge«.

Neuerdings entwickeln wir jedoch wieder Geschichtsbewußtsein. Ich denke da nur an die Feierlichkeiten zum zweihundertsten Todestag Friedrichs des Zweiten, Königs von Preußen, die vielen eingefleischten, verbohrten Genossen zur Peinlichkeit wurden. Ganz so schlecht waren die »Herren« wohl doch nicht, wie sie gemacht werden. Jedenfalls haben sie sich große Verdienste erworben, die bisher totgeschwiegen wurden, und es freut mich, daß das Reiterstandbild vom »Alten Fritz« wieder in Berlin Unter den Linden steht, wo es hingehört.

Verzaubert

Nach einer knappen Stunde Fahrt, das Gehöft liegt hinter uns, sind wir von der Richtung abgekommen. Gräben und Elektrodrahtzäune haben uns nach Osten abgedrängt. Ich lasse Benno laufen. Soll er doch laufen, wohin er will. Die Leine hängt lose am Haken. Und wenn er jetzt stehenbleibt – auch gut. Dann mache ich mir eben hier unterm Wagen mein Lager. Meine Stimmung ist umgeschlagen, jede Unruhe gewichen. Das Luch heute nacht ist eine andere Welt, die mich verzaubert.

Der Mond und der Sternenhimmel über mir geben mit dem Silberlicht genügend Sicht, tauchen die Landschaft in ein milchiges Weiß. Das Weideland ist wie mit Rauhreif überzogen. Weitab Hundegebell aus einem Gehöft. Der Schatten einer Eule und ihr Klageruf. Ein schaurig-schönes Gefühl habe ich jetzt auf meinem Kutschersitz.

Warum will ich denn unbedingt so schnell zu Hause sein? Was soll dieser Quatsch? Wo sind meine Vorsätze geblieben? Ich habe doch Zeit, ich will doch umdenken! Ich habe mir doch vorgenommen, bewußter zu leben. Sind meine Überlegungen und Absichten schon dahin? Nein, das darf es nicht geben, noch nicht! Jerichow fällt mir ein. Schlappschwanz, Scheißkerl!

Vor einem geradlinigen Entwässerungsgraben hat die Fahrt plötzlich ein Ende. Ernüchtert klettere ich vom Wagen, jäh aus meinen Gedanken gerissen. Es gibt jetzt nur zwei Möglichkeiten: entweder links oder rechts am Graben entlangzufahren.

Rechts bedeutet: noch weiter ins Luch hinein. Ich überlasse Benno die Entscheidung. Benno biegt rechts ein und zieht mich mit dem Wagen immer am Wassergraben entlang.

Er wird es schon machen. Vielleicht wittert er das nächste Dorf. Mir ist heute nacht sowieso alles egal. Die Reise neigt sich dem Ende zu. Was solls also, morgen abend bin ich ohnehin zu Hause. Im Moment fährt es sich so gut, und ich genieße meine letzte Nacht. Es ist schön, daß ich einmal eine Nachtfahrt mache, statt in der Kneipe zu hocken und große Sprüche zu klopfen.

Ich könnte noch lange so fahren, aber die Kälte der Nacht macht sich bemerkbar. Ich krieche in mich zusammen und blicke in den Sternenhimmel über mir. Jetzt zu laufen, würde meine Stimmung kaputtmachen, und das Rütteln, Schlingern und Kippeln des Wagens stört mich nicht. Benno geht seinen Weg, er nimmt auf Unebenheiten und Löcher keine Rücksicht. Hauptsache, er hat für seine vier Beine eine ebene Fläche zum Laufen. Was der Wagen hinter ihm macht, interessiert ihn nicht. Er kann ja nicht logisch denken.

Mitternacht muß schon vorüber sein, da erkenne ich eine Straße oder einen Damm, die durchs Luch führen. Ein fester Verbindungsweg zwischen den Luchdörfern. Ein bißchen froh bin ich doch, wieder festen Grund unter den Füßen zu haben und die Gewißheit, bald einen Ort zu erreichen. Kampehl allerdings habe ich mir endgültig aus dem Kopf geschlagen. Im nächsten Dorf will ich den Rest der Nacht verbringen. Es ist sinnlos, im Luch weiterzufahren. Bei Nacht bin ich ein Gefangener des Luchs. Das Luch gibt einen nicht frei.

Kurz hinter dem Bahnübergang der Eisenbahnlinie Rathenow-Wustermark liegt ein großes Dorf vor uns, fast eine Kleinstadt, wie ich von weitem feststelle. Das Licht vieler Straßenlaternen zieht sich wie eine Lichterkette durch den Ort, in seiner Mitte ein hoher Kirchturm. Darauf halte ich zu. Ich will mit Benno doch lieber in einem geschlossenen Hof übernachten, auch um sicherzugehen, daß er mir kurz vor meinem Ziel nicht noch ausreißt.

Ich merke es meinem Benno schon lange an, daß er weiß, es geht Richtung Heimat. Und da ist er nicht zu halten. Sein mir verborgener Urinstinkt und Richtungssinn leiten ihn. An seinem Ohrenspiel, an seinem forschen, unermüdlichen Schritt sehe ich das. Da kennt er nichts. Während ich schlafe, macht er sich womöglich auf den Weg nach Hause wie damals in Stendenitz vom Wochenendhaus am Teetzensee in der Ruppiner Schweiz, und ich kann mich dann am nächsten Morgen selbst vor den Wagen spannen.

Letzte Einkehr

Im Pfarrhaus brennt noch Licht. Ein ganz junger Mann öffnet mir. Ich erfahre von ihm, daß er erst vor zwei Tagen hier ins große, leerstehende Pfarrhaus eingezogen ist und daß ich mich in dem Dorfe Nennhausen befinde, wo der heute noch durch sein Märchen »Undine« bekannte Dichter Baron de la Motte Fouqué im Schloß seiner Frau gelebt hat. Zu dieser späten Stunde ist er beim Einräumen seiner Wohnung. Seine erste Pfarrstellung. Am nächsten Sonntag will er den ersten Gottesdienst in der Kirche abhalten und damit auch seine erste Predigt. Beinahe fallen mir beim Nachtmahl, das er mir trotz meines Protestes bereitet hat, die Augen zu. Erschöpft und müde werfe ich mich auf das Matratzenlager, decke mich mit meinem Schlafsack zu. Beim Einschlafen denke ich an zu Hause.

Morgen abend kannst du dich in dein eigenes Bett legen, hast wieder deine Ordnung, dein großes, weiches Bett aus dem Schlafzimmer deiner Mutter, das sie in die Ehe als Aussteuer eingebracht hat, kannst die Wäsche wechseln, vorher ein warmes Bad nehmen. Deine Jeans, deine Windjacke starren vor Schmutz, die Schuhe sind hin, die Nähte aufgeplatzt und die Absätze schiefgelaufen. Und Benno wird sich freuen. Er wird sein lästiges Sielengeschirr los, zu seiner Freundin Biene auf die Koppel kommen und sich wieder einen dicken Wanst anfressen.

Nur ich selbst freue mich nicht so recht darauf, nach Hause zu kommen. Der alte Trott wird von vorn losgehen. In vier Tagen muß ich wieder arbeiten. Ich habe jetzt keine Lust mehr auf Arbeit.

Habe genug gearbeitet. Habe dem Staat und der Gesellschaft genug gegeben. Ich verlange ja auch nichts außer meiner sauer verdienten Rente. Die könnte man mir mit sechzig Jahren geben. Die zwei Jahre bis dahin werde ich mich schon durchwursteln und von meiner individuellen Minilandwirtschaft leben. Einige Ersparnisse habe ich auch. Das müßte doch reichen bis zum Tod, und bis dahin kann ich mir noch schöne Tage machen, statt die verbleibende Zeit mit Arbeit zu verbringen, so geht es in meinem Kopf herum.

Wenn ich morgen früh aufwache, beginnt mein letzter Tag der Vagabundenzeit und Freiheit. Benno wird sein Geschirr los, ich lege es mir wieder an. Aber ich habe mich wenigstens einmal losgerissen von meinen Ketten. Bin einfach losgefahren.

Was fühle ich jetzt, wo morgen alles vorbei ist? Ich horche in mich hinein.

Der größte Reiz meiner Landstreicherei bestand wohl darin, daß es mir nie langweilig geworden ist. Diese Zeit war abwechslungsreich. Jeden Tag was Neues, hinter jeder Wegbiegung ein neues Bild. Mein Wille war letztlich der Schlüssel zum Erfolg. Er hat mich immer wieder vorwärtsgetrieben, nicht mein Körper, der hin und wieder schlappmachen wollte bei dieser Abenteuerschinderei. Ohne seelische Stärke hält man in meinem Alter so etwas nicht durch. Nachdem ich das geschafft habe, müßte ich doch mit ganz anderen Problemen fertig werden, denke ich. Oder ist vielleicht einfach nur »das Kind im Manne« mein Kraftquell für so ein Unternehmen gewesen?

Heimweg

Nach gemeinsamem Frühstück in Pastors Küche schaue ich mir auf der Karte den mir noch unbekannten Teil meines Nachhauseweges an: Nennhausen, Ferchesar, Lochow, Schönholz, viel Wald- und Luchgebiete auf der Karte.
Ferchesar, an der Ostspitze des Hohenauer Sees gelegen, ist ein idyllischer Ferienort, nicht nur für die aus Rathenow und Umgebung. Auch viele Betriebe aus der ganzen DDR haben hier ihre Urlaubsdomizile. Ferienheime, Wochenend- und Ferienhäuser stehen in hügeliger Waldlandschaft. An den Bootsstegen dümpeln Ruder-, Segel- und Motorboote. Ein Urlaubsparadies.
Ich fahre direkt daran vorbei auf meinem Weg nach Lochow. Drei Kilometer noch auf einer elenden Plattenstraße, nicht gut für Bennos Beine.
Hinter dem großen Wald liegt Lochow, ein Dörfchen von fünf bis sechs Gehöften, zwischen zwei Seen eingebettet. Die Perle von Lochow, ein kleiner Waldsee, blinkte mir schon auf der Herfahrt kurz vor dem Ort durch lichten Kiefernwald entgegen und ein größerer, schon im Luch gelegen, gleich hinter dem Wald. Diese Seen, in völliger Abgeschiedenheit abseits der Straßen, haben natürlich wieder Urlauber und Erholungssuchende angezogen. Hier hat man Natur pur, direkt vor der Tür: Wald, Wasser und das weite Luch. Eine Wochenendhaus- und Bungalowsiedlung ist entstanden. Gott sei Dank sind die Uferzonen nicht bebaut worden, und auf dem Waldsee ist jeglicher Bootsverkehr verboten. »Angelgewässer

des DAV«, steht an einem Fußgängerweg, der dorthin führt. So präsentiert er sich mir in seiner ganzen Schönheit.

Aber gleich hinter Lochow ist die Welt wieder mal zu Ende. Der große Havelländische Hauptkanal und ein weiterer See, durch den der Kanal fließt, der Witzker See, versperren mir die Weiterfahrt. Dieser Kanal nimmt aus den Seitenkanälen und Gräben das viele Wasser des Luchs auf und führt es der Havel zu.

Eine himmlische Ruhe in diesem Nest. Kein Mensch ist auf der Dorfstraße zu sehen, den man fragen könnte. Erst will ich Benno an einen Staketenzaun vom Vorgarten eines Gehöftes anbinden, um im Hause nach einer Brücke zu fragen, denn hier müssen doch Menschen wohnen, zumindestens alte – vielleicht halten sie ihre Mittagsruhe –, da finde ich nach kurzem Suchen einen Wiesenweg, der uns zu einer sogenannten Heubrücke, einer Überfahrt über den Kanal führt. Auch das Dorf Witzke am anderen Seeufer ist von Lochow aus nur über diese Brücke auf Umwegen zu erreichen.

Durch das weite Luch geht es nun in Richtung Norden der Heimat entgegen. Mittagszeit ist schon lange vorüber, und in einem Melkschuppen jenseits der Brücke, wahrscheinlich der einzigen Arbeitsstelle in Lochow, werden die ersten Kühe gemolken. Im umzäunten Vorhof des Schuppens wartet mit prallen Eutern die übrige Kuhherde, um ausgemolken zu werden. Liegend oder stehend käuen sie wider. Sobald abgefertigte Tiere das Gebäude am anderen Ende verlassen, wird sofort die entsprechende Stückzahl diesseits hineingelassen. Jede Kuh findet ihren Platz am Melkautomaten allein. Eine

Fließbandmethode! Bei einer Melkerin erkundige ich mich nach dem besten Weg nach Schönholz – wohl das letzte Mal auf meiner langen Reise, so hoffe ich. Es ist auch das letzte Mal.

Wenig später, nach einigen hundert Metern, erblicke ich auf einmal die Rhinower Berge mit dem weithin sichtbaren Fernsehturm, jetzt auf der Rückfahrt, in nordöstlicher Richtung gelegen, und das erste mir bekannte Wahrzeichen meiner engeren Heimat. Ein freudiger Schreck! Nun kann nichts mehr schiefgehe, nun brauchen Benno und ich nur draufzuzuhalten. Am Fuße der Berge dann, als wir aus einem Waldstück herauskommen, das mir erste bekannte Dorf: Schönholz. Ich bin nun fast zu Hause. Freue ich mich? Ich weiß nicht so recht. Jein vielleicht.

Hier in Schönholz wohnt auch ein bekannter Bauer von mir, von dem ich öftes Zuchtsauen gekauft habe. Ach ja, gleich werde ich wieder an Arbeit erinnert! Eine letzte Rast lege ich noch ein, trinke mit dem Kollegen eine Flasche Bier, und Benno bekommt einen Eimer Wasser, bevor ich die letzten zwanzig Kilometer durchziehe.

Neuwerder, Giesenhorst mitten im Rhin- und Dosseluch, dann das große Dorf Dreetz. Von Dreetz aus will ich durch den Wald in Richtung Neustadt-Köritz und über die Millionenbrücke die Kampehler Feldmark erreichen.

Ab Dreetz kenne ich jeden Baum, jeden Stein und jede Wegbiegung. Auch Benno müßte sich hier genau auskennen, sind wir doch schon des öfteren diesen Weg entlanggefahren, mit Besuch aus der Stadt, der immer den Wunsch hat, eine

Kutschfahrt zu machen. Dreetz bietet sich da an. Der Weg führt durch Wiese, Feld und Wald. Und Dreetz hat zwei Gaststätten.

Durch die Kolonistendörfer Neuwerder, Siegrothsbruch, Blumenaue, Giesenhorst, über den Rhinkanal hinweg, der das Wasser aus dem Havelländischen Luch in die Havel ableitet, auf das große Dorf Dreetz zu. Dreetz ist, genau wie Sieversdorf, ein altes deutsches Bauerndorf, am Rande des Rhinluches gelegen. Hier habe ich den Sack fast zugeschnürt. Hier laufen Hin- und Rückwege parallel zueinander in einem Abstand von fünf bis sechs Kilometern.

Ich muß mich beeilen, wenn ich Kampehl noch vor dem Dunkelwerden erreichen will. Die Tage sind schon verdammt kurz geworden. Der Herbst hat sich angekündigt. Von den Bäumen segeln die ersten bunten Blätter herab. Die Getreidefelder sind längst abgeerntet. Neue Saat ist aufgelaufen. Eine Schafherde ist auf den Stoppelfeldern. Die Kartoffelernte ist im Gange. Auch die Maisernte hat schon begonnen.

Kombines häckseln die Felder ab. Traktoren mit großen Gitteraufbauhängern kommen mir entgegen. Immer wieder müssen wir rechts ran, müssen den Weg freimachen und die Ungetüme vorbeilassen. Neugierig mustern uns die Traktoristen beim Vorbeifahren.

Hoffentlich erkennt mich keiner, denke ich jetzt wieder, so wie vor Monaten bei meiner Abfahrt aus Kampehl. Ich habe auch jetzt keine Lust, »blöde Fragen« zu beantworten. Wieder ziehe ich die Mütze tief ins Gesicht und denke, das beste wird es sein, wenn ich in der Dunkelheit nach Hause komme.

Fast gelingt es mir. Das Hoftor steht noch offen, und Benno biegt selbständig in die Hofeinfahrt ein. Doch da schallt es mir von meinem Enkelsohn bereits entgegen: »Oma, Oma! Opa ist wieder da!«

Angekommen! Wir sind wieder zu Hause! Benno bleibt auf dem Hof stehen ohne mein Dazutun, spitzt die Ohren und gibt merkwürdige, wiehernde, meckernde Laute von sich. Es klingt nach Zufriedenheit. Mit dem Vorderhuf kratzt er Löcher in den Rasen des Hofes. Er ist ungeduldig, will ausgespannt werden und sein Sielengeschirr loswerden.

Ich bleibe noch ein Weilchen sitzen auf meinem Kutschersitz, muß erst zu mir kommen, mich besinnen, steige ganz langsam vom Wagen ab und stehe mit beiden Beinen fest auf der Erde meines Hofes. Langsam lasse ich den Blick in die Runde schweifen.

Haus und Stall stehen noch auf demselben Fleck. Nur die Natur hat sich in der Zeit verändert. Das Kartoffelkraut im Garten ist abgestorben. Damals, beim Wegfahren, stand es im satten Grün. Die Pflaumen und Äpfel können gepflückt werden. Die Kirschbäume sind schon längst abgeerntet. Nicht mehr lange, und die Blätter werden fallen. Die vielen Blumen, Hobby und Stolz meiner Frau, sind verblüht. Nur die Herbstastern blühen.

Habe ich mich auch verändert? Werde ich meine Vorsätze verwirklichen, Streß, Trott, Hektik und alte Gewohnheiten ablegen, die sich negativ auf das eigene Leben und das Zusammenleben in der Familie und im Bekanntenkreis auswirken? Die Zeit wird es zeigen. Daß ich vor mir selbst nicht weglaufen konnte, das wußte ich. Ich nahm mich ja immer mit. Der Alltag, die Umwelt, die Arbeitswelt, die Gesellschaft und Familie haben mich ab morgen, vorerst jedenfalls, wieder fest im Griff.

SCHLUßSATZ

Liebe Leserin, lieber Leser!

Ich bin jetzt einundsiebzig Jahre alt. Vor fast fünfzehn Jahren bin ich losgefahren. Ich habe es nicht bereut, habe Land und Leute kennengelernt, Erfahrungen gesammelt. Ich möchte meine Erkenntnisse daraus nicht missen, genauso wie die aus meiner »Knastzeit«. Aber meine Unruhe ist geblieben, und ich schmiede immer noch neue Pläne. So ist es, so soll es sein, so soll es bleiben!

Emil Kort, März 1999

Nachwort zur Ersten Auflage

Dieses Buch entstand 1987, da wurde Emil Kort sechzig Jahre alt, und in der Hauptstadt feierte man ein Jubiläum. Zwei Jahre zuvor unternahm Emil einen Ausbruch aus dem Alltag, wie ihn mancher in dieser Zeit vorhatte. Emils Wille hatte sich durchgesetzt. Er unterbrach seinen Alltag, um sein Land zu durchfahren, seine Freiheit zu durchleben. Seine Reise führte ihn vom Norden der DDR bis in den Süden und zurück.

Emil Kort verbrachte eine sorgenfreie Kindheit und Jugend, die Grausamkeiten des Krieges erlebte er nur kurz. 1945 heimgekehrt, übernahm er 1952 den Hof und die vierundachtzig Hektar Land seines Vaters.

Es begann für Emil Kort und seine Familie eine Zeit, die ihn leicht zu einem politischen Flüchtling hätte machen können. Trotz Enteignung, Schauprozeß, Deportation und Zuchthaus – Emil Kort blieb in der DDR. Nur wenige mit ähnlicher Biographie können das von sich behaupten beziehungsweise nachvollziehen.

Die Erlebnisse seiner Reise sind eng verknüpft mit den Erfahrungen seines Lebens. Als ein von der SED-Justiz politisch Verfolgter und Gestrafter, aber auch zugleich als ein »Hierbleiber« zeichnet Emil Kort ein erstaunlich reales Bild von den Lebensumständen und -verhältnissen seiner Mitbürger in der DDR.

Dieses Buch bringt den Lesern der fünf neuen Bundesländer den vor der Wende erlebten Alltag wieder in Erinnerung und hilft den Lesern in den alten Bundesländern, die Lebensumstände und die Mentalität der Menschen »hier« besser zu verstehen.

Torsten Hochmuth, Juni 1992

PS: Ohne meinen Freund, den Dichter Paul Gratzik, der mich nach Kampehl verleitete, wäre dieses Buch nie entstanden.

Nachwort zur Zweiten und Dritten Auflage

Das Buch ist vor sieben Jahren erschienen. Emil Kort hat es in Kampehl verkauft, verschenkt und vertrieben. In der Magdeburger Volksstimme wurde es in Fortsetzungen gedruckt. Es fand große Resonanz. Leute haben ihm geschrieben. Er selbst hat daraus vorgelesen, und die Zuhörer sind mit ihm ins Gespräch gekommen. Selbst prominente »Kollegen« zeigten sich davon beeindruckt.

Die Erste Auflage hatte allen »Charme des Unvollkommenen«. Es wären keine weiteren entstanden, wenn es Emil Kort nicht gedrängt hätte weiterzuschreiben, hinzuzufügen, was ihm später noch ins Gedächtnis kam.

Die Fahrt ist kommenden Sommer fünfzehn Jahre her, und sie bewegt den nunmehr alten Mann noch immer. Plastisch stehen die Erlebnisse vor seinen Augen, und mühelos kann er sich zurückversetzen und sie wieder fassen.

Die »Wende« und ihre Folgen von Vergeßlichkeit und Verdrängung mögen ihn bestärkt haben, etwas gerade noch genauer festzuhalten, was im Verschwinden begriffen ist, nicht aus Sentimentalität, sondern wegen einer nüchternen Verantwortung sich selbst gegenüber und dem Gelebten der vielen, denen er begegnet ist. Weiterschreibend arbeitet er zugleich an seinem Werden.

Freilich, Emil Kort hat sich auch verändert in dieser turbulenten Zeit. Seine Sicht auf bestimmte Dinge mag sich gewandelt oder bestätigt haben. Er ist ein Kämpfer geblieben. Während der 89er Ereignisse war er ganz selbstverständlich aktiv, und jetzt ficht er für die gerechte Begleichung des erlittenen Unrechts, und zwar nicht nur für seinen Anteil.

Emil Kort geht seit Jahren wieder über »seine« Scholle, ein moderner Landmann im Ruhestand. Die Freude steht ihm im Gesicht, nach seinem Gutdünken darüber zu verfügen, und er hat Pläne über Pläne. Dabei ist er klug genug zu wissen, wie die Verhältnisse, die jetzt vorbei sind, sein Leben geprägt und getragen haben. Er verrät sie und sich nicht. Mit demselben kritschen Blick schaut er auf das, was jetzt geschieht.

Er ist sorgfältig bestrebt, bei der Weiterarbeit an seinem Bericht seine damalige Haltung zu erinnern und mitzuteilen. So wird sein Buch unversehens zu einem Dokument, dem authentischen Zeugnis eines so alltäglichen wie raren Zeitgenossen einerseits und zum Dokument einer untergegangenen Welt andererseits.

Das macht es doppelt wertvoll. Wie alte Fotos wird man es dereinst hernehmen und sich Lebensbilder von Schärfe und Genauigkeit vor Augen führen können. Dafür sei Emil Kort bereits gedankt.

Er hat einen großen Vorläufer: Theodor Fontane mit seinen WANDERUNGEN DURCH DIE MARK BRANDENBURG. Mit dem wird er sich nicht vergleichen wollen, wie er überhaupt und zu recht jeden literarischen Anspruch weit von sich weist. Und dennoch steht Emil Kort in einer vielgelesenen

Schreibtradition seit der Jahrhundertwende, die man mit »Sozialgeschichte von unten« oder »Oral History« bezeichnet hat. Es ist die Kunde vom Leben der Unbefragten, und sie ergänzt auf untrügliche Weise die offizielle Staats- und Parteien-Historiographie.

An seiner »Umkehr« arbeitet Emil Kort noch immer. Seine Ungeduld und die Widersprüche seines Wesens haben ihn schon krank werden lassen. Aber gerade seine Lebenslust, die tägliche »Selbstversuchung« und die Offenherzigkeit, sich darüber zu äußern und auszutauschen, bewahren ihn vor Resignation, Vergreisung und Einsamkeit. Seine Philosophie von Betrachten und Handeln stimmt für ihn und hat sich bewährt, und er ist nach wie vor der »große Verführer zu sich selbst«. Dieser Eigenschaft gebührt der noch größere Dank, denn sie ist ansteckend und trifft den anderen Menschen im Kern.

Jörg Mihan, 10. Mai 1996 und März 1999

Anmerkungen

12 **Konsum** Geschäft des genossenschaftlichen Einzelhandels

15 **Interzonenzug** Bezeichnung aus den Jahren nach 1945 für Züge, die zwischen der »Ostzone« und den »Westzonen« verkehrten

18 **LPG** Landwirtschaftliche Produktionsgenossenschaft, Zusammenschluß von Einzelbauern zur anteiligen gemeinschaftlichen Nutzung des Ackers und/oder des Viehbestands

19 **Moskwitsch** viertaktiges Personenauto sowjetischer Bauart

19 **Rinderkombinat** industrielle Großviehhaltung

23 **Agrarhistorisches Kabinett** Ausstellungs- und Lehrraum für regionale Geschichte der Landwirtschaft

24 **Kollektivierung** kampagneartige Zusammenschließung der Einzelbauern während der fünfziger und sechziger Jahre in Landwirtschaftliche Produktionsgenossenschaften zum Zwecke industrieller Viehhaltung und Ackerbau

26 **KAP** Kooperative Abteilung Pflanzenbau, Form der Zusammenarbeit mehrerer Landwirtschaftsbetriebe zur gemeinsamen Organisation der Pflanzenproduktion

38 **Alkolat** alkoholhaltiges Getränk der Nachkriegszeit

45 **NVA** Nationale Volksarmee

63 **Deli-Laden** Kette von Delikat-Geschäften für Genußmittel der gehobenen Preisklasse

71	**HO** Handelsorganisation, staatlicher Einzelhandel
71	**Broiler** Brathähnchen
82	**Trabi** Kosewort für den zweitaktigen Kleinwagen Trabant, gebaut in Zwickau
99	**ABV** Abschnittsbevollmächtigter der Volkspolizei
119	**Siedlerhaus aus der Bodenreformzeit** die Bodenreform in der sowjetischen Besatzungszone 1945/46 enteignete alle landwirtschaftlichen Betriebe über einhundert Hektar sowie den Besitz von Kriegsverbrechern und aktiven Nazis und verteilte Boden überwiegend an Landarbeiter, kleine Bauern und Umsiedler aus den ehemaligen deutschen Ostgebieten
121	**VEG** Volkseigenes Gut, staatlicher Landwirtschaftsbetrieb
123	**Arbeiter-und-Bauern-Inspektion** organisierte Volkskontrolle
141	**Wartburg-Kombi** fünftüriger, zweitaktiger Mittelklassewagen, gebaut in Eisenach
166	**»Mach mit – bleib fit!«**-Strecke gekennzeichneter, mit Geräten und Instruktionen für Leibesübungen ausgestatteter Naturweg der Volkssport-Bewegung
170	**AWG-Wohnung** anteilig erarbeiteter, genossenschaftlich verwalteter und genutzter Wohnraum der Arbeiterwohnungsbaugenossenschaften
171	**FDGB-Feriendienst** preiswertes, durchorganisiertes Reise- und Erholungsunternehmen des Freien Deutschen Gewerkschaftsbundes, der Einheitsgewerkschaft der DDR

- 186 **MTS** Maschinen-Traktoren-Station, zentrale staatliche Ausleihstelle für landwirtschaftliche Geräte für Einzelbauern und später LPG
- 186 **Brigadier** Arbeitsgruppenleiter
- 187 **Aufklärer** von der SED geschulte Instrukteure, die die Kollektivierung der Landwirtschaft propagierten
- 260 **Jugendweihe** atheistische, von staatlichen und politischen Organisationen getragene Feier zur Aufnahme der Vierzehnjährigen in die Gemeinschaft der Erwachsenen
- 285 **Nationalrat der Nationalen Front** Führungsgremium der Sammelbewegung sämtlicher Parteien und gesellschaftlicher Organisationen zur Erzielung »politisch-moralischer Einheit des Volkes« sowie gesellschaftlicher Leistungs- und Einsatzbereitschaft
- 286 **Sprelacart** mit Plaste beschichtete Spanplatten der Möbelindustrie
- 288 **Volkssolidarität** Organisation zur sozialen Betreuung alter und kranker Menschen
- 288 **DFD** Demokratischer Frauenbund Deutschlands
- 311 **Betriebskollektivvertrag (BKV)** gewerkschaftlicher Tarifvertrag über umfassende Pflichten und Rechte des Mitglieds und des Betriebes
- 312 **Sozialistische Brigade** »Ehrentitel« für eine Arbeitsgruppe im »sozialistischen Wettbewerb«
- 317 **Intershop** Kette von Spezialverkaufsstellen mit Import- und Exportartikeln für Devisen

Der Autor
EMIL KORT

geboren 1927 in Kampehl als Kind von Bauern; ab 1933 Besuch der Dorfschule Kampehl; ab 1937 Gymnasium; 1945 englische Kriegsgefangenschaft; bis 1952 Mithilfe in der väterlichen Bauernwirtschaft; 1952 Heirat und Übernahme eines eigenen Hofes (84 Hektar); 1952 Schauprozeß und Verurteilung zu einer Geldstrafe; 1953 erste Verhaftung, der Betrieb geht in die staatliche Verwaltung; am 15. Juni 1953 Haftentlassung und Rückerhalt der Hälfte der Wirtschaft; 1957 zweite Verhaftung aufgrund Artikel 6 der Verfassung (Mord- und Boykotthetze), Arbeitsunfall im Haftarbeitslager; 1959 als Invalide entlassen; Weiterführung der Landwirtschaft bis zur Eingliederung in die LPG 1960; ab 1980 Arbeit als Heizer im Kinderheim in Kampehl; 1984 Reise durch die DDR; 1985 Beginn der Arbeit am Buch auf Anraten von Stefan Heym; seit 1989 Rentner, Mitglied des Bundes Stalinistisch Verfolgter in der DDR e.V.

Der Herausgeber
TORSTEN HOCHMUTH

geboren 1961 in Berlin, 1978–81 Maurer; danach verschiedene Jobs als Archivar, Beifahrer, Filmentwickler; 1984–92 Leiter verschiedener Klubs in Berlin-Mitte, zuletzt von 1988–92 Jugendklub JoJo; seit 1990 freiberuflich tätig als Projektentwickler u.a. für theater 89, Blasnost e.V., Dessau-Wörlitzer Museumsbahn, Medienetage Berlin; 1992 Gründung der Kampehler Verlagsanstalt; seit 1994 Initiator und Mitbetreiber des Künstlerheimes »Luise« in Berlin-Mitte

DIE REISEROUTE

Viele Tage und Umwege sind nicht beschrieben.
Nur die im Buch beschriebenen Orte finden Sie auf der Karte.

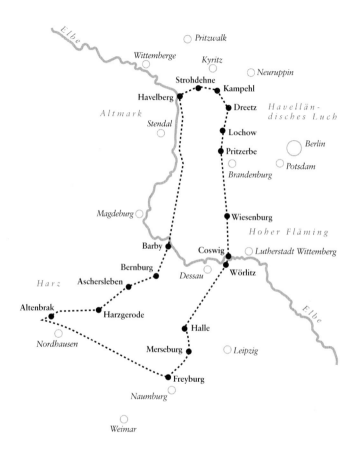

Fotos, Karten und Dokumente: Privatarchiv Emil Kort
Foto auf Seite 208: Mike Buller
Foto auf Seite 210: Roger Melis, 1992
Foto auf Seite 349: Ina Schröder
Titelfoto: Christian von Polentz, 1998

Ohne ausdrückliche schriftliche Erlaubnis des Herausgebers darf kein Teil dieses Buches für irgendwelche Zwecke vervielfältigt, übertragen oder verwertet werden, unabhängig davon auf welche Art und Weise oder mit welchen Mitteln, elektronisch oder mechanisch, dies geschieht.

IMPRESSUM

Vierte, überarbeitete Auflage 2004
Verlag Steffen, Friedland/Meckl., www.verlag-steffen.de
Herausgeber: Torsten Hochmuth
c/o Künstlerheim Luise, Luisenstraße 19, 10117 Berlin
Lektorat: Jörg Mihan
Gestaltung: Dorothee Mahnkopf
Druck: Druckerei Steffen GmbH, Friedland/Meckl.
www.steffendruck.com